Ernst Hartig

Mitteilungen der Kön. Sächs. polytechnischen Schule zu Dresden

Versuche über Leistung und Arbeits-Verbrauch der Werkzeugmaschinen

Ernst Hartig

Mitteilungen der Kön. Sächs. polytechnischen Schule zu Dresden
Versuche über Leistung und Arbeits-Verbrauch der Werkzeugmaschinen

ISBN/EAN: 9783743456082

Hergestellt in Europa, USA, Kanada, Australien, Japan

Cover: Foto ©ninafisch / pixelio.de

Manufactured and distributed by brebook publishing software (www.brebook.com)

Ernst Hartig

Mitteilungen der Kön. Sächs. polytechnischen Schule zu Dresden

VERSUCHE

ÜBER

LEISTUNG UND ARBEITS-VERBRAUCH

DER

WERKZEUGMASCHINEN

AUSGEFÜHRT

UNTER MITWIRKUNG DER STUDIRENDEN DER MECHANISCHEN ABTHEILUNG DES K. S. POLYTECHNIKUM ZU DRESDEN

VON

DR. E. HARTIG,

PROFESSOR DER MECHANISCHEN TECHNOLOGIE.

MIT 24 LITHOGRAPHIRTEN TAFELN.

LEIPZIG.

DRUCK UND VERLAG VON B. G. TEUBNER.

1873.

Einleitung.

Der vorliegende Bericht, welcher hiermit der maschinen-technischen Welt übergeben wird, ist das Resultat einer dreijährigen Arbeit des Verfassers und mehrer Studirenden des Dresdener Polytechnikums, hervorgerufen durch die von allen Seiten bestätigte Wahrnehmung, dass die Abschätzung des Arbeitsverbrauchs der Werkzeugmaschinen mit einer auch den erfahrensten Fachleuten empfindlichen Unsicherheit behaftet ist, und durch die erfreuliche Anerkennung, welche die in frühern Jahren zur Ausführung gebrachten ähnlichen Untersuchungen*) des Verfassers bei den Vertretern der betreffenden Fabrikationszweige gefunden haben. Die nächste Veranlassung zum Beginn der zu Grunde liegenden Versuche wurde durch ein im Jahre 1869 der Direction der k. polytechnischen Schule höchst dankenswerthes Anerbieten des Herrn Commerzienrath Joh. Zimmermann in Chemnitz gegeben; derselbe stellte dem Verf. sein ausgedehntes Fabriketablissement zu unbeschränkter Verfügung und wohl möchte kaum eine andere Werkstatt zu finden gewesen sein, die sich in gleichem Grade zur vollständigen und sachgemässen Durchführung einer solchen Untersuchung geeignet hätte, denn es konnten hier gerade diejenigen Maschinen ausgewählt werden, welche zur Zeit die im In- und Ausland courantesten sind. Die so erreichbare Vollständigkeit in der Auswahl der Exemplare wurde nicht unwesentlich dadurch erhöht, dass eine weitere Fortsetzung der im Jahre 1870 begonnenen Versuche 1871 in der an grossen Werkzeugmaschinen besonders reichen Maschinenfabrik des Herrn Geh. Commerzienrath Rich. Hartmann (jetzt Sächsische Maschinenfabrik) möglich wurde, einem Etablissement, das jederzeit zur Erledigung technisch-wissenschaftlicher Fragen, wie der Verf. dankbar anerkennen muss, offen gestanden hat. Auf diesem Wege ist es gelungen, alle wichtigeren Gattungen von Werkzeugmaschinen (einschliesslich der Krahne und Ventilatoren) durch einige den verschiedenen Grössen entsprechende Exemplare zu berücksichtigen; es wurden im Ganzen 69 Maschinen untersucht und zwar

4	Scheeren und Durchschnitte
5	Maschinensägen
1	Holzzerkleinerungsmaschine
11	Hobelmaschinen für Metalle
2	„ für Holz
Sa. 23	

*) Versuche über den Kraftbedarf der Maschinen in der Streichgarnspinnerei und Tuchfabrikation von Dr. Hartig, Leipzig 1864.

Desgl. der Maschinen in der Flachs- und Wergspinnerei 1869.

Sa. 23

5 Bohrmaschinen für Metalle
2 „ für Holz
3 Fräsmaschinen für Metalle
12 „ für Holz
3 Schleifsteine und Schleifmaschinen
7 Drehbänke für Metalle
2 „ für Holz
1 Schraubenschneidmaschine
3 Spezial-Werkzeugmaschinen
2 Krahne
6 Ventilatoren

Sa. 69.

Unter den übrigen das Gelingen der Arbeit begünstigenden Umständen hat der Verf. vor Allem der Munificenz des k. Sächs. Ministerium des Innern zu gedenken, welche Behörde auf Antrag der Direction der k. polytechnischen Schule die zu den Versuchen erforderlichen Mittel in vollem Maase gewährte.

Sodann muss es als ein günstiger Umstand bezeichnet werden, dass von den Studirenden für Maschinenbau am Dresdener Polytechnikum sich eine grössere Zahl mit Eifer und Verständniss an den Versuchen und deren Berechnung*), sowie an der Herstellung der zahlreich erforderlichen Skizzen betheiligte; es waren diess die Herren Bielitz, Hagen, Herrmann, Judenfeind-Hülsse, F. Müller, Palitzsch, C. H. Schneider und Rich. Schneider.

Hinsichtlich des bei den Versuchen eingeschlagenen Verfahrens zur Auffindung des mittleren Widerstandes der Arbeitsmaschinen sei auf das in den früheren Berichten (Streichgarnspinnerei und Tuchfabrikation S. 3 u. 4, Flachs- und Wergspinnerei S. 1—9) Enthaltene hingewiesen, in denen sich auch einige Angaben über die Einrichtung des vom Verfasser benutzten nach eigenem Entwurf gebauten Dynamometers finden. Die zu demselben gehörigen 4 Paare von Blattfedern (A — D) wurden im Laufe der Versuche (am 17. Aug. 1870) einer erneuten Prüfung unterworfen und zwar nach dem auf Seite 8 des 2. Heftes (Flachsspinnereimaschinen) angegebenen Verfahren, durch welches der aus der zusätzlichen Reibung des Dynamometers entspringende Fehler entfernt wird. Hierbei ergaben sich für den Coefficienten γ, mit welchem die aus der früher erfolgten directen Belastung der Federn hergeleiteten Werthe der Federspannung, also auch die bei Ausmessung der Diagramme zunächst abgelesenen Zahlen S zu multipliciren sind, um den wahren (d. h. der übertragenen Kraft wirklich entsprechenden) Werth dieser Federspannung zu ergeben, die folgenden Zahlen:

Belastung an der Welle	Feder A	B	C	D
a	1,024	0,946	0,904	0,693
b	0,763	0,915	0,952	0,930

Um die Berechnung der Resultate jederzeit controliren zu können, ist in derjenigen Columne der Tabellen im Abschnitt B, welche die „mittlere Feder-

*) Von dem Umfange der zu bewältigenden Rechnungsarbeit wird die Notiz eine Vorstellung gewähren, dass die Mittelwerthe des den einzelnen Versuchen entsprechenden Arbeitswiderstandes aus 948 Diagrammen herzuleiten waren, deren Gesammtheit allein ein Papiergewicht von 25,5 Pfund repräsentirte.

spannung S'' enthalten, in einer Klammer die bei der betreffenden Versuchsreihe benutzte Feder, sowie auch die Welle des Instruments, deren Reibung die Federspannung beeinflusste, angegeben worden; es findet sich z. B. bei Versuchsreihe Nr. 1 an der betreffenden Stelle die Bezeichnung (D, b), d. h. es waren die stärksten mit D bezeichneten Federn eingelegt und die Welle b des Apparats war durch Treibriemen mit der Antriebwelle der Arbeitsmaschine in directer Verbindung.

Die Berechnung der übertragenen Betriebsarbeit aus Federspannung S und minutlicher Umdrehungszahl u der Apparatwellen ist bei den vorliegenden Versuchsreihen in einer von der früheren abweichenden Art geschehen; es haben nämlich die aus S und u unmittelbar gefundenen Werthe der Betriebsarbeit desshalb kein besonderes Interesse, weil sie unter sich wegen der immer veränderlichen Umdrehungszahl der Transmissionswellen*) nicht vergleichbar sind; sie müssen zuvor auf eine als normal betrachtete Geschwindigkeit der Arbeitsmaschine (resp. deren Vorgelegswelle) reducirt werden. Da nun hierbei die Voraussetzung gemacht werden kann, dass die Arbeitswerthe bei übrigens gleichen Umständen der jeweiligen Geschwindigkeit proportional sind oder dass der Widerstand der Arbeitsmaschine bei kleinen Aenderungen der Geschwindigkeit als constant angesehen werden kann, so genügt es, zunächst aus der abgelesenen Federspannung S, dem Correctionscoefficienten γ und dem Durchmesser D derjenigen Riemenscheibe der Arbeitsmaschine oder ihrer Vorgelegswelle, auf welche der vom Dynamometer herkommende Treibriemen aufläuft, nach der Formel

$$\text{(I)} \qquad \Phi = \gamma \cdot \frac{S \cdot D}{16} \text{ Kilogr.}$$

den auf den Halbmesser 1^m der Antrieb- oder Vorgelegswelle reducirten Widerstand Φ zu berechnen und nun sogleich mit Berücksichtigung desjenigen Werthes u_1 dieser Welle, welcher als normal anzusehen ist, nach der Formel

$$\text{(II)} \qquad A = \Phi \cdot \frac{\pi\, u_1}{30}$$

den Arbeitsverbrauch in Secunden-Meter-Kilogramm für normale Umlaufsgeschwindigkeit der Arbeitsmaschine herzuleiten. Der Arbeitsverbrauch in Pferdestärken für dieselbe Voraussetzung ergiebt sich sodann nach

$$\text{(III)} \qquad N = \frac{A}{75}\,.$$

Bei dieser Rechnungsweise erspart man die vielen einzelnen Reductionen, welche aus der im Lauf jeder Versuchsreihe veränderlichen Geschwindigkeit entspringen und es hat die Beobachtung der minutlichen Umdrehungszahl u am Dynamometer nur noch den Zweck, die Gleichförmigkeit des Ganges im Allgemeinen zu controliren und sodann, wenn nicht anderweite Angaben vorliegen, denjenigen abgerundeten Mittelwerth von u_1 aufzufinden, welcher der normalen Umlaufsgeschwindigkeit der Arbeitsmaschine entspricht. Die spezielle Form, welche die Gleichungen (I) und (II) für jede Versuchsreihe annahmen, ist in den Kopf der betreffenden Columnen eingetragen worden.

*) Leider erwies sich die Umlaufsgeschwindigkeit der Transmissionswellen in den beiden Etablissements viel stärker veränderlich, als bei den früheren in Spinnereien vom Verf. ausgeführten Versuchen, was einigermaassen die Genauigkeit der Messungen beeinträchtigte, leider auch die Durchführung einiger Spezialuntersuchungen hinderte.

Wie schon eine flüchtige Durchsicht des Berichtes und der Tafeln ergeben wird, hat sich der Verfasser bemüht, ausser dem Arbeitsverbrauch der untersuchten Maschinen noch mancherlei Anderes zu beobachten und zu notiren, was entweder diesen Verbrauch beeinflusst oder doch zu einer vollständigen Charakteristik derselben gehört; bei allen durch Zerspahnung formgebenden Maschinen wurde insbesondere nicht unterlassen, die während jedes Versuches abgelösten Spähne wenn möglich zu sammeln und zu wägen; es kam so eine recht vollständige Spahnsammlung zu Stande, aus welcher die bemerkenswerthesten Formen skizzirt und in die Tafeln aufgenommen wurden. Bei der grossen Mannichfaltigkeit der Werkzeugmaschinen nach Anordnung und Grösse war es unerlässlich, alle wesentlichen Dimensionen und Geschwindigkeiten, selbst Raumbedarf und Gewicht der geprüften Exemplare zu notiren; der Fachmann wird hier die erwünschte Vollständigkeit nicht vermissen und gewiss auch den Leitern der vorgenannten Etablissements es Dank wissen, dass dieselben den Abdruck ausführlicher Skizzen ihrer Maschinen zur Beseitigung jeglichen Zweifels in diesem Bericht gestatteten! Die Mittheilung completer Zeichnungen musste selbstverständlich ausgeschlossen bleiben, was um so unbedenklicher ist, als unsere Literatur in dem Werk von Prof. J. Hart (die Werkzeugmaschinen für den Maschinenbau zur Metall- und Holzbearbeitung, mit 72 Tafeln, Heidelberg 1872) eine werthvolle Quelle aller constructiven Details dieser Maschinengattung besitzt, auch die von den Studirenden der Berliner Gewerbe-Akademie gegründete Gesellschaft „Hütte" eine ansehnliche Zahl ausgeführter Werkzeugmaschinen in erwünschter Ausführlichkeit publicirt hat.

Bei der Darstellung der durch die Versuche gewonnenen Resultate hatte der Verfasser mancherlei Schwierigkeiten zu überwinden, die er bei Beginn der Arbeit nicht vermuthete. Es musste einerseits dem Bericht der Charakter einer mit fast unbeschränkten Hülfsmitteln und nach allen Regeln der Beobachtungskunst ausgeführten, den bisher fast unberührten Stoff möglichst erschöpfenden wissenschaftlichen Untersuchung gegeben werden und andrerseits das gewonnene Material in einer zum praktischen Gebrauch, für welchen es bestimmt ist, geeigneten übersichtlichen Art zur Darstellung gelangen. Das Eine fordert Ausführlichkeit und Vertiefung der Betrachtungen bis zu möglichst vollständiger Erkenntniss der gesammten in der Wirkung der Maschinen auftretenden Erscheinungen, das Andre zwingt zu kurzer übersichtlicher Zusammenfassung des Gefundenen und zur Aufsuchung empirischer Formeln, bei denen Einfachheit der wissenschaftlichen Vollständigkeit vorangeht. Der Verfasser griff hier wieder zu dem schon bei den früheren Berichten angewendeten Mittel, den gesammten Stoff in zwei getrennten Abschnitten darzustellen, von welchen der eine (Uebersichtstabelle I) alles enthält, was für übersichtliche tabellarische Darstellung sich eignet und dem praktischen Maschinen-Ingenieur unbedingt zu erfahren erwünscht sein muss, der andre (Spezielle Beschreibung der Versuche II) aber alles sonst noch durch Beobachtung oder Rechnung Gefundene; beide Abschnitte, die natürlich gleichzeitig begonnen und gleichzeitig beendet wurden, ergänzen sich sonach in der Weise, dass der erste fast ausschliesslich die in Zahlen und Formeln darstellbaren Resultate, der zweite aber einerseits die Originalbeobachtungen und die Herleitung jener Formeln, andrerseits aber auch Deductionen enthält, welche über das nächste Bedürfniss der Praxis hinausgehen oder die Ziele fernerweit erforderlicher Versuche bezeichnen und es muss ausdrücklich angemerkt werden, dass im Abschnitt II Nichts aus Abschnitt I wiederholt wurde, was zu wiederholen nicht unbedingt erforderlich war, dass also I nicht ein blosser Auszug aus II ist. Die Abneigung der praktisch thätigen Maschinentechniker gegen das Lesen „vieler Worte" hat übrigens den Verf. veranlasst, auch im Abschnitt II thunlichster Kürze sich zu befleissigen, also z. B. häufig die nähere Beschreibung der untersuchten Maschinen durch einen blossen Hinweis auf die in den Tafeln enthaltene Skizze zu ersetzen.

Zu Tabelle I, deren Inhalt nach den Columnentiteln leicht verständlich sein wird, mögen hier noch folgende Erläuterungen Platz finden.

Alle Längenmaasse, denen eine besondere Bezeichnung fehlt, sind in Millimeter zu verstehen, alle Geschwindigkeiten beziehen sich auf die Secunde, alle Umdrehungszahlen auf die Minute, alle Lieferungsmengen auf die Stunde.

Columne *b* enthält die Namen und Bezeichnungsarten der untersuchten Maschinen, wie sie in den betreffenden Etablissements üblich sind, ohne Rücksicht auf die sich aufdrängenden technologischen oder sprachlichen Bedenken; in der Aufeinanderfolge der Maschinen ist jedoch, unter Abweichung von den üblichen Classifikationen der Preiscourante, den Forderungen der technologischen Wissenschaft Rechnung getragen worden, daher z. B. alle Holzhobelmaschinen, die durch ein rotirendes Werkzeug die Formgebung bewirken, sich nicht bei den Hobelmaschinen, mit denen sie eben nur den Namen gemein haben, sondern bei den Fräsmaschinen finden.

In Columne *d* bedeutet *D* den Durchmesser der Antriebscheibe (welche bei den Versuchen unmittelbar mit dem Dynamometer in Verbindung stand), *b* die Breite derselben und *h* die Höhe ihrer Axe über dem Fussboden; diese Maasse sind für die Ausarbeitung von Dispositionsplänen zu Fabriksälen ebenso erwünscht, wie die Form und Dimensionen des Grundrisses der Maschinen. In allen Fällen, wo zu der betreffenden Arbeitsmaschine eine Decken-Vorgelegswelle gehört und auf dieselbe angetrieben werden konnte, findet sich statt der Grösse *h* das Wort „Deckenvorgelege" in Klammer.

In Columne *e* ist unter n_1 die normale minutliche Umdrehungszahl der Antrieb- resp. Vorgelegswelle zu verstehen*).

Die Columnen *f*—*k* stehen zu einander in Beziehung; für die unter *f* enthaltene Arbeitsleistung der Maschine, welches die höchste bei den Versuchen beobachtete ist, enthält *h* den zugehörigen Totalverbrauch an Arbeit, *g* die Leergangsarbeit für den correspondirenden Bewegungszustand der Maschine, *i* die Differenz der Werthe in *h* und *g*, *k* den Quotienten derjenigen von *i* und *h*; diese Zahlen sind also sämmtlich Maximalwerthe, bei deren Gebrauch daran zu denken ist, dass gerade die Werkzeugmaschinen zeitweilig eine Arbeitsleistung zu entwickeln haben, die weit unter der höchsten möglichen Leistung zurückbleibt. Am rathsamsten ist es daher, wenn die faktische Arbeitsleistung im besondern Falle gegeben ist, der in Columne *l* enthaltenen empirischen Formel zur Berechnung des Arbeitsverbrauchs sich zu bedienen; auf diesem Wege

---

*) Bei der Benutzung dieser Zahlen ist daran zu erinnern, dass als angemessenste Werthe der minutlichen Tourenzahl der Transmissionswellen für Metallbearbeitungsmaschinen 100, für Holzbearbeitungsmaschinen 150 anzusehen sind.

macht sich auch die Berücksichtigung des Einflusses der nothwendigen Stillstände sehr einfach und es konnten die in den früheren Arbeiten des Verf. enthaltenen Columnen „durchschnittlicher Arbeitsgang pro Stunde" und „durchschnittliche Betriebsarbeit mit Rücksicht auf die Stillstände" weggelassen werden. Diess war hier um so wünschenswerther, als ohnehin bei den meisten Werkzeugmaschinen ein bei andern Arbeitsmaschinen kaum sonst wahrzunehmender mannichfaltiger Wechsel in der Art der Benutzung und der Häufigkeit und Dauer der Stillstände eintritt, — eine Eigenthümlichkeit, welche diese Maschinen mit dem von Hand geführten Werkzeug gemein haben und die allein ihren besonderen Namen unter den übrigen Arbeitsmaschinen zu rechtfertigen scheint.

Was übrigens die Entwicklung der unter *l* aufgeführten empirischen Formeln anlangt, so ging der Verf. von der Ansicht aus, dass der totale Arbeitsverbrauch jeder Werkzeugmaschine sich aus zwei Theilen zusammensetzen müsse: der Leergangsarbeit N_0 und der Nutzarbeit N_1 und dass es angezeigt sei, die letztere in Vergleich zu setzen zum faktischen Werth der Arbeitsleistung der Maschine, ausgedrückt in der am nächsten sich darbietenden Form (Schnittfläche, Spahnvolumen, Spahngewicht pro Stunde), um so den auf die Einheit dieser Leistung bezogenen Werth der Nutzarbeit („spezifischer Arbeitswerth ε") zu ermitteln. Der aus der „zusätzlichen Reibung" entspringende (meist unbeträchtliche) Arbeitswerth, dessen Ermittlung für jeden einzelnen Fall grosse Schwierigkeiten macht, ist hierbei in letzteren einbezogen, wodurch die Anfügung eines dritten Gliedes zur Arbeitsformel erspart wurde, aber auch die für ε gefundenen Werthe von dem verschiedenen Complicationsgrade der untersuchten Maschinen in eine gewisse Abhängigkeit kommen mussten.

Die Columne *m* enthält ausser der Angabe über Raumbedarf einen Hinweis auf diejenige Stelle der Tafeln, wo sich die Grundrissfigur der betreffenden Maschine in $\frac{1}{75}$ dargestellt findet.

Zum Schluss noch zwei Bemerkungen: die eine für diejenigen Leser, welche die durch die Versuche zum Vorschein gekommenen Fragen theoretischer Natur in dem vorliegenden Bericht nicht eingehend genug verfolgt finden, die andre für meine praktischen Freunde, denen die erlangten Resultate allzu umfänglich und vielgestaltig ausgefallen sind. Jenen möchte ich bemerklich machen, dass es sich im vorliegenden Falle zu baldiger Beseitigung eines absoluten Mangels vor Allem um eine erste Annäherung an die Wahrheit handelte, welche fernerer Forschung noch freien Raum lässt, ja dieselbe herausfordern wird, und diesen kann ich versichern: Einfacher ist der Gegenstand seiner innern complicirten Natur wegen nun einmal ohne grobe Verletzung der Wahrheit nicht darzustellen.

Möge die Entwicklung des deutschen Maschinenbaus durch diese Arbeit gefördert werden!

I.

Zusammenstellung der Ergebnisse.

Fortlaufende №	Bezeichnung der Maschine. Nummer der Versuchsreihe. Abbildung d. Masch.	Firma des Erbauers. — Zahl der Versuche.	Charakteristische Dimensionen der Maschine.	Hauptsächliche Geschwindigkeiten der Maschine.
a.	b.	c.	d.	e.
1.	Hydraulische Scheere CL. XXIII. Taf. I, Fig. 1—4.	Tangye Brothers in Birmingham. 7.	Länge der Scheerenblätter 420. Grösste Schnitthöhe 90. Schneidenwinkel 0°. $D = 1030$. $b = 150$. $h = 565$.	Geschwindigkeit des oberen Scheerenblattes beim Niedergang 1, beim Aufgang 5. 45 Schnitte pro Stunde bei 55 Schnitthöhe. $u_1 = 70$.
2.	Grosse Blechscheere B. Nr. 0. LVI. Taf. I, Fig. 5—9.	Rich. Hartmann (Sächs. Maschinen Fabrik). 5.	Länge des unteren Scheerenblatts 700. Hubhöhe des oberen 75. Grösste Schnitthöhe 38. Schneidenwinkel 9° 40′. Zuschärfungswinkel der Schneiden 84° 40′. Dicke der Blätter 35. Ausladung 700. $D = 700$. $b = 200$. $h = 3400$.	Mittlere Schnitt-Geschwindigkeit 17,2. Grösste Schnitt-Geschwindigkeit 27,0. 414 Schnitte pro Stunde. $u_1 = 160$.
3.	Grosser Durchschnitt B. No. 0. LVII. Taf. I, Fig. 10.	Rich. Hartmann (Sächs. Maschinenfabrik). 7.	Grösste Blechdicke 38. Grösste Dicke des Stempels (quadratisch) 36. Stempelhub 75. Ausladung 700. $D = 700$. $b = 200$. $h = 3400$.	Mittlere Geschwindigkeit des Stempels 19,4. Maximalgeschwindigkeit des Stempels 30,5. 465 Stempelhübe pro Stunde. $u_1 = 180$.
4.	Kleine combinirte Lochmaschine und Scheere, älteres Modell. LIV. Taf. I, Fig. 11—12.	Rich. Hartmann (Sächs. Maschinenfabrik). 18.	Länge der Scheerenblätter 178. Hubhöhe des Schiebers 37. Schneidenwinkel 11° 30′. Zuschärfungswinkel 84°. Durchmesser des Lochstempels 12,2. Ausladung 160. $D = 704$. $b = 90$. $h = 1610$.	Mittlere Geschwindigkeit des Schiebers 12. Maximalgeschwindigkeit 18,8. 583 Spiele pro Stunde. $u_1 = 60$.

Grösste beobachtete Leistung d. Maschine pro Stunde.	Betriebsarbeit für normale Geschwindigkeit in Pferdestärken.				Formel zur Berechnung der Betriebsarbeit aus d. stündl. Leistung in Pferdest.	Raumbed. d. Masch. — Grundriss-Skizze.	Bemerkungn. — Gewicht der Maschine in Kilogr.
	Leergang.	Arbeitsgang.	Nutzarbeit.	Wirkungsgrad $\frac{i}{h}$			
f.	g.	h.	i.	k.	l.	m.	n.
$F = 0{,}314$ □m Schnittfläche bei Flacheisen von 55 Dicke, 128 Breite.	0,38	1,55	1,17	0,755	$N = 0{,}38 + 3{,}71\ \alpha F$, worin für Schmiedeeisen von der Dicke δ^{mm}: $\alpha = 0{,}25 + 0{,}0145\ \delta$.	2,0 . 1,78 = 3,56 □m. Taf. XIX. Fig. 14.	2100.
$F = 2{,}90$ □m Schnittfläche in Eisenblech von 25 Dicke bei fortlaufendem Schnitt.	0,68	7,23	6,55	0,906	$N = 0{,}68 + 3{,}71\ \alpha F$, worin für Schmiedeeisen von der Dicke δ^{mm}: $\alpha = 0{,}25 + 0{,}0145\ \delta$.	3,13.1,61 = 5,04 □m. Tf.XXIII, Fig. 3.	Neue Maschine. 13200.
$F = 1{,}86$ □m Schnittfläche in Eisenblech von 25 Dicke.	1,02	4,48	3,46	0,772	$N = 1{,}02 + 3{,}71\ \alpha F$, worin für Schmiedeeisen von der Dicke δ^{mm}: $\alpha = 0{,}25 + 0{,}0145\ \delta$.	3,13.3,61 = 5,04 □m. Tf.XXIII, Fig. 3.	Erst seit Kurzem in Betrieb. 13200.
$F = 0{,}461$ □m Schnittfläche in Eisenblech von 8,5 Dicke.	0,16	0,80	0,64	0,800	$N = 0{,}16 + 3{,}71\ \alpha F$, worin für Eisen $\alpha = 0{,}25 + 0{,}0145\ \delta$, für Kupfer die Hälfte der hiernach gefund. Werthe.	0,41.0,60 = 0,24 □m. Tf.XXIII. Fig. 4.	1250.

Fort-laufende №	Bezeichnung der Maschine. Nummer der Versuchsreihe. Abbildung d. Masch.	Firma des Erbauers. — Zahl der Versuche.	Charakteristische Dimensionen der Maschinen.	Hauptsächliche Geschwindigkeiten der Maschine.
a.	b.	c.	d.	e.
5.	Schwarten-Säge GH. XXVII. Taf. II, Fig. 1—3.	Joh. Zimmermann (Chemnitzer Werkzeug-Masch.-Fabrik). 34.	Dicke d. Sägenblattes 1,4. Breite d. Schnittfuge 4,0. Zahntheilung 13,1. Blattlänge 1325. Hubhöhe des Gatters 338. Gewicht desselben 60^k. Grösste Blockbreite 240. $D = 468$. $b = 130$. $h = 1220$.	Minutliche Anzahl der Sägenschnitte 220. Mittlere Geschwindigk. des Blattes 2479. Grösste Geschwk. 3892. Zuschiebung des Blocks pro Schnitt $z = 1,3$ bis $7,3$. $n_1 = 220$.
6.	Bandsäge CD. XL. Taf. II, Fig. 4—6.	Joh. Zimmermann (Chemnitzer Werkzeug-Masch.-Fabrik). 9.	Dicke d. Sägenblattes 1,5. Breite d. Schnittfuge 1,7. Zahntheilung 9,0. Durchmesser der Sägenscheiben 855. $D = 272$. $b = 60$. $h = 450$.	Normale Schnittgeschwindigkeit 6710. Zuschieb. d. Arbeitsstücks pro Sec. $z' = 8 - 34$. $n_1 = 150$.
7.	Kreis-Säge OG für Holz. XXXV. Taf. II, Fig. 7.	Joh. Zimmermann (Chemnitzer Werkzeug-Masch.-Fabrik). 11.	Dicke d. Sägenblattes 2,05. Breite d. Schnittfuge 2,85. Zahntheilung 22,4. Zähnezahl 82. Durchmesser des Sägenblattes 586. $D = 144$. $b = 82$. $h = 675$.	Normale Umfangsgeschwindk. d. Blatt. 36820. Zuschiebungsgeschwdgk. $z' = 15,4 - 40,5$. $n_1 = 1200$.
8.	Kreis-Säge ED für Holz. XXXVI. Taf. II, Fig. 8.	Joh. Zimmermann (Chemnitzer Werkzeug-Masch.-Fabrik). 13.	Dicke d. Sägenblattes 3,05. Breite d. Schnittfuge 5,50. Zahntheilung 39,6. Zähnezahl 69. Durchmess. d. Blattes 870. $D = 192$. $b = 93$. $h = 675$.	Normale Umfangsgeschwindk. d. Blatt. 38720. Zuschiebungsgeschwdgk. $z' = 20 - 65$. $n_1 = 850$.

Grösste beobachtete Leistung d. Maschine pro Stunde.	Betriebsarbeit für normale Geschwindigkeit in Pferdestärken. Leergang.	Arbeitsgang.	Nutzarbeit.	Wirkungsgrad $\frac{i}{h}$	Formel zur Berechnung der Betriebsarbeit aus d. ständl. Leistung in Pferdest.	Raumbed. der Masch. — Grundriss-Skizze.	Bemerkungn. — Gewicht der Maschine in Kilogr.
f.	g.	h.	i.	k.	l.	m.	n.
$F = 13,68$ □m Schnittfläche in trock. Fichtenholz bei 142 Blockhöhe, 7,3 Zuschiebung pro Schnitt.	0,83	1,93	1,10	0,570	$N = 0,83 + \left(\alpha + \frac{\beta}{z}\right) F,$ worin für trockenes Fichtenholz $\alpha = 0,046, \beta = 0,33$ $z = 2 - 8.$ für Eschenholz $\alpha = 0,052, \beta = 0,376$ $z = 1 - 5.$	1,87.1,32 = 2,47 □m. Taf. XX, Fig 6.	Nur zeitweilig in Gang gesetzte Probemaschine. 2100.
$F = 7,70$ □m Schnittfläche in trocken. Eichenholz bei 240 Blockhöhe u. 8,8 Zuschiebung pro Secunde.	0,19	0,98	0,79	0,806	$N = 0,19 + \left(\alpha + \frac{\beta}{z'}\right) F,$ worin für trockene Hölzer durchschn. $\alpha = 0,052, \beta = 0,465$ $z' = 8 - 34$ Zuschiebungsgeschwindigkeit.	1,75.1,30 = 2,28 □m. Taf. XXI, Fig. 7.	1000.
$F = 24,62$ □m Schnittfläche in Fichtenholz parallel dem Faserlauf bei 187 Schnitthöhe, 35 Zuschiebungsgeschwindigkeit.	0,71	3,28	2,57	0,784	$N = 0,72 + \varepsilon F,$ worin für Fichte ∥ $\varepsilon = 0,104$ Fichte ⊥ $\varepsilon = 0,232$ Rothb. ∥ $\varepsilon = 0,113$ Erle ∥ $\varepsilon = 0,126$ Esche ∥ $\varepsilon = 0,264$ (Zuschbg. v. Hand).	1,78.1,07 = 1,91 □m. Taf. XXI, Fig. 10.	Als Probemaschine nur zeitweilig im Gang. 400.
$F = 30$ □m Schnittfläche in Fichtenholz parallel dem Faserlauf bei 182 Schnitthöhe, 45 Zuschiebungsgeschwindigkeit.	1,18	5,64	4,46	0,791	$N = 1,18 + \varepsilon F,$ worin für Fichte ∥ $\varepsilon = 0,180$ Erle ∥ $\varepsilon = 0,161$ Rothb. ∥ $\varepsilon = 0,177$ Esche ∥ $\varepsilon = 0,336$ (Zuschbg. v. Hand).	2,1 . 1,2 = 2,52 □m. Taf. XXI, Fig. 9.	Neue Maschine. 650.

Fortlaufende №	Bezeichnung der Maschine. Nummer der Versuchsreihe. Abbildung d. Masch.	Firma des Erbauers. — Zahl der Versuche.	Charakteristische Dimensionen der Maschine.	Hauptsächliche Geschwindigkeiten der Maschine.
a.	b.	c.	d.	e.
9.	Kreis-Säge LF für heisses Eisen. XXII. Taf. II, Fig. 9—11.	Joh. Zimmermann (Chemnitzer Werkzeug-Masch.-Fabrik). 6.	Dicke d. Sägenblattes 2,75. Schnittbreite 3,50. Zahntheilung 22,6. Zähnezahl 106. Durchmess. d. Blattes 764. $D = 374$. $b = 100$. (Deckenvorgelege.)	Normale Umfangsgeschwindigkeit des Blattes 40000. Zuschiebungsgeschwdgk. $z' = 1-2$. $n_1 = 235$.
10.	Holz-Zerkleinerungs-Masch. BJ. XLI. Tf. II, Fig. 12—14.	Joh. Zimmermann (Chemnitzer Werkzeug-Masch.-Fabrik). 6.	Dicke des Blattes der Kreissäge 1,9. Schnittbreite 2,8. Zähnezahl 91. Zahntheilung 16,7. Durchmess. d. Blattes 485. Hub des Spalters 130. Schneidenlänge dess. 145. Schneidwinkel 40°. $D = 282$. $b = 70$. (Deckenvorgelege.)	Normale Umfangsgeschwindigkeit der Säge 37660. Minutl. Tourenzahl 1483. Minutl. Hubzahl des Spalters 163. Mittlere Geschwindigkeit desselben 706. $n_1 = 300$.
11.	Gruben-Hobelmaschine D. LII. Tf. III, Fg. 1—5, 12.	Rich. Hartmann (Sächsische Maschinenfabrik). 10.	Wangenlänge 14500. Breite in der Grube 4200. Höhe in der Grube 4000. Gewicht des Supportschlittens 8750^k. $D = 600$. $b = 160$. (Deckenvorgelege.)	Normale Schnittgeschwindigkeit des Stahls 48. Geschwindgk. des Stahls bei langsam. Rücklauf 49, bei schnellem Rücklf. 101. $n_1 = 100$.
12.	Hobelmaschine CA. XLIII. Taf. III, Fig. 6—10, 13.	Joh. Zimmermann (Chemnitzer Werkzeug-Masch.-Fabrik). 9.	Bettlänge 17070. Tischlänge 11650. Tischbreite 1610. Lichte Weite und Höhe zwisch. d. Ständern 1915. Zuschärfungswinkel der beiden Führungsprismen des Tisches 130°. Gewicht d. Tisch. 15000^k. $D = 497$. $b = 120$. (Deckenvorgelege.)	Normale Schnittgeschwindigkeit 65. Rücklaufsgeschwdk. 149. $n_1 = 100$.

Grösste beobachtete Leistung d. Maschine pro Stunde.	Betriebsarbeit für nomale Geschwindigkeit in Pferdestärken.				Formel zur Berechnung der Betriebsarbeit aus d. stündl. Leistung in Pferdest.	Raumbed. d. Masch. — Grundriss-Skizze.	Bemerkungn. — Gewicht der Maschine in Kilogr.
	Leergang	Arbeitsgang.	Nutzarbeit.	Wirkungsgrad $\frac{i}{h}$			
f.	g.	h.	i.	k.	l.	m.	n.
$F = 0{,}597$ □^{m} Schnittfläche in rothwarmem Rundeisen von 125 Dicke.	0,62	4,20	3,58	0,853	$N = 0{,}62 + \varepsilon F$, worin für Eisen $\varepsilon = 7{,}56$ Stahl $\varepsilon = 10{,}9$ (Zuschieb. v. Hand).	1,6 . 1,22 = 1,95 □^{m}. Taf. XX, Fig. 4.	1150.
$F_1 = 4$ □^{m} Sägenschnittfläche. $F_2 = 200$ □^{m} Spaltfläche in Fichtenholz von 135 mittlerer Dicke.	0,72	1,48	0,76	0,514	$N = 0{,}72 + \varepsilon_1 F_1 + \varepsilon_2 F_2$, worin für weiche Hölzer $\varepsilon_1 = 0{,}142$ $\varepsilon_2 = 0{,}001$.	1,17 . 1,40 = 1,64 □^{m}. Taf. XXI, Fig. 11.	Nur zeitweilig in Gang befindliche Probemasch. 800.
$G = 8{,}11^k$ Spahngewicht bei Gusseisen (Gusshaut) 3100 Schnittlänge, 5 Schnitthöhe, 0,75 Schnittbreite, 57 Schnittgeschwk.	1,00	2,07	1,07	0,517	$N = 1{,}00 + \varepsilon G$, worin für hartes Gusseisen $\varepsilon = 0{,}133$.	16,82 . 5,54 = 93,18 □^{m}. Tf. XXII, Fig. 4.	Schneller Rücklauf des Stahlsupports. 58,500.
$G = 23{,}62^k$ Spahngew. b. Gusseisen 4870 Schnittlänge, 16 Schnitthöhe, 1,37 Schnittbreite, 49 Schnittgeschwk. (Gew. des Arbeitsstücks 4275^k.)	0,61	1,49	0,88	0,591	$N = 0{,}61 + \varepsilon G$, worin für weiches Gusseisen $\varepsilon = 0{,}037$.	11,0 . 2,0 = 22,0 □^{m}. Tf. XVIII. Fig. 1.	Aeltere Maschine. 23500.

Fort-laufende №	Bezeichnung der Maschine. Nummer der Versuchsreihe. Abbildung d. Masch.	Firma des Erbauers. — Zahl der Versuche.	Charakteristische Dimensionen der Maschine.	Hauptsächliche Geschwindigkeiten der Maschine.
a.	b.	c.	d.	e.
13.	Hobelmaschine H. XVIII. Taf. III, Fig. 11.	Joh. Zimmermann (Chemnitzer Werkzeug-Masch. Fabrik). 13.	Bettlänge 3300. Tischlänge 2840. Tischbreite 850. Gewicht d. Tisches 1166^k. Zuschärfungswinkel der beiden Führungsprismen am Tisch 100°. $D = 282$. $b = 80$. (Deckenvorgelege.)	Normale Schnittgeschwindigkeit 54. Rücklaufsgeschwdgk. 85. $n_1 = 170$.
14.	Hobelmaschine V. VII. Taf. IV, Fig. 1—5.	Joh. Zimmermann (Chemnitzer Werkzeug-Masch.-Fabrik). 6.	Des Arbeitsstückes grösste zulässige Länge 710. Breite 640. Höhe 570. Gewicht des Tisches 171^k. $D = 372$. $b = 85$. (Deckenvorgelege.)	Minutliche Spielzahl des Tisches 3,58 8,48 18,0. Bei einem Arbeitsweg des Tisches von 570 ist die mittlere Rücklaufsgeschwindigkeit das 1,73fache der mittleren Schnittgeschwindigkeit. $n_1 = 50$.
15.	Shaping-Maschine BG. XV. Taf. IV, Fg. 6, 8, 10.	Joh. Zimmermann (Chemnitzer Werkzeug-Masch.-Fabrik). 9.	Des Arbeitsstückes grösste Länge 2270. Breite 570. Gewicht des Stössels 350^k. $D = 710$. $b = 90$. (Deckenvorgelege.)	Minutliche Spielzahl des Stössels 4,33 7,27 11,7 18,7, 32,9. Der Rücklauf erfolgt mit doppelter Schnittgeschwindigkeit. $n_1 = 65$.

Grösste beobachtete Leistung d. Maschine pro Stunde.	Betriebsarbeit für normale Geschwindigkeit in Pferdestärken. Leergang.	Arbeitsgang.	Nutzarbeit.	Wirkungsgrad $\frac{i}{h}$	Formel zur Berechnung der Betriebsarbeit aus d. stündl. Leistung in Pferdest.	Raumbed. der Masch. — Grundriss-Skizze.	Bemerkungn. — Gewicht der Maschine in Kilogr.
f.	g.	h.	i.	k.	l.	m.	n.
$G = 6{,}08^k$ Spahngewicht bei 1340 Schnittlänge, 4,11 Schnitthöhe, 1,13 Schnittbreite, 54 Schnittgeschwindigkeit (Gusseisen).	0,27	0,85	0,58	0,683	$N = 0{,}27 + \varepsilon G$, worin für Gusseisen bei 7 □mm Spahnquerschnitt $\varepsilon = 0{,}077 + \frac{0{,}125}{f}$	4,32.1,78 = 7,69 □m. Taf. XXI, Fig. 8.	5400.
$G = 1{,}3^k$ Gusseisen bei 419 Schnittlänge, 0,73 Schnittbreite, 2,70 Schnitthöhe, 55 Schnittgeschwindigkeit (entsprechend der kleinsten Spielzahl des Tisches 3,58 pro Min.).	0,12	0,25	0,13	0,520	$N = N_0 + \varepsilon G$, worin für die 3 möglichen Tischgeschwindigkeiten $N_0 = 0{,}12$ 0,22 0,41, und für Gusseisen $\varepsilon = 0{,}116$.	2,75 . 1,3 = 3,58 □m Taf. XIX, Fig. 9.	1400.
$G = 7{,}96^k$ Schmiedeeisen bei 99 Schnittlänge, 1,17 Schnittbreite, 7,0 Schnitthöhe, 89 Schnittgeschwindigkeit (11,7 Schnitte pro Min.).	0,26	1,16	0,90	0,776	$N = N_0 + \varepsilon G$, worin bei 295 Stösselschub für die 5 möglichen Geschwindigkeiten $N_0 = 0{,}15$ 0,19 0,26 0,42 0,74 und für Schmiedeeisen $\varepsilon = 0{,}092$, für Gusseisen $\varepsilon = 0{,}059$.	4,65 . 1,8 = 8,37 □m. Taf. XX. Fig. 3.	7000.

Fortlaufende №	Bezeichnung der Maschine. Nummer der Versuchsreihe. Abbildung d. Masch.	Firma des Erbauers. — Zahl der Versuche.	Charakteristische Dimensionen der Maschine.	Hauptsächliche Geschwindigkeiten der Maschine.
a.	b.	c.	d.	e.
16.	Shapingmaschine IA. VIII. Taf. VI, Fig. 1. Taf. IV, Fig. 9, 10, 13.	Joh. Zimmermann (Chemnitzer Werkzeug-Masch.-Fabrik). 17.	Des Arbeitsstückes grösste zulässige Länge 570, Breite 235. Gewicht d. Stössels 86,5^k. $D = 367$. $b = 70$. (Deckenvorgelege.)	Minutliche Spielzahl des Stössels 15 18 22,2 27. Der Rücklauf erfolgt mit doppelter Schnittgeschwindigkeit. $u_1 = 100$.
17.	Shapingmaschine FA. VI. Taf. IV, Fig. 12. Taf. V, Fig. 1, 2.	Joh. Zimmermann (Chemnitzer Werkzeug-Masch.-Fabrik). 11.	Des Arbeitsstückes grösste zulässige Länge 330, Breite 100. Gewicht d. Stössels 30^k. $D = 280$. $b = 50$. (Deckenvorgelege.)	Minutliche Spielzahl des Stössels 57 100 176. Die mittleren Geschwindigkeiten des Rück- und Vorlaufs sind gleich gross (Kurbelschleife). $u_1 = 100$.
18.	Nuthstossmaschine PA. XLII. Taf. VI, Fig. 2—6.	Joh. Zimmermann (Chemnitzer Werkzeug-Masch.-Fabrik). 16.	Des grössten Arbeitsstückes Durchmess. 1750 Höhe 495. Grösster Stösselhub 380. Gewicht des Stössels 325^k. $D = 557$. $b = 90$. (Deckenvorgelege.)	Minutliche Hubzahl des Stössels 4,2 6,2 10 15,4 11,3 17,7 26,9 41,6. Der Rücklauf erfolgt mit doppelter Schnittgeschwindigkeit. $u_1 = 65$.

Grösste beobachtete Leistung d. Maschine pro Stunde.	Betriebsarbeit für normale Geschwindigkeit in Pferdestärken.				Formel zur Berechnung der Betriebsarbeit aus d. stündl. Leistung in Pferdest.	Raumbed. d. Masch. — Grundriss-Skizze.	Bemerkungn. — Gewicht der Maschine in Kilogr.
	Leergang.	Arbeitsgang.	Nutzarbeit.	Wirkungsgrad $\frac{i}{h}$			
f.	g.	h.	i.	k.	l.	m.	n.
$G = 2{,}37^k$ Gusseisen bei 135 Schnittlänge, 0,56 Schnittbreite, 5,0 Schnitthöhe, 49,7 Schnittgeschwindigkeit. (21 Schnitte pro Minute.)	0,072	0,245	0,173	0,706	$N = N_0 + \varepsilon G$, worin bei 130 Stösselhub für die 4 möglichen Geschwindigkeiten $N_0 = 0{,}072$ 0,098 0,104 0,125 $\varepsilon = 0{,}246$ für Stahl, $\varepsilon = 0{,}081$ f. Gusseisen, $\varepsilon = 0{,}104$ für Schmiedeeisen.	2,08.1,42 = 2,95 □m. Taf. XIX. Fig. 10.	1400.
$G = 2{,}70^k$ Bronze bei 67 Schnittlänge, 0,58 Schnittbreite, 2,5 Schnitthöhe, 146 Schnittgeschwindigkeit. (57 Schnitte pro Minute.)	0,088	0,163	0,075	0,460	$N = N_0 + \varepsilon G$, worin bei 74 Stösselhub für die 3 möglichen Geschwindigkeiten $N_0 = 0{,}088$ 0,139 0,267 $\varepsilon = 0{,}028$ für Bronze, $\varepsilon = 0{,}083$ für Gusseisen, $\varepsilon = 0{,}134$ für Schmiedeeisen.	0,80.0,90 = 0,72 □m. Taf. XIX, Fig. 13.	500.
$G = 7{,}98^k$ Gusseisen bei 240 Schnittlänge, 0,74 Schnittbreite, 7,8 Schnitthöhe, 139 Schnittgeschwindigkeit. (21 Schnitte pro Minute.)	0,58	0,97	0,39	0,403	$N = N_0 + \varepsilon G$, worin $N_0 = 0{,}44$ bis 0,95, $\varepsilon = 0{,}056$ für Gusseisen, $\varepsilon = 0{,}133$ für Schmiedeeisen.	3,72.2,18 = 8,11 □m. Taf. XXI, Fig. 16.	Neue Maschine. 8300.

Fortlaufende №	Bezeichnung der Maschine. Nummer der Versuchsreihe. Abbildung d. Masch.	Firma des Erbauers. — Zahl der Versuche.	Charakteristische Dimensionen der Maschine.	Hauptsächliche Geschwindigkeiten der Maschine.
a.	b.	c.	d.	e.
19.	Nuthstossmaschine KO. XVI. Taf. VI, Fig. 7—8.	Joh. Zimmermann (Chemnitzer Werkzeug-Masch.-Fabrik). 10.	Des grössten Arbeitsstückes Durchmess. 1000. Höhe 285. Grösster Stösselhub 240. Gew. des Stössels 56^k. $D = 555$. $b = 70$. (Deckenvorgelege.)	Minutliche Hubzahl des Stössels 12,7 17,3 23,4 32,0. $n_1 = 60$.
20.	Nuthstossmaschine MA. V. Taf. IV, Fig. 10, Taf. V, Fig. 3—4.	Joh. Zimmermann (Chemnitzer Werkzeug-Masch.-Fabrik). 12.	Des grössten Arbeitsstückes Durchmess. 830. Höhe 240. Grösster Stösselhub 200 Gew. des Stössels $42{,}5^k$. $D = 366$. $b = 60$. (Deckenvorgelege.)	Minutliche Hubzahl des Stössels 19,2 48,3 106. $n_1 = 60$.
21.	Einfache Mutter-Hobelmaschine 1G. IX. Taf. VI, Fig. 9 u. 10.	Joh. Zimmermann (Chemnitzer Werkzeug-Masch.-Fabrik). 8.	Der zu hobelnden Schraubenköpfe und Muttern grösste Breite 200, grösste Höhe 90. Gew. des Stössels $62{,}5^k$. $D = 343$. $b = 42$. (Deckenvorgelege.)	Minutliche Hubzahl des Stössels 112 155. $n_1 = 130$.

Grösste beobachtete Leistung d. Maschine pro Stunde.	Betriebsarbeit für normale Geschwindigkeit in Pferdestärken. Leergang.	Arbeitsgang.	Nutzarbeit.	Wirkungsgrad $\frac{i}{h}$	Formel zur Berechnung der Betriebsarbeit aus d. stündl. Leistung in Pferdest.	Raumbed. d. Masch. — Grundriss-Skizze.	Bemerkungn. — Gewicht der Maschine in Kilogr.
f.	g.	h.	i.	k.	l.	m.	n.
$G = 2{,}13^k$ Gusseisen bei 238 Schnittlänge, 0,42 Schnittbreite 4,0 Schnitthöhe, 69 Schnittgeschwindigkeit.	0,22	0,45	0,23	0,512	$N = N_0 + \varepsilon G$, worin bei h^m Stösselhub und n Stösselspielen pro Minute $N_0 = 0{,}11 + 0{,}069\, nh$. $\varepsilon = 0{,}078$ für Gusseisen, $\varepsilon = 0{,}124$ für Schmiedeeisen.	2,4 . 1,36 = 3,26 □^{m}. Taf. XIX. Fig. 8.	2400.
$G = 1{,}48^k$ Gusseisen bei 55 Schnittlänge, 0,39 Schnittbreite, 4,75 Schnitthöhe. 152 Schnittgeschwindigkeit.	0,09	0,28	0,19	0,679	$N = N_0 + \varepsilon G$, worin bei h^m Stösselhub und n Schnitten pro Minute $N_0 = 0{,}044 + 0{,}01\, nh$. $\varepsilon = 0{,}115$ für Gusseisen, (bei $f = 1{,}32$ □^{mm} Spahnquerschnitt).	1,65.1,05 = 1,73 □^{m}. Taf. XIX. Fig. 7.	1700.
$G = 1{,}44^k$ Schmiedeeisen bei 40 Schnittlänge, 0,19 Schnittbreite, 2,18 Schnitthöhe, 205 Schnittgeschwindigkeit (zwei Stähle).	0,38	0,50	0,12	0,240	$N = N_0 + \varepsilon G$, worin bei 40 Stösselhub $N_0 = 0{,}26 \div 0{,}38$ $\varepsilon = 0{,}106$ für Schmiedeeisen.	1,25.0,80 = 1,00 □^{m}. Taf. XIX. Fig. 4.	750.

2*

Fortlaufende №	Bezeichnung der Maschine. Nummer der Versuchsreihe. Abbildung d. Masch.	Firma des Erbauers. — Zahl der Versuche.	Charakteristische Dimensionen der Maschine.	Hauptsächliche Geschwindigkeiten der Maschine.
a.	b.	c.	d.	e.
22.	Abziehmaschine (Holzziehbank) No. 1. LIX. Taf. IV, Fig. 7.	Rich. Hartmann (Sächsische Masch.-Fabrik). 23.	Arbeitsbreite 290. Grösste zulässige Dicke des Arbeitsstücks 100. Durchmesser der Speisewalzen 114. Schneidwinkel des Messers 17,5°. Anstellungswinkel 33°. $D = 606$. $b = 150$. $h = 720$.	Minutl. Umdrehungszahl der Speisewalzen $150 \frac{12}{16} = 112{,}5$. Berechnete Schnittgeschwindigkeit 671, Faktische Schnittgeschwindigkeit 184, $n_1 = 150$.
23.	Holzstemm-Maschine MK. LXVI. Taf. V, Fig. 5—7.	Joh. Zimmermann (Chemnitzer Werkzeug-Masch.-Fabrik). 6.	Der zu stemmenden Löcher grösste Tiefe 210, grösste Länge 285. Breite d. Stemmeisens bei den Versuchen 30; Hub 156. $D = 343$. $b = 80$. (Deckenvorgelege.)	Minutliche Zahl der Schnitte 86. $n_1 = 85$.
24.	Horizontal-Bohrmaschine SA. XI. Tf. VII, Fig. 8—10. Tf. VIII, Fig. 1—3.	Joh. Zimmermann (Chemnitzer Werkzeug-Masch.-Fabrik). 29.	Der zu bohrenden Löcher grösster Durchmess. 285, grösste Länge 380. Planscheibe von 285 Durchmesser. Grösste Höhe d. Arbeitsstückes 470. $D = 282$. $b = 65$. (Deckenvorgelege.)	Minutliche Umdrehungszahlen der Bohrspindel 4,01 6,72 10,9 17,8 36,1 60,5 97,9 160. $n_1 = 100$.

Grösste beobachtete Leistung d. Maschine pro Stunde.	Betriebsarbeit für normale Geschwindigkeit in Pferdestärken.				Formel zur Berechnung der Betriebsarbeit aus d. stündl. Leistung in Pferdest.	Raumbed. der Masch. — Grundriss-Skizze.	Bemerkungn. — Gewicht der Maschine in Kilogr.
	Leergang.	Arbeitsgang.	Nutzarbeit.	Wirkungsgrad $\frac{i}{h}$			
f.	g.	h.	i.	k.	l.	m.	n.
$V = 0{,}038$ Kb^m Fichtenholz bei 61 Spahnbreite, 0,86 Spahndicke, 202 Schnittgeschwindigkeit.	0,14	3,50	3,36	0,961	$N = 0{,}14 + \varepsilon\, V$, worin $\varepsilon = 80$ für Erle, $\varepsilon = 110$ für Rothbuche (im Durchschn. aus 5 verschiedenen Hölzern $\varepsilon = 100$.)	1,0 . 1,3 = 1,30□^m. Tf. XXIV, Fig. 5.	Versuchsmaschine, noch nicht in befriedigend. Gang; zu starkes Gleiten des Holzes in den Speisewalzen. 800.
$V = 0{,}0167$ Kb^m Erlenholz bei 38 Lochtiefe, 30 Spahnbreite, 2,86 Spahndicke, 444 mittlerer Schnittgeschwindigkeit.	0,35	0,50	0,15	0,300	$N = 0{,}35 + \varepsilon\, V$, worin $\varepsilon = 94{,}3$ für Erlenholz.	1,36.1,60 = 2,18□^m. Tf. XXIV, Fig. 7.	Zeitweilig in Gang gesetzte Probemaschine. 1100.
$V = 673$ Kb^cm Schmiedeeisen bei Erweiterung eines Loches von 24 auf 50 mit Bohrstange und Messer bei 0,14 Zuschiebung pro Umdrehung oder 0,07 Spahndicke, 155 Umfangsgeschwindigkeit.	0,12	0,91	0,82	0,872	$N = N_0 + \varepsilon\, V$, ohne Benutzung des Rädervorgeleges. $N_0 = 0{,}062 + 0{,}0012 .\, n_2$ mit Rädervorgel. $N_0 = 0{,}10 + 0{,}0012 .\, n_2$. $\varepsilon = 0{,}001 + \frac{0{,}01}{d}$ beim Bohren aus dem Vollen mittelst Spitzbohrer in Schmiedeeisen (d = Lochweite in Mm.).	1,82.1,28 = 2,33□^m. Taf. XIX Fig. 5.	1750.

Fortlaufende №	Bezeichnung der Maschine. Nummer der Versuchsreihe. Abbildung d. Masch.	Firma des Erbauers. — Zahl der Versuche.	Charakteristische Dimensionen der Maschine.	Hauptsächliche Geschwindigkeiten der Maschine.
a.	b.	c.	d.	e.
25.	Kleine Cylinderbohrmaschine J No. 2. XLIV. Taf. VIII, Fig. 4.	Rich. Hartmann (Sächsische Maschinenfabrik). 7.	Spindelhöhe 500. Grösste Länge des Cylinders 1300. Durchmesser der Bohrspindel 200. Ganghöhe der Leitspindeln 6,4. $D = 496$. $b = 80$. $h = 900$.	Minutliche Umdrehungszahlen des Bohrkopfs 3. Umfangsgeschwindigk. bei 430 Durchmess. 67,5. Zuschiebung pro Umdrehung 0,80. $n_1 = 15$.
26.	Radial-Bohrmaschine RG. XXI. Taf. VIII, Fig. 5, 6.	Joh. Zimmermann (Chemnitzer Werkzeug-Masch.-Fabrik). 16.	Kleinster Radius 710. Grösster „ 1840. Drehungswinkel des Arms 160°. Grösste Höhe des Arbeitsstückes 1700. Der zu bohrenden Löcher grösster Durchmess. 140, grösste Tiefe 380. $D = 345$. $b = 70$. (Deckenvorgelege.)	Minutliche Umdrehungszahlen der Bohrspindel $n_2 =$ 2,93 5,53 9,90 18,8 26,4 49,8 89,1 169. $n_1 = 100$.
27.	Grosse Radial-Bohrmaschine A No. 0. LI. Taf. VII, Fg. 4. Taf. VIII, Fg. 7—8.	Rich. Hartmann (Sächsische Maschinenfabrik). 54.	Kleinster Radius 800. Grösster „ 2500. Drehungswinkel des Arms 180°. Verticale Verstellung der Bohrspindel 950. Grösste Höhe der Gegenstände 2550. Der zu bohrenden Löcher grösster Durchmess. 300, grösste Tiefe 550. Dicke der Bohrspindel 85. $D = 600$. $b = 115$. (Deckenvorgelege.)	Minutliche Umdrehungszahlen der Bohrspindel $n_2 =$ 3,54 6,05 10,0 17,1 27,6 47,3 78,2 134. $n_1 = 120$.

Grösste beobachtete Leistung d. Maschine pro Stunde.	Betriebsarbeit für normale Geschwindigkeit in Pferdestärken.				Formel zur Berechnung der Betriebsarbeit aus d. stündl. Leistung in Pferdest.	Raumbed. d. Masch. — Grundriss-Skizze.	Bemerkungen. — Gewicht der Maschine in Kilogr.
	Leergang.	Arbeitsgang.	Nutzarbeit.	Wirkungsgrad $\frac{i}{h}$			
f.	g.	h.	i.	k.	l.	m.	n.
$G = 296^k$ Gusseisen bei Ausbohrung eines Cylinders von 430 lichter Weite und bei 3,5 Schnitthöhe, 0,80 Schnittbreite, 68,5 Umfangsgeschwindigkeit.	0,007	0,207	0,200	0,968	$N = N_0 + \varepsilon G$, worin $N_0 = 0{,}007$ und für Gusseisen $\varepsilon = 0{,}0725$ PS für 1^k pro Stunde.	2,4 . 1,0 = 2,40□m. Tf. XXII, Fig. 1.	Aeltere Construction. 350.
$V = 101$ Kbcm Gusseisen beim Bohren aus dem Vollen 12,5 Lochweite, 0,088 Zuschiebung, 0,044 Spahndicke, 99,6 Umfangsgeschwindigkeit.	0,45	0,54	0,09	0,167	$N = N_0 + \varepsilon V$, worin ohne Rädervorgelege $N_0 = 0{,}06 + 0{,}0022\, n_2$; mit Rädervorgelege $N_0 = 0{,}095 + 0{,}0012\, n_2$. $\varepsilon = 0{,}00132$ für Gusseisen b. Bohren aus dem Vollen.	3,67 . 1,78 = 6,63□m. Taf. XIX, Fig. 15.	Die Maximalleistung der Maschine konnte nicht herbeigeführt werden. 6800.
$V = 508$ Kbcm Gusseisen beim Bohren aus dem Vollen, 50 Lochweite, 0,111 Zuschiebung, 0,056 Spahndicke, 94 Umfangsgeschwindigkeit.	0,31	0,68	0,37	0,544	$N = N_0 + \varepsilon V$, worin $N_0 = 0{,}12 + 0{,}005\, n_2$. $\varepsilon = 0{,}00107$ für Gusseisen, $\varepsilon = 0{,}00125$ für Bronce, $\varepsilon = 0{,}00150$ für Stahl, $\varepsilon = 0{,}00186$ für Kupfer, $\varepsilon = 0{,}00312$ für Schmiedeeisen, beim Bohren aus dem Vollen mit Spitzbohrer von 30 Breite.	3,0 . 2,3 = 6,90□m. Tf. XXIII, Fig. 1.	8750.

Fortlaufende №	Bezeichnung der Maschine. Nummer der Versuchsreihe. Abbildung d. Masch.	Firma des Erbauers. — Zahl der Versuche.	Charakteristische Dimensionen der Maschine.	Hauptsächliche Geschwindigkeiten der Maschine.
a.	b.	c.	d.	e.
28.	Langloch-Bohrmaschine LK. XIII. Taf. VII, Fig. 1, 5, 6. Taf. VIII, Fig. 9.	Joh. Zimmermann (Chemnitzer Werkzeug-Masch.-Fabrik). 21.	Der zu bohrenden Nuthen grösste Breite 60, grösste Länge 190, grösste Tiefe 190. $D = 282$. $b = 55$. (Deckenvorgelege.)	Minutliche Tourenzahl der Bohrspindel $n_2 =$ 37,7 71,2 128 239. $n_1 = 150$.
29.	Kleine Wand-Bohrmaschine für Holz II No. 1. XLVII. Taf. VII, Fig. 2, 3, 12, 13.	Rich. Hartmann (Sächsische Maschinenfabrik). 20.	Durchmesser der grössten zu bohrenden Löcher 100. $D = 237$. $b = 72$. (Deckenvorgelege.)	Minutliche Tourenzahl der Bohrspindel 920. Grösste beobachtete Umfangsgeschwindigk. des Bohrers (bei $d = 101$) 4865. $n_1 = 250$.
30.	Holzlangloch-Bohrmaschine JE. XXXVIII. Taf. VII, Fig. 7, 11, 14, 15.	Joh. Zimmermann (Chemnitzer Werkzeug-Masch.-Fabrik). 20.	Der zu bohrenden Langlöcher grösste Tiefe 210, Länge 285. $D = 280$. $b = 80$. (Deckenvorgelege.)	Minutliche Tourenzahl der Bohrspindel $n_2 =$ 402 654 1007 1540. $n_1 = 950$ (2. Vorlegswelle).
31.	Kleine Fräsmaschine C No. 5. LIII. Taf. IX, Fig. 1—5.	Rich. Hartmann (Sächsische Maschinenfabrik). 20.	Des grösst. Arbeitsstückes Höhe 220, Länge 500. Durchmesser des Fräskopfs 280. Zahl der Stähle 16. $D = 300$. $b = 70$. (Deckenvorgelege.)	Minutl. Tourenzahl des Fräskopfs $n_2 = 4{,}51$ 6,50. Schnittgeschw. 66,1 95,3. Zuschiebung pro Umdrehung $z = 2{,}61$. Schnittbreite $\beta = 0{,}165$. $n_1 = 130$.

Grösste beobachtete Leistung d. Maschine pro Stunde.	Betriebsarbeit für normale Geschwindigkeit in Pferdestärken. Leergang.	Arbeitsgang.	Nutzarbeit.	Wirkungsgrad $\frac{i}{h}$	Formel zur Berechnung der Betriebsarbeit aus d. stündl. Leistung in Pferdest.	Raumbed. d. Masch. — Grundriss-Skizze.	Bemerkungn. — Gewicht der Maschine in Kilogr.
f.	g.	h.	i.	k.	l.	m.	n.
$V = 184$ Kb^{cm} Gusseisen bei 50,5 Lochbreite, 0,85 Spahndicke, $^1/_{32}$□^{mm} Spahnquerschnitt, 98 Umfangsgeschw. (Kronenbohrer.)	0,15	0,42	0,27	0,643	$N = N_0 + \varepsilon V$, worin $N_0 = 0{,}10 + 0{,}0014\, n_2$, $\varepsilon = 0{,}00112$.	1,55.1,15 = 1,78□^{m}. Taf. XX, Fig. 8.	1900.
$V = 0{,}091$ Kb^m Fichtenholz bei 101 Lochweite, 46 Lochtiefe, 0,20 Spahndicke, 10,3□^{mm} Spahnquerschnitt, 4730 Umfangsgeschwindigkeit.	0,265	1,86	1,59	0,857	$N = 0{,}265 + \varepsilon V$, worin für Centrumbohrer v. d^{mm} Breite bei Fichte $\varepsilon = 7{,}6 + \frac{1000}{d}$ Erle $\varepsilon = 28{,}8 + \frac{2170}{d}$ Weissbuche $\varepsilon = 210 + \frac{2280}{d}$	—	175.
$V = 0{,}035$ Kb^m Fichtenholz bei Bohrung eines Rundlochs von 100 Weite, 37 Tiefe u. bei 0,037 Spahndicke 1,85□^{mm} Spahnquerschnitt, 5290 Umfangsgeschwindigkeit.	1,70	3,74	2,04	0,545	$N = N_0 + \varepsilon V$, worin $N_0 = 0{,}40 + 0{,}00065\, n_2$ $\varepsilon = 18$ für Erlenholz beim Bohren von Langlöchern v. 25 Breite.	1,87.0,71 = 1,23□^{m}. Taf. XXI, Fig. 15.	Zwei Vorgelegswellen, von denen die erste ausser Verhältniss lang und schwer. 700.
$G = 2{,}01^k$ Gusseisen bei 2,8 Schnitthöhe, 0,165 Schnittbreite, 66 Schnittlänge, 92 Schnittgeschwindigkeit.	0,10	0,19	0,09	0,474	$N = 0{,}10 + \varepsilon G$, worin $\varepsilon = 0{,}05$ für weiches Gusseisen, $\varepsilon = 0{,}239$ für Gussrinde.	1,165 . 0,86 = 1,00□^{m}. Tf. XXII. Fig. 3.	1200.

Fortlaufende №	Bezeichnung der Maschine. Nummer der Versuchsreihe. Abbildung d. Masch.	Firma des Erbauers. — Zahl der Versuche.	Charakteristische Dimensionen der Maschine.	Hauptsächliche Geschwindigkeiten der Maschine.
a.	b.	c.	d.	e.
32.	Fräsmaschine HO No. 3. XVII. Tf. IX, Fig. 6—10.	Joh. Zimmermann (Chemnitzer Werkzeug-Masch.-Fabrik). 11.	Des grösst. Arbeitsstückes Höhe 290, Länge 2100. Durchmesser der Fräsköpfe 320 u. 333. $D = 471$. $b = 80$. (Deckenvorgelege.)	Minutliche Tourenzahl des Fräskopfs 4,90 7,14 10,5 Zuschiebung pro Umdrehung $z = 0{,}52$ bis 2,93. $n_1 = 60$.
33.	Räderschneidmaschine OB. XIV. Tf. IX, Fg. 11—13.	Joh. Zimmermann (Chemnitzer Werkzeug-Masch.-Fabrik). 11.	Der zu schneidenden Zahnräder grösster Durchmesser 520. Durchmesser des Fräskopfs 115. Zähnezahl 53. $D = 260$. $b = 70$. (Deckenvorgelege.)	Minutliche Umdrehungszahl des Fräskopfs 33. Umfangsgeschwdgk. 200. Zuschiebung pro Umdrehung 0,724. $n_1 = 85$.
34.	Holzhobelmaschine AF. LXIII. Taf. X, Fig. 1—4.	Joh. Zimmermann (Chemnitzer Werkzeug-Masch.-Fabrik). 11.	Des grösst. Arbeitsstückes Höhe 280, Breite 710, Länge 3650. Durchmesser des Fräskopfs (von Stahlmitte zu Stahlmitte) 740. $D = 376$ $b = 110$. $h = 640$.	Minutliche Umdrehungszahl des Fräskopfs 702. Schnittgeschwindigkeit 27200. Zuschiebung pro Umdrehung des Fräskopfs 3,10. $n_1 = 200$.
35.	Walzenhobelmaschine ME. XXVIII. Taf. XI, Fig. 1—4.	Joh. Zimmermann (Chemnitzer Werkzeug-Masch.-Fabrik). 12.	Des grösst. Arbeitsstückes Länge 4530, Breite 720, Höhe 280. Durchm. des horizontalen Fräskopfs 170, des verticalen 223. $D = 235$. $b = 100$. $h = 500$.	Minutliche Umdrehungszahl des horizontalen Fräskopfs 2114, des verticalen 1610. Schnittgeschwindigkeit 18800. $n_1 = 700$.

Grösste beobachtete Leistung d. Maschine pro Stunde.	Betriebsarbeit für normale Geschwindigkeit in Pferdestärken. Leergang.	Arbeitsgang.	Nutzarbeit.	Wirkungsgrad $\frac{i}{h}$	Formel zur Berechnung der Betriebsarbeit aus d. stündl. Leistung in Pferdest.	Raumbed. der Masch. — Grundriss-Skizze.	Bemerkungen. — Gewicht der Maschine in Kilogr.
f.	g.	h.	i.	k.	l.	m.	n.
$G = 4{,}28^k$ Gusseisen bei 3,8 Schnitthöhe, 0,24 Schnittbreite, 190 Schnittlänge, 85 Schnittgeschwindigkeit.	0,268	0,669	0,401	0,599	$N = N_0 + \varepsilon G$, worin $N_0 = 0{,}025 + 0{,}05\, u_2$, · $\varepsilon = 0{,}095 \div 0{,}193$ für Gusseisen.	3,2 . 1,8 = 5,76□m. Taf. XIX, Fig. 12.	Aeltere Construction 4000.
$G = 0{,}62^k$ Gusseisen beim Schneiden der Zahnlücken eines Stirnrads aus dem Vollen. Spahnquerschnitt 0,025□mm.	0,108	0,282	0,174	0,617	$N = 0{,}11 + \varepsilon G$, worin für Gusseisen $\varepsilon = 0{,}26$ bei $f = 0{,}025$□mm Spahnquerschnitt.	1,37.1,30 = 1,78□m. Taf. XXI, Fig. 12.	1000.
$V = 0{,}233$ Kbm Rothbuchenholz bei 375 Breite des Bretts, 5 Schnitthöhe, 1,55 Schnittbreite, 7,55 Spahnquerschnitt.	1,47	3,25	1,78	0,548	$N = 1{,}47 + \varepsilon V$, worin für Rothbuchenholz $\varepsilon = 3{,}16 + 0{,}5 f$ beim Schruppen, $\varepsilon = 25$ beim Schlichten, (f = Spahnquerschnitt in □mm).	15,66 . 2,17 = 33,9□m. Tf. XXIV, Fig. 3.	5500.
$V = 1{,}08$ Kbm Fichtenholz bei 610 Schnittbreite, 0,18 Schnitthöhe, 110 Spahnquerschnitt, 19000 Schnittgeschwindigkeit.	0,75	5,08	1,33	0,852	$N = N_0 + \varepsilon V$, worin $N_0 = 0{,}75$ für d. horizontalen, $N_0 = 1{,}19$ für den vertical. Fräskopf. $\varepsilon = 4{,}6$ im Durchschnitt für weiche und harte Hölzer.	9,1 . 2,15 = 19,56□m Taf. XX, Fig. 9.	Zeitweilig in Gang gesetzte Probemaschine. 4700.

Fortlaufende №	Bezeichnung der Maschine. Nummer der Versuchsreihe. Abbildung d. Masch.	Firma des Erbauers. — Zahl der Versuche.	Charakteristische Dimensionen der Maschine.	Hauptsächliche Geschwindigkeiten der Maschine.
a.	b.	c.	d.	e.
36.	Walzenhobelmaschine GD. XXVI. Taf. XI, Fig. 5—7.	Joh. Zimmermann (Chemnitzer Werkzeug-Masch.-Fabrik). 8.	Des grösst. Arbeitsstückes Breite 425, Dicke 190. Durchmesser der Messerwalze 184. $D = 211$. $b = 115$. $h = 1080$.	Minutliche Tourenzahl des Fräskopfs 2340. Schnittgeschwdk 22500. Zuschiebung pro Sec. 70, pro Umdrehung des Fräskopfs $z = 1,80$. $n_1 = 1000$.
37.	Walzenhobelmaschine IV No. 1. XLVIII. Taf. XII, Fig. 1—3.	Rich. Hartmann (Sächsische Maschinenfabrik). 14.	Des grösst. Arbeitsstückes Breite 600, Dicke 100. Durchmesser der Messerwalze 114. $D = 405$. $b = 136$. (Deckenvorgelege.)	Minutliche Tourenzahl des Fräskopfs 1875. Schnittgeschwindigkeit 11200. Zuschiebung pro Umdrehung des Fräskopfs $z = 1,20$ 1,90 2,70 $n_1 = 250$.
38.	Grosse Bretthobelmaschine mit 4 Messerwalzen. XLV. Taf. XII, Fig. 4 u. 5.	Robinson & Sons in London. 20.	Des grösst. Arbeitsstückes Breite 335, Dicke 120. Durchmesser der beiden horizontal. Messerwalzen 182, der verticalen 206. $D = 511$. $b = 100$. (Deckenvorgelege.)	Minutliche Umdrehungszahl der horizontalen Messerwalzen 1755, der verticalen 1795. Schnittgeschwindigkeit 16700 und 19400. $n_1 = 125$.
39.	Kleine Holzfräsmaschine BF No. 1. LXIV. Taf. X, Fig. 5—8.	Joh. Zimmermann (Chemnitzer Werkzeug-Masch.-Fabrik). 11.	Durchmesser d. Fräskopfs 94, Höhe 31. Zahl der Schneiden 6 (3 für Rechtsdrehung, 3 für Linksdrehung). $D = 181$. $b = 80$. (Deckenvorgelege.)	Minutliche Umdrehungszahl des Fräskopfs 2061. Schnittgeschwindigkeit 10100. Zuschiebung (von Hand) 4—34 pro Sec. $n_1 = 300$.

Grösste beobachtete Leistung d. Maschine pro Stunde.	Betriebsarbeit für normale Geschwindigkeit in Pferdestärken. Leergang.	Arbeitsgang.	Nutzarbeit.	Wirkungsgrad $\frac{i}{h}$	Formel zur Berechnung der Betriebsarbeit aus d. stündl. Leistung in Pferdest.	Raumbed. der Masch. — Grundriss-Skizze.	Bemerkungn. — Gewicht der Maschine in Kilogr.
f.	g.	h.	i.	k.	l.	m.	n.
V = 0,72 Kb^m^ Fichtenholz bei 273 Schnittbreite, 10,5 Schichth. (h), 23400 Schnittgeschwindigkeit, 71,8 Zuschiebung pro Sec.	1,27	4,70	3,43	0,730	$V = 1{,}27 + \varepsilon V$, worin für Fichtenholz $\varepsilon = 2{,}5 + \frac{28}{h}$ (h = Schichthöhe in Mm).	1,48.1,37 = 2,03 □^m^. Taf. XX, Fig. 7.	2000.
V = 0,110 Kb^m^ Fichtenholz bei 281 Schnittbreite, 2 Schichthöhe (h), 10300 Schnittgeschwindigkeit, 50 Zuschiebung pro Sec.	1,44	3,08	1,64	0,533	$N = 1{,}44 + \varepsilon V$, worin im Durchschnitt für weiche und harte Hölzer $\varepsilon = 18{,}7$.	1,54.0,85 = 1,31 □^m^. Tf. XXIV, Fig. 4.	1250.
V = 0,273 Kb^m^ Fichtenholz bei 219 Schnittbreite, 3,5 Schichthöhe (h), 13500 Schnittgeschwindigkeit, 35,6 Zuschiebung pro Sec.	3,40	4,30	0,90	0,209	$N = 3{,}40 + \varepsilon V$, worin für Fichtenholz $\varepsilon = 2 + \frac{12}{h}$ bei ε = 24 Zuschiebung pro Sec.	6,68.1,88 = 12,56 □^m^ Tf. XXIV, Fig. 1.	Aeltere schwerfällige Construction, von den amerikan. Mustern überholt.
V = 0,014 Kb^m^ Erlenholz in feine Spähne verwandelt bei 21,3 Zuschiebung pro Sec.	1,32	2,03	0,71	0,347	$N = 1{,}32 + \varepsilon V$, worin für Erlenholz $\varepsilon = 66{,}7$.	1,78.0,89 = 1,58 □^m^. Tf. XXIV, Fig. 9.	300.

Fort-laufende №	Bezeichnung der Maschine. Nummer der Versuchsreihe. Abbildung d. Masch.	Firma des Erbauers. — Zahl der Versuche.	Charakteristische Dimensionen der Maschine.	Hauptsächliche Geschwindigkeiten der Maschine.
a.	b.	c.	d.	e.
40.	Simshobelmaschine UH. XXV. Taf. 12, Fig. 6 u. 7.	Joh. Zimmermann (Chemnitzer Werkzeug-Masch.-Fabrik). 8.	Des grösst. Arbeitsstückes Breite 190, Höhe 60. Durchmesser der Messerwalze 182 Zahl der Messer 2. $D = 288$. $b = 80$. $h = 400$.	Minutliche Umdrehungszahl d. Messerwalze 2056. Schnittgeschwindigkeit 19600. Zuschiebung pro Sec. 18,4 und 30,1. $n_1 = 400$.
41.	Sims- und Bretthobelmaschine OE. XXX. Taf. XI, Fig. 8—11.	Joh. Zimmermann (Chemnitzer Werkzeug-Masch.-Fabrik). 8.	Des grösst. Arbeitsstückes Breite 370, Dicke 120. Durchm. d. horizontalen Messerwalzen 178, der verticalen 160. $D = 373$. $b = 80$. $h = 510$.	Minutliche Umdrehungszahl d. horizont. Messerwalzen 1814 u. 2691, der verticalen 1800. Schnittgeschwindgk. bez. 16900, 25100, 15100. $n_1 = 650$.
42.	Holzhobelmaschine No. VI, 1. XLVI. Tf. XII, Fig. 9—13.	Rich. Hartmann (Sächsische Maschinenfabrik). 19.	Des grösst. Arbeitsstückes Länge 4500, Breite 630, Höhe 250. Durchmesser d. Messerwalze 335, der Messerscheibe 480. $D = 285$, $b = 90$. $D = 190$, $b = 85$. } Zwei Deckenvorgelege.	Minutl. Umdrehungszahl der Messerwalze 1730, der Messerscheibe 1330. Schnittgeschwindigkeit 30400 und 33400. Tischgeschw. beim Vorlauf (Zuschiebung) 36, beim Rücklauf 108. $n_1 = 250$. $n_1' = 300$.
43.	Zapfenschneid- und Schlitzmaschine No. 1. LX.	Rich. Hartmann (Sächsische Maschinenfabrik). 6.	Durchmesser d. Messerwalze für Schlitze von 105 Breite: 215, der Messerscheibe für schmale Schlitze von 9 Breite: 250 $D = 202$. $b = 100$. (Deckenvorgelege.)	Minutliche Umdrehungszahl d. Messerwalze 1970. Schnittgeschwindigkeit 22200 und 25800. Zuschiebung 10,8 — 19,3 pro Sec. $n_1 = 500$.

Grösste beobachtete Leistung d. Maschine pro Stunde.	Betriebsarbeit für normale Geschwindigkeit in Pferdestärken. Leergang.	Arbeitsgang.	Nutzarbeit.	Wirkungsgrad $\frac{i}{h}$	Formel zur Berechnung der Betriebsarbeit aus d. ständl. Leistung in Pferdest.	Raumbed. der Masch. — Grundriss-Skizze.	Bemerkungen. — Gewicht der Maschine in Kilogr.
f.	g.	h.	i.	k.	l.	m.	n.
$V = 0{,}171$ Kb^m Fichtenholz bei 141 Schnittbreite, 4,4 mittlere Schnitthöhe, 50,7 Zuschiebung pro Secunde.	2,03	2,49	0,46	0,185	$N = 2{,}03 + \varepsilon V$, worin für Fichtenholz $\varepsilon = 2{,}64$.	2,05 . 1,2 = 2,46□^m. Taf. XX, Fig. 2.	1000.
$V = 0{,}562$ Kb^m Fichtenholz bei 355 u. 86 Schnittbreite, 4 Schichthöhe, 22 Zuschiebung pro Sec.	4,28	7,01	2,73	0,390	$N = 4{,}28 + \varepsilon V$, worin für Fichtenholz $\varepsilon = 4{,}70$.	2,44 . 1,68 = 4,10□^m. Taf. XXI, Fig. 13.	4200.
$V = 0{,}813$ Kb^m Fichtenholz bei 162 Schnittbreite, 4 Schichthöhe, 34,9 Zuschiebung pro Sec., mittelst der Messerscheibe mit 2 Vorschneidern und 2 Schlichteisen.	2,07	2,54	0,47	0,185	$N = 2{,}07 + \varepsilon V$, worin für Fichtenholz $\varepsilon = 6{,}47$.	6,43 . 0,80 = 5,14□^m. Tf. XXIV, Fig. 2.	3850.
$V = 0{,}074$ Kb^m Fichtenholz bei 105 Schnittbreite, 12 Schichthöhe, 245 Schlitzlänge.	1,44	2,14	0,70	0,327	$N = 1{,}44 + \varepsilon V$, worin für Fichtenholz $\varepsilon = 7{,}87$ bei Messerwalzen mit Vorschneidern; $\varepsilon = 25$ bei Messerwalzen ohne Vorschneider.		Wandmaschine.

Fort-laufende №	Bezeichnung der Maschine. Nummer der Versuchsreihe. Abbildung d. Masch.	Firma des Erbauers. — Zahl der Versuche.	Charakteristische Dimensionen der Maschine.	Hauptsächliche Geschwindigkeiten der Maschine.
a.	b.	c.	d.	e.
44.	Zapfenschneid- und Schlitzmaschine YK. LXII. Taf. X, Fig. 9—12.	Joh. Zimmermann (Chemnitzer Werkzeug-Masch.-Fabrik). 4.	Für Zapfen und Schlitze bis 280 im Quadrat Durchmesser der Messerwalze 290, Breite 96. $D = 372$. $b = 90$. (Deckenvorgelege.)	Minutl. Umdrehungszahl der Messerwalze 1882. Schnittgeschwdk. 29500. Zuschiebung pro Sec. 1,33—3,50. $n_1 = 250$.
45.	Zapfenschneid- und Schlitzmaschine HD. LXVII. Taf. X, Fig. 13.	Joh. Zimmermann (Chemnitzer Werkzeug-Masch.-Fabrik). 7.	Für Zapfen bis 165 lang und Schlitze bis 15 weit und 165 lang. Durchmesser der Schneidköpfe für Zapfen (Falze) 294, des Schneidkopfs für Schlitze 426. $D = 280$. $b = 90$. (Deckenvorgelege.)	Minutl. Umdrehungszahl der Schneidköpfe für Zapfen 1452, für Schlitze 1266. Schnittgeschwindigkeit 22400 und 28300. Zuschiebung pro Sec. 2,7—9,3. $n_1 = 200$.
46.	Grosser grobkörniger Schleifstein. LVIII. Taf. XV, Fig. 1, 2.	Rich. Hartmann, (Sächsische Maschinenfabrik). (Pirnaischer Sandstein.) 7.	Steindurchmesser 1070. Breite 290. $D = 647$. $b = 120$. $h = 300$.	Minutliche Tourenzahl des Steins 150. Umfangsgeschwdk. 8400. $n_1 = 150$.
47.	Schleifstein LG für Werkzeugstähle. XXXIX.	Joh. Zimmermann (Chemnitzer Werkzeug-Masch.-Fabrik). (Thüringischer feinkörniger Sandstein.)	Steindurchmesser 780, Breite 150. Zapfendicke 35 u. 40. Zapfenlänge 80. $D = 212$. $b = 80$. (Deckenvorgelege.)	Mittelst Stufenscheiben dem Stein zu ertheilende minutliche Tourenzahlen 241 142 83,7. Umfangsgeschwindigkeit 9840 5800 3420. $n_1 = 140$.

Grösste beobachtete Leistung d. Maschine pro Stunde.	Betriebsarbeit für normale Geschwindigkeit in Pferdestärken. Leergang.	Arbeitsgang.	Nutzarbeit.	Wirkungsgrad $\frac{i}{h}$	Formel zur Berechnung der Betriebsarbeit aus d. stündl. Leistung in Pferdest.	Raumbed. d. Masch. — Grundriss-Skizze.	Bemerkungen. — Gewicht der Maschine in Kilogr.
f.	g.	h.	i.	k.	l.	m.	n.
$V = 0{,}086$ Kb^m Fichtenholz bei 93 Schnittbreite, 74 Schichthöhe, 140 Länge d. Falzes.	0,62	2,87	2,25	0,784	$N = 0{,}62 + \varepsilon\, V$, worin für Fichtenholz $\varepsilon = 41{,}8$.	1,52 . 0,965 = 1,47□^{m}. Tf. XXIV, Fig. 6.	Neue Maschine. 1250.
$V = 0{,}044$ Kb^m Fichtenholz bei 71 Schnittbreite, 18 Schichthöhe, 142 Länge des Falzes.	2,20	2,29	0,09	0,039	$N = 2{,}20 + \varepsilon\, V$, worin für Fichtenholz $\varepsilon = 25{,}9$ bei schmalen Schlitzen, $\varepsilon = 2{,}05$ bei breit. Schlitzen.	1,80 . 1,00 = 1,80□^{m}. Tf. XXIV, Fig. 8.	Zeitweilig in Gang gesetzte Probemaschine. 1250.
Ein Schmiedeeisenstück bei 70 . 70 = 4900□^{mm} Berührungsfläche und 59^k Druck abgeschliffen.	0,24	3,15	2,91	0,924	$N = 0{,}0264\, D\, V + \mu \frac{P.\, V}{75}$ worin D = Steindurchmesser, V = Umfangsgeschwindgk. (in m.) P = Belastung des Arbeitsstückes in ^{k}. $\mu = 0{,}29$ für Stahl, $\mu = 0{,}21$ für Gusseisen, $\mu = 0{,}46$ für Schmiedeeisen.	2,50 . 0,70 = 1,75□^{m}. Tf. XXIII, Fig. 5.	—
Schmiedeeisenstück von 55 Breite bei 3420 Umfangsgeschwindigkeit und 25,4^k Belastung abgeschliffen.	0,33	1,58	1,25	0,791	$N = 0{,}16 + 0{,}056\, V D + \mu \frac{P.\, V}{75}$ worin für Stahl $\mu = 0{,}935$, für Gusseisen $\mu = 0{,}716$, für Schmiedeeisen $\mu = 1{,}00$.	1,97 . 1,00 = 1,97□^{m}. Taf. XXI, Fig. 14.	—

Fortlaufende №	Bezeichnung der Maschine. Nummer der Versuchsreihe. Abbildung d. Masch.	Firma des Erbauers. — Zahl der Versuche.	Charakteristische Dimensionen der Maschine.	Hauptsächliche Geschwindigkeiten der Maschine.
a.	b.	c.	d.	e.
48.	Sägenschärfmaschine FI. LXV. Taf. XV, Fig. 3.	Joh. Zimmermann (Chemnitzer Werkzeug-Masch.-Fabrik). 6.	Durchmesser der Schmirgelscheibe 285. Dicke 6. $D = 335$. $b = 70$. (Deckenvorgelege.)	Minutliche Tourenzahl der Schleifscheibe 1836. Umfangsgeschwindigkeit 27400. $n_1 = 200$.
49.	Kleine Support-Drehbank IIK No. 1. I. Taf. XIII, Fig. 1.	Joh. Zimmermann (Chemnitzer Werkzeug-Masch.-Fabrik). 23.	Spitzenhöhe 165. Spitzenweite 1180. Bettlänge 2040. Mittlere Dicke der Spindelzapfen 47 u. 55. Zapfenlänge 53. $D = 282$. $b = 70$. (Deckenvorgelege.)	Minutliche Tourenzahl des Arbeitsstückes n_2 = 4,84 8,18 12,8 19,2 47,4 80,4 125 188. Schnittbreite beim Runddrehen 0,38 u. 0,63, Plandrehen 0,45 u. 0,74. $n_1 = 100$.
50.	Leitspindel-Drehbank TG No. 8. II. Taf. XIII, Fig. 2, 3.	Joh. Zimmermann (Chemnitzer Werkzeug-Masch.-Fabrik). 6.	Spitzenhöhe 155. Spitzenweite 1160. $D = 282$. $b = 70$. (Deckenvorgelege.)	Minutliche Tourenzahl des Arbeitsstückes n_2 = 29,0 49,7 85,3 47,0 80,5 138. Schnittbreite 0,42. $n_1 = 100$.
51.	Leitspindel-Drehbank B. III. Taf. XIII, Fig. 4, 8, Tf. XV, Fig. 11, 12.	Joh. Zimmermann (Chemnitzer Werkzeug-Masch.-Fabrik). 41.	Spitzenhöhe 220. Spitzenabstand 1560. Bettlänge 2800. Mittlere Dicke der Spindelzapfen 58 u. 61. $D = 282$. $b = 70$. (Deckenvorgelege.)	Minutliche Tourenzahl der Spindel n_2 = 6,61 9,95 14,8 22,1 54,6 82,2 122 183. Zuschiebung des Stahls pro Umdrehung (Schnittbreite) 0,47 0,70 1,01. $n_1 = 100$.

Grösste beobachtete Leistung d. Maschine pro Stunde.	Betriebsarbeit für normale Geschwindigkeit in Pferdestärken.				Formel zur Berechnung der Betriebsarbeit aus d. stündl. Leistung in Pferdest.	Raumbed. d. Masch. — Grundriss-Skizze.	Bemerkungn. — Gewicht der Maschine in Kilogr.
	Leergang.	Arbeitsgang.	Nutzarbeit.	Wirkungsgrad $\frac{i}{h}$			
f.	g.	h.	i.	k.	l.	m.	n.
—	0,41	0,566	0,156	0,274	$N = 0{,}41 + 5{,}7\,V$, worin V die Umfangsgeschwindgk. der Schleifscheibe in Mm.	0,655 . 0,63 = 0,413 □m Tf. XXIII, Fig. 10.	350.
$G = 5{,}25^k$ Schmiedeeisen bei 123 Schnittgeschw., 0,43 Schnittbreite, 2,0 Schnitthöhe.	0,182	0,416	0,234	0,563	$N = N_0 + \varepsilon G$, worin $N_0 = 0{,}10 + 0{,}007\,u_2$ mit Rädervorgel., $N_0 = 0{,}10 + 0{,}0013\,u_2$ ohne Rädervorgel., $\varepsilon = 0{,}072$ für Schmiedeeisen, $\varepsilon = 0{,}055$ für Gusseisen.	2,20 . 0,94 = 2,07 □m. Taf. XIX, Fig. 1.	Neue Maschine. 900.
$G = 2{,}22^k$ Schmiedeeisen bei 117 Schnittgeschwindigkeit, 0,46 Schnittbreite, 1,55 Schnitthöhe.	0,121	0,336	0,215	0,640	$N = N_0 + \varepsilon G$, worin $N_0 = 0{,}08 + 0{,}0012\,u_2$ mit Rädervorgel., $N_0 = 0{,}08 + 0{,}0005\,u_2$ ohne Rädervorgel., $\varepsilon = 0{,}10$ für Schmiedeeisen, $\varepsilon = 0{,}063$ für Gusseisen.	2,00 . 0,88 = 1,76 □m. Taf. XIX, Fig. 2.	Neue Maschine in provisorisch. Aufstellung. 365.
$G = 11{,}4^k$ Schmiedeeisen bei 79,4 Schnittgeschwindigkeit, 1,04 Schnittbreite, 5,06 Schnitthöhe.	0,21	0,88	0,67	0,761	$N = N_0 + \varepsilon G$, worin $N = 0{,}12 + 0{,}006\,u_2$ mit Rädervorgel., $N_0 = 0{,}10 + 0{,}002\,u_2$ ohne Rädervorgel., $\varepsilon = 0{,}10$ für Stahl. $\varepsilon = 0{,}066$ für Gusseisen, $\varepsilon = 0{,}060$ für Schmiedeeisen.	3,15 . 1,1 = 3,47 □m. Taf. XIX, Fig. 3.	Neu montirte Maschine. 1750.

Fort-laufende №	Bezeichnung der Maschine. Nummer der Versuchsreihe. Abbildung d. Masch.	Firma des Erbauers. — Zahl der Versuche.	Charakteristische Dimensionen der Maschine.	Hauptsächliche Geschwindigkeiten der Maschine.
a.	b.	c.	d.	e.
52.	Leitspindel-Drehbank D. XIX. Tf. XIII, Fg. 5—7.	Joh. Zimmermann (Chemnitzer Werkzeug-Masch.-Fabrik). 21.	Spitzenhöhe 325. Spitzenweite 2550. Bettlänge 4240. $D = 371$. $b = 70$. (Deckenvorgelege.)	Minutliche Tourenzahl der Spindel $n_2 =$ 2,31 4,12 6,72 10,8 18,8 33,5 54,6 88,2. Schnittbreite beim Runddrehen 0,455 0,647 0,923, beim Plandrehen 0,361 0,513 0,731. $n_1 = 60$.
53.	Planscheiben- und Spitzen-Drehbank ZF. XX. Tf. XIV, Fig. 1, 2.	Joh. Zimmermann (Chemnitzer Werkzeug-Masch.-Fabrik). 20.	Spitzenhöhe 625. Planscheiben-Durchmess. 1985, des grösst. Arbeitsstückes Durchmesser 2700, Länge 3400. Mittlere Zapfendurchm. der Spindel 222 u. 230. $D = 640$. $b = 100$. (Deckenvorgelege.)	Minutliche Tourenzahl der Planscheibe $n_2 =$ 1,32 1,99 2,92 4,40 3,48 5,26 7,70 11,6. Zuschiebung pro Umdreh. des Arbeitsstückes 0,59—1,51. $n_1 = 50$.
54.	Planscheiben-Drehbank WF. XII. Tf. XIV, Fig. 3—5.	Joh. Zimmermann (Chemnitzer Werkzeug-Masch.-Fabrik). 24.	Durchmesser der Planscheibe 1415, des grösst. Arbeitsstückes Durchmesser 1700. Mittlere Durchmesser der Spindelzapfen 100 u. 124. $D = 378$. $b = 100$. (Deckenvorgelege.)	Minutliche Tourenzahl der Planscheibe $n_2 =$ 3,14 4,77 7,19 10,9 25,4 38,7 58,3 88,8 40,1 61,0 91,9 140. Schnittbreite 0,59—1,17. $n_1 = 75$.

Grösste beobachtete Leistung d. Maschine pro Stunde.	Betriebsarbeit für normale Geschwindigkeit in Pferdestärken.				Formel zur Berechnung der Betriebsarbeit aus d. stündl. Leistung in Pferdest.	Raumbed. d. Masch. — Grundriss-Skizze.	Bemerkungen. — Gewicht der Maschine in Kilogr.
	Leergang.	Arbeitsgang.	Nutzarbeit.	Wirkungsgrad $\frac{i}{h}$			
f.	g.	h.	i.	k.	l.	m.	n.
$G = 4{,}97^k$ Gusseisen bei 160 Schnittgeschw., 0,61 Schnittbreite, 2,0 Schnitthöhe, 786 Durchmesser des Arbeitsstückes.	0,050	0,469	0,419	0,893	$N = N_0 + \varepsilon G$, worin $N_0 = 0{,}022$ $+ 0{,}0062\, u_2$ mit Rädervorgel., $N_0 = 0{,}022$ $+ 0{,}0035\, u_2$ ohne Rädervorgel., $\varepsilon = 0{,}089$ für Gusseisen, $N = N_0 + 220\, V$ beim Schmirgeln (V = Umfangsgeschwind. d. Arbeitsstückes in Millim.).	4,3 . 1,34 = 5,76□m. Taf. XX, Fig. 5.	3300.
$G = 5{,}62^k$ Gusseisen bei 67,3 Schnittgeschwindigkeit, 1,40 Schnittbreite, 2,10 Schnitthöhe, 2570 Durchmesser des Arbeitsstückes.	0,19	0,54	0,35	0,649	$N = N_0 + \varepsilon G$, worin $N_0 = 0{,}05$ $+ 0{,}053\, u_2$ bei einfachem Rädervorgelege, $N_0 = 0{,}05$ $+ 0{,}10\, u_2$ bei dreifachem Rädervorgelege, $\varepsilon = 0{,}061$ für Gusseisen.	6,3 . 3,12 = 19,66□m, Taf. XX, Fig. 1.	13300.
$G = 8{,}68^k$ Gusseisen bei 82,3 Schnittgeschwindigkeit, 1,03 Schnittbreite, 5,0 Schnitthöhe, 242 Durchmesser.	0,38	0,92	0,54	0,587	$N = N_0 + \varepsilon G$, worin $N = 0{,}25$ $+ 0{,}0041\, u_2$ für $u_2 = 40$ ⁒. 140, $N = 0{,}25$ $+ 0{,}0152\, u_2$ für $u_2 = 25$ ⁒. 89, $N_0 = 0{,}25$ $+ 0{,}0479\, u_2$ für $u_2 = 3$ ⁒. 11. $\varepsilon = 0{,}069$ für Gusseisen.	3,15 . 2,0 = 6,30□m. Taf. XIX, Fig. 11.	4500.

Fortlaufende №	Bezeichnung der Maschine. Nummer der Versuchsreihe. Abbildung d. Masch.	Firma des Erbauers. — Zahl der Versuche.	Charakteristische Dimensionen der Maschine.	Hauptsächliche Geschwindigkeiten der Maschine.
a.	b.	c.	d.	e.
55.	Räderdrehbank A No. 4. L. Taf. XIV, Fig. 6, 7.	Rich. Hartmann (Sächsische Maschinenfabrik). 28.	Spitzenhöhe 700. Des Arbeitsstückes grösster Durchmess. 1500. grösste Länge (zwischen den Spitzen) 2500, desgl. (in d. Lagern) 2200. $D = 600$. $b = 100$. (Deckenvorgelege.)	Minutliche Tourenzahl der Spindel $u_2 =$ 0,743 1,12 1,67 8,25 12,4 18,6. $u_1 = 100$.
56.	Holzdrehbank. LXI. Taf. XIV, Fig. 8.	Unbekannt. 11.	Durchmesser der Planscheibe 800. Des grösst. Arbeitsstückes Durchmesser 2500. $D = 460$. $b = 95$. (Deckenvorgelege.)	Minutliche Tourenzahl der Planscheibe 44 113 240 480. $u_1 = 160$.
57.	Copir-Drehbank FL. XXXVII. Taf. XV, Fig. 4—8.	Joh. Zimmermann (Chemnitzer Werkzeug-Masch.-Fabrik). 10.	Des grösst. Arbeitsstückes Durchmesser 130, Länge 1135. Durchmesser der Fräse 100. $D = 471$. $b = 75$. (Deckenvorgelege.)	Minutl. Umdrehungszahl des Arbeitsstückes 5,98 23,2 38,9, der Fräse 2280. Umfangsgeschwindigkeit derselben 19100. $u_1 = 190$.
58.	Schrauben-Schneidmaschine KJ. X. Taf. XV, Fig. 9, 10.	Joh. Zimmermann (Chemnitzer Werkzeug-Masch.-Fabrik). 22.	Für Schrauben von $^1/_4$—$1^1/_4$ Zoll engl. $D = 300$. $b = 65$. (Deckenvorgelege.)	Minutl. Tourenzahl der Schneidkluppe $u_2 =$ 17,1 29,6 51,2, entsprechend d. (grössten) Bolzendurchmess. von 27,6 19,0 10,5, daher Schnittgeschwindigkeit 26,0 29,4 28,2. $u_1 = 170$.

Grösste beobachtete Leistung d. Maschine pro Stunde.	Betriebsarbeit für normale Geschwindigkeit in Pferdestärken. Leergang.	Arbeitsgang.	Nutzarbeit.	Wirkungsgrad $\frac{i}{h}$	Formel zur Berechnung der Betriebsarbeit aus d. stündl. Leistung in Pferdest.	Raumbed. d. Masch. — Grundriss-Skizze.	Bemerkungn. — Gewicht der Maschine in Kilogr.
f.	g.	h.	i.	k.	l.	m.	n.
Die Versuche bezogen sich nur auf den Leergang.	0,23 bis 3,45.	—	—	—	$N_0 = 0,1 + 0,18\, u_2$.	5,21.1,58 = 8,23□m. Tf. XXII, Fig. 2.	Neu montirte Maschine in provisorisch. Aufstellung. 10500.
$V = 0,044$ Kbm Fichtenholz bei 12300 Schnittgeschwindigkeit, 0,62 Schnittbreite, 2,63 Schnitthöhe, 995 Durchmesser.	0,64	0,94	0,30	0,320	$N = N_0 + \varepsilon\, V$, worin $N_0 = 0,05 + 0,0023\, u_2$ $\varepsilon = 10,6$ für Fichtenholz.	4,67.2,14 = 10,0□m. Tf. XXIII, Fig. 9.	—
$V = 0,0038$ Kbm ($G = 2,63$ k) Eschenholz bei Herstellung von Axthelmen von 930 Länge, 35—50 Dicke.	0,18	0,44	0,26	0,591	$N = N_0 + \varepsilon\, V$, worin $N_0 = 0,12 + 0,0085\, u_2$ $\varepsilon = 70$ PS pro 1 Kbm ($\varepsilon' = 0,10$ PS pro 1 k) für Eschenholz.	1,65.1,35 = 2,23□m. Taf. XXI, Fig. 17.	1000.
$L = 2,55$ m Muttergewinde von $1\frac{1}{4}$ Zoll (System Whitworth) in Schmiedeeisen fertig geschnitten, bei einmaligem Durchgang.	0,187	1,339	1,152	0,864	$N = N_0 + \frac{12 . L . d^2}{10^6}$ worin $N_0 = 0,08 + 0,0022\, u_2$ L = stündlich geschnittene Länge in Metern, d = Gewindedurchmess. in Mm.	1,7 . 0,79 = 1,34□m. Taf. XIX, Fig. 6.	600.

Fortlaufende №	Bezeichnung der Maschine. Nummer der Versuchsreihe. Abbildung d. Masch.	Firma des Erbauers. — Zahl der Versuche.	Charakteristische Dimensionen der Maschine.	Hauptsächliche Geschwindigkeiten der Maschine.
a.	b.	c.	d.	e.
59.	Muttermasch. WD. LXVIII. Taf. XVI, Fig. 1—6.	Joh. Zimmermann (Chemnitzer Werkzeug-Masch.-Fabrik). 5.	Für Schrauben bis zu 35 Durchmesser. $D = 283$. $b = 70$. (Deckenvorgelege.)	Minutliche Tourenzahl der Spindel 80,2 52,6 34,7 22,7 Zuschiebung pro Umdrehung d. Arbeitsstückes beim Bohren 0,0492, beim Abstechen 0,0344. $n_1 = 130$.
60.	Stationäre hydraulische Presse TJ. LXIX. Taf. XVI, Fig. 7, 8.	Joh. Zimmermann (Chemnitzer Werkzeug-Masch.-Fabrik). 7.	Zur Ausübung eines grössten Druckes von 3500 Ctr. (265 Atm.) Durchmesser d. Pumpenkolben 16 u. 16, Hub derselben 54. Durchm. des Presskolbens 258. Wanddicke d. Cylind. 125. $D = 554$. $b = 130$. $h = 1800$.	Zahl der Pumpenstösse 100 pro Min. Theoretische Geschwind. des Presskolbens 0,346 u. 2,86. $n_1 = 100$.
61.	Grosse Blechbiegmaschine No. 1. LV. Tf. XVI, Fg. 9—13.	Rich. Hartmann (Sächs. Maschinenfabrik). 14.	Durchm. der Biegwalzen 330, Länge 2845. Dicke der Walzenzapfen 110, Länge ders. 220. Wandstärke der (gusseisernen) Walzen 96. Abstand der Unterwalzen 360. $D = 620$. $b = 120$. (Deckenvorgelege.)	Minutliche Tourenzahl der Biegwalzen 0,826, Umfangsgeschwdgk. 14,3. $n_1 = 65$.

Grösste beobachtete Leistung d. Maschine pro Stunde.	Betriebsarbeit für normale Geschwindigkeit in Pferdestärken.				Formel zur Berechnung der Betriebsarbeit aus d. stündl. Leistung in Pferdest.	Raumbed. der Masch. — Grundriss-Skizze.	Bemerkungn. — Gewicht der Maschine in Kilogr.
	Leergang.	Arbeitsgang.	Nutzarbeit.	Wirkungsgrad $\frac{i}{h}$			
f.	g.	h.	i.	k.	l.	m.	n.
8 Muttern von 22 Gewindedurchm., 24 Höhe aus Sechskanteisen von 47 Schlüsselweite gebohrt u. abgestoch. ($G = 1{,}286^k$).	0,29	0,55	0,26	0,473	$N = N_0 + 0{,}2\,G$, worin $N_0 = 0{,}09 + 0{,}0025\,n_1$.	2,05.0,76 = 1,56 □^{m}. Tf. XXIII, Fig. 7.	War vor den Versuchen längere Zeit ausser Benutzung gewesen. 1050.
In 3 Minuten wurde der Druck hinter dem Presskolben von 0 auf 250 Atmosphären gebracht, mittelst des schwächeren Pumpenkolbens.	0,15	0,21	0,06	0,286	$N = N_0 + 0{,}007\,Pv$, worin $N_0 = 0{,}15$ und 0,32, P = Druck in Atm. hinter dem Presskolben, v = Geschwindgk. desselben in Mm. pro Sec.	2,28.1,38 = 3,14 □^{m}. Tf. XXIII, Fig. 8.	Neu montirte noch nicht eingelaufene Maschine. 3500.
7 Eisenblechtafeln von 2685 Länge, 1380 Breite, 13,5 Dicke, rothwarm zu Halbcylindern zusammengebogen.	0,55	2,76	2,21	0,801	$N = 0{,}55 + \frac{n \cdot A}{27 \cdot 10^4}$ worin n = Zahl der stündlich gebogenen Bleche $A = \alpha \cdot \frac{h}{\varrho} \cdot V$, wenn V = Volumen des Blechstücks in Kb^{mm}. h = Dicke desselben in Mm. ϱ = Krümmungshalbmesser in Mm. $\alpha = 0{,}75$ für kaltes, $\alpha = 0{,}10$ f. rothwarmes Schmiedeeisen.	Tf. XXIII, Fig. 2.	7850.

Fortlaufende №	Bezeichnung der Maschine. Nummer der Versuchsreihe. Abbildung d. Masch.	Firma des Erbauers. — Zahl der Versuche.	Charakteristische Dimensionen der Maschine.	Hauptsächliche Geschwindigkeiten der Maschine.
a.	b.	c.	d.	e.
62.	Säulen-Laufkrahn mit Seilbetrieb (Traversing Jib Crane) für 30 Ctr. LIVa.	Rich. Hartmann (Sächs. Maschinenfabrik). 11.	Länge der Bahn 54850. Länge d. Auslegers 2250. Tot.Höhe d.Krahnes 5520. Länge des Krahnfusses 3700. Radstand 3000. $D = 450$. $b = 120$. (Deckenvorgelege.)	Minutliche Tourenzahl der getrieb. Seilscheibe 1000. Seilgeschwindgk. 23560. Fahrgeschwindgkeit 219. Geschwindgk. der Hebung und Senkung der Last 30. $u_1 = 200$.
63.	Combinirter Lauf- u. Drehkrahn mit Seilbetrieb, für 300 Ctr. IV.	Joh. Zimmermann (Chemnitzer Werkzeug-Masch.-Fabrik). 15.	Länge der Bahn 55600. Gleisweite des Laufkrahns 6700. Länge des Auslegers am Drehkrahn 4000. Seildicke 12,5. Spanngewicht 86,4^k. Eisendicke der Kettenglieder an der Lastkette des Laufkrahns 25, des Drehkrahns 13. $D = 550$. $b = 120$. (Deckenvorgelege.)	Minutliche Tourenzahl der getrieb. Seilscheibe am Laufkr. 755—2500, am Drehkrahn 2500. Seilgeschwindgk. 17000. Fahrgeschwindigkeit des Laufkrahns 407. Fahrgeschwindigkeit der Winde 246. Geschwindigkeit der Lasthebung beim Laufkrahn 26,2 und 14,2, beim Drehkrahn 6,68. $u_1 = 262$.
64.	Ventilator ND. XXXIV. Tf.XVIII,Fg.4—7.	Joh. Zimmermann (Chemnitzer Werkzeug-Masch. Fabrik). 6.	Raddurchmesser 285. Inn. Gehäusedurchm. 330. Zahl der Flügel 4. Durchmesser der beiden Saugöffnungen 122. Radbreite im Lichten am innern Umfang 92, am äussern Umfang 34. Durchmesser des Blasehalses 109. Länge desselben 225. Zapfendicke 20. Zapfenlänge 72. $D = 112$. $b = 103$. $h = 270$.	Minutliche Tourenzahl des Flügelrades 3000. Umfangsgeschwindigkeit 44800. $u_1 = 3000$.

Grösste beobachtete Leistung d. Maschine pro Stunde.	Betriebsarbeit für normale Geschwindigkeit in Pferdestärken.				Formel zur Berechnung der Betriebsarbeit aus d. stündl. Leistung in Pferdest.	Raumbed. der Masch. — Grundriss-Skizze.	Bemerkungn. — Gewicht der Maschine in Kilogr.
	Leergang.	Arbeitsgang.	Nutzarbeit.	Wirkungsgrad $\frac{i}{h}$			
f.	g.	h.	i.	k.	l.	m.	n.
Eine Last von 17 Centner, bei rechtwinkliger Stellung des Auslegers hin- und hergefahren mit 77 faktischer Geschwindigkeit.	4,18	4,62	0,44	0,095	$N = 4{,}18 + 0{,}012\,G$ beim Heben, $N = 4{,}55 + 0{,}004\,G$ beim Fahren. (G = Belastung in Ctr.).	55 . 4,5 = 247,5 □^{m} Tf. XVII, Fg. 1—3.	—
Der Laufkrahn hebt eine Last von $G = 172$ Centner mit 14,2^{mm} Geschwindigkeit.	3,04	5,65	2,61	0,462	Für den Laufkrahn $N = 3 + 0{,}015\,G$. Für den Drehkrahn $N = 3 + 0{,}117\,G$ bei Hebung der Last G mit 14,2 bez. 6,68^{mm} Geschwindigkeit.	56 . 7 = 392 □^{m}. Tf. XVIII, Fg. 2—5.	Aus einem Laufkrahn für Handbetrieb durch Umbau hergestellt.
$V = 771$ Kb^m Luft (bei Atmosphärendruck gemessen) bei offenem Blasehals ($Q = 0{,}214$ Kb^m pro Sec.).	—	0,4[illegible]	0,114	0,275	$N = 0{,}0034\,U + 0{,}000458\,QU^2$, worin U = Umdrehung pro Secunde, Q = Luftvolumen pro Sec. in Kb^m (bei unverengtem Blasehals).	0,43.0,42 = 0,181 □^{m} Taf. XXI, Fig. 7.	Neue Maschine (ohne Vorgelegswelle). 65.

Fortlaufende №	Bezeichnung der Maschine. Nummer der Versuchsreihe. Abbildung d. Masch.	Firma des Erbauers. — Zahl der Versuche.	Charakteristische Dimensionen der Maschine.	Hauptsächliche Geschwindigkeiten der Maschine.
a.	b.	c.	d.	e.
65.	Ventilator AC. XXXI. Tf. XVII, Fg. 12, 13.	Joh. Zimmermann (Chemnitzer Werkzeug-Masch.-Fabrik). 9.	Raddurchmesser 570. Inn. Gehäusedurchm. 646. Gehäuseweite 180. Zahl der Flügel 5. Durchmesser der Saugöffnungen 200, des Blasehalses 172. Radbreite im Lichten am innern Umfang 160, am äusseren Umfang 32. Zapfendicke 30, Zapfenlänge 88. $D = 120$. $b = 100$. $h = 375$.	Minutliche Tourenzahl des Flügelrads 2000. Umfangsgeschwindigkeit 59700. $u_1 = 2000$.
66.	Ventilator BC. XXIV.	Joh. Zimmermann (Chemnitzer Werkzeug-Masch.-Fabrik). 8.	Raddurchmesser 850. Inn. Gehäusedurchm. 960. Zahl der Flügel 5. Durchmesser der Saugöffnungen 250, des Blasehalses 250, Lichte Radbreite am äusseren Radumfang 26. $D = 373$. $b = 100$. (Deckenvorgelege.)	Minutliche Tourenzahl des Flügelrads 1825. Umfangsgeschwindigkeit 89200. $u_1 = 250$.
67.	Ventilator JN. XXXIII.	Joh. Zimmermann (Chemnitzer Werkzeug-Masch.-Fabrik). 8.	Raddurchmesser 1000. Inn. Gehäusedchm. 1130. Gehäuseweite 295. Zahl der Flügel 5. Durchmesser d. Eintrittsöffnungen 290, der Austrittsöffnung 295. Länge d. Blasehalses 675. Radbreite am innern Umfang 268, am äusseren 30. $D = 234$. $b = 170$. $h = 1300$.	Minutliche Tourenzahl des Flügelrades 1000. Umfangsgeschwindigkeit 52400. $u_1 = 1000$.

Grösste beobachtete Leistung d. Maschine pro Stunde.	Betriebsarbeit für normale Geschwindigkeit in Pferdestärken. Leergang.	Arbeitsgang.	Nutzarbeit.	Wirkungsgrad $\frac{i}{h}$	Formel zur Berechnung der Betriebsarbeit aus d. stündl. Leistung in Pferdest.	Raumbed. der Masch. — Grundriss-Skizze.	Bemerkungn. Gewicht der Maschine in Kilogr.
f.	g.	h.	i.	k.	l.	m.	n.
$V = 2718$ Kb^m Wind bei unverengtem Blasehals ($Q = 0{,}755$ Kb^m pro Sec.).	—	2,66	0,806	0,302	$N = 0{,}0222\,U + 0{,}00229\,QU^2$ bei unverengtem Blasehals.	0,77.0,63 = 0,485 □^{m} Taf. XXI, Fig. 2.	Neue Maschine (ohne Vorgelegswelle). 250.
$V = 4658$ Kb^m Wind bei unverengtem Blasehals ($Q = 1{,}294$ Kb^m pro Sec.).	—	5,57	1,38	0,248	$N = 0{,}07\,U + 0{,}00289\,QU^2$ bei unverengtem Blasehals.	0,91.0,77 = 0,701 □^{m} Taf. XXI, Fig. 3.	Reservoir-Ventilator d. Schmiede; Vorgelegswelle eingeschlossen. 650.
$V = 7200$ Kb^m Wind bei unverengtem Blasehals ($Q = 2{,}0$ Kb^m pro Sec.).	—	4,96	1,81	0,366	$N = 0{,}083\,U + 0{,}00644\,QU^2$ bei unverengtem Blasehals.	1,31.1,06 = 1,39□^{m}. Taf. XXI, Fig. 4.	Neue Maschine (ohne Vorgelegswelle). 1000.

Fortlaufende №	Bezeichnung der Maschine. Nummer der Versuchsreihe. Abbildung d. Masch.	Firma des Erbauers. — Zahl der Versuche.	Charakteristische Dimensionen der Maschine.	Hauptsächliche Geschwindigkeiten der Maschine.
a.	b.	c.	d.	e.
68.	Ventilator mit schmiedeeisernem Flügelrad. XXXII. Taf. XVII, Fig. 8, 9.	Chr. Schiele in Frankfurt a. M. 8.	Raddurchmesser 492. Innerer Gehäusedurchmesser 600. Zahl der Flügel 5. Durchmesser der Saugöffnungen 275. Radbreite 106. Länge der Flügel 165. Querschnitt d. Blasehalses 0,24 . 0,235 = 0,0564 □m. Zapfendicke 36. Zapfenlänge 155. $D = 100$. $b = 110$. $h = 440$.	Minutliche Tourenzahl des Flügelrades 2500. Umfangsgeschwindigkeit 64600. $n_1 = 2500$.
69.	Ventilator ML (Syst. Roots). XXIX. Tf. XVII, Fg. 10, 11.	Joh. Zimmermann (Chemnitzer Werkzeug-Masch.-Fabrik). 19.	Abstand der beiden Flügelwellen 303,7. Grösster Durchmesser der Flügel 510, kleinster 98, Länge derselben 890. Querschnitt der Eintrittsöffnung 0,27 □m. Querschnitt der Austrittsöffnung 0,0386 □m. Zapfendicke 51, Zapfenlänge 120. $D = 494$. $b = 140$. (Deckenvorgelege.)	Minutliche Tourenzahl der Flügelräder 266. Umfangsgeschwindigkeit 7100. $n_1 = 200$.

Grösste beobachtete Leistung d. Maschine pro Stunde.	Betriebsarbeit für normale Geschwindigkeit in Pferdestärken. Leergang.	Arbeitsgang.	Nutzarbeit.	Wirkungsgrad $\frac{i}{h}$	Formel zur Berechnung der Betriebsarbeit aus d. stündl. Leistung in Pferdest.	Raumbed. der Masch. — Grundriss-Skizze.	Bemerkungen. — Gewicht der Maschine in Kilogr.
f.	g.	h.	i.	k.	l.	m.	n.
$V = 3535$ Kb^m Wind bei unverengtem Blasehals ($Q = 0{,}982$ Kb^m).	—	5,80	0,30	0,053	$N = 0{,}037\,U + 0{,}00248\,QU^2$ bei unverengtem Blasehals.	0,8 . 0,4 = 0,32 □^{m}. Taf. XXI, Fig. 5.	Neu; ohne Vorgelegswelle. 250.
$V = 2419$ Kb^m Wind bei freier Austrittsöffnung ($Q = 0{,}672$ Kb^m).	—	0,84	0,34	0,405	$N = 0{,}169\,U$ bei freier Austrittsöffnung.	1,78 . 0,95 = 1,69 □^{m}. Taf. XXI, Fig. 6.	Neue Maschine. 1050.

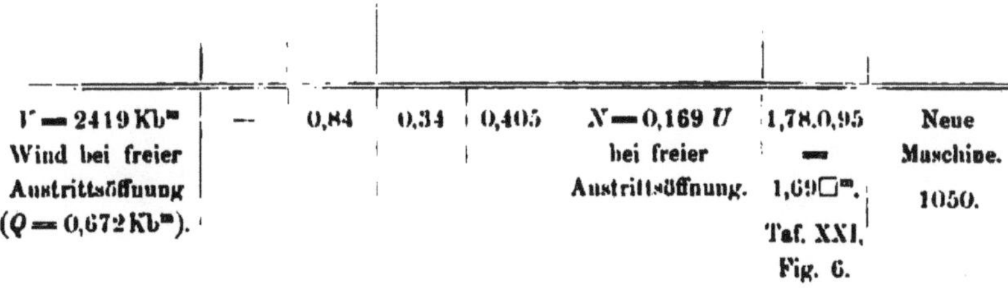

II.

Spezielle Beschreibung der Versuche.

A. Scheeren und Durchschnitte.

1. Hydraulische Scheere von Tangye brothers in Birmingham bei Joh. Zimmermann in Chemnitz.

Von der Einrichtung dieser Scheere*) giebt Fig. 1 Taf. I eine Darstellung. Das bewegliche Scheerenblatt S_1 sitzt an dem grossen Kolben K_1 (330 Durchmesser), der mit einem kleineren K_2 (60 Durchmesser) durch eine Stange von 40 Dicke verbunden ist. Das Druckwasser wird aus dem Reservoir R durch eine zweistiefligе Pumpe P (26 Kolbendurchmesser, 63 Hub) entnommen und gelangt auf dem Wege ab unter K_2, und bei geöffnetem Ventil V_1 auf dem Wege $abcd$ über den grossen Kolben K_2, so dass der Niedergang von S_1 mit der Differenz der auf die Querschnittsflächen von K_1 und K_2 entfallenden Drücke erfolgt. Diese Differenz erreichte bei den Versuchen den höchsten Werth von 3170 Ctr.; für 3500 Ctr. ist die Maschine construirt. Von der Druckwasserleitung ab geht eine Abzweigung nach dem pneumatischen Accumulator A (460 Durchmesser, 1850 Höhe, also 0,307 K^m Fassungsraum), der mit Luft erfüllt ist. Der Aufgang des beweglichen Scheerenblattes wird herbeigeführt durch Niederschrauben des innern Ventils V_1 und Aufschrauben des äussern V_2; alsdann wirkt nur noch der auf K_2 kommende Druck und das über K_1 befindliche Wasser entleert sich auf dem Wege def nach dem Reservoir; eine besondere Leitung hg dient zur Abführung des unter K_2 vorhandenen Wassers bei längerem Stillstand der Maschine. Das feste Scheerenblatt sitzt an dem gusseisernen Gestell G. Die doppelt gekröpfte Welle W trägt unmittelbar die Antriebscheibe. Die Geschwindigkeit des beweglichen Scheerenblatts berechnet sich für 70 Umdrehungen der Antriebswelle pro Minute beim Niedergang zu

$$v = \frac{2 \cdot 26^2 \cdot \frac{\pi}{4} \cdot 63 \cdot \frac{70}{60}}{(330^2 - 40^2) \cdot \frac{\pi}{4}} = 0{,}93^{mm},$$

und für den Aufgang zu

$$v' = \frac{2 \cdot 26^2 \cdot \frac{\pi}{4} \cdot 63 \cdot \frac{70}{60}}{(60^2 - 40^2) \cdot \frac{\pi}{4}} = 50^{mm} \text{ pro Sec.}$$

Der letztere Werth würde sich herausstellen, wenn beim Kolbenaufgang das innere Ventil V_1 ganz geschlossen und nur V_2 geöffnet wäre; die wirkliche

*) Vgl. Engl. Patentspezification Nr. 2351 A. D. 1857, Eastwood a. Lloyd, machinery for shearing iron and other metals; ferner Mittheilungen des Hannöverschen Gewerbvereins 1864, S. 222, daraus Dinglers polyt. Journal Bd. 175, S. 95.

Handhabung der Maschine erfolgte aber so, dass V_1 auch beim Kolbenaufgang theilweise geöffnet blieb, so dass ein Theil des zugepumpten Wassers wieder ins Reservoir zurückgelangte; im Durchschnitt ergab deshalb die Beobachtung $v' = 5$ und $v = 1^{mm}$.

Die Ergebnisse der zur Ausführung gelangten Versuche sind in folgender Tabelle enthalten:

Nr. des Versuchs	Dauer Secunden	Umdrehungen am Dynam. pro Min.	Umdrehungen der Antriebw. pro Min.	Federspannung in Kilogr. S	Arbeitsaufwand: Widerstand am Halbm. 1m der Antriebwelle $\Phi = 0{,}060 . S$	Arbeitsaufwand: Met.-Kil. pro Sec. bei $n_1 = 70$ Umdr. pro Min. der Vorgelegewelle $A = 7{,}33 . \Phi$	Arbeitsaufwand: Pferdest. $N = \frac{A}{75}$	Bemerkungen.
1	60	185	71,8	(D,b)20	1,20	8,80	0,12	Leergang vorwärts
2	15	180	69,8	365	21,9	160,53	2,14	Leergang rückwärts
3	70	182	70,6	180	10,8	79,16	1,05	Rundeisen von $83^{m}/_{m}$ Durchm. zerschnitten
4	69	176	68,3	260	15,6	114,35	1,52	Ein Stück Flacheisen von 128^{mm} Breite 55^{mm} Höhe zerschnitten
5	60	173	67,1	20	1,20	8,80	0,12	Leergang vorwärts
6	30	176	68,3	210	12,6	92,36	1,23	Leergang rückwärts
7	13	194	75,3	40	2,40	17,60	0,24	Ein Stück Flacheisen von 13 u. $63^{m}/_{m}$

Hiernach ist erforderlich

zum Leergang niederwärts 0,12 Pferdest.

„ „ aufwärts 1,69 „

daher mit Rücksicht auf die beobachteten Geschwindigkeiten beim Aufgang und Niedergang die Betriebskraft für den Leergang überhaupt

$$N_0 = \frac{5 \cdot 0{,}12 + 1{,}69}{6} = 0{,}38 \text{ Pferdest.}$$

Die Diagramme des Arbeitsganges zeigen ein langsames Ansteigen und Wiederabnehmen des Widerstandes (vgl. Fig. 2, Taf. I Diagramm von Versuch Nr. 4), worin offenbar die regulirende Wirkung des Accumulators zu erkennen ist; der Coefficient der Abscheerungsfestigkeit des Materials würde sich aus diesen Diagrammen nur ableiten lassen, wenn die wirkliche Geschwindigkeit des Scheerenblattes für jeden Augenblick der Bewegung beobachtet worden wäre, wozu keine Hülfsmittel vorhanden waren. In Fig. 3 und 4 Taf. I ist die Beschaffenheit der Schnittflächen, welche bei Versuch Nr. 4 und 3 erhalten wurden, dargestellt; es ergiebt sich hieraus, dass bei dem Rundeisen eine beträchtliche Breitquetschung (um 19,3 Prozent) vor der Abscheerung erfolgt, sowie auch eine Lösung des Zusammenhangs in der Richtung der Achse des Arbeitsstücks; ein Abschnitt von 44 Länge zerfiel in zwei Theile. Es wird desshalb für starke Rundeisenstäbe (wie auch für Stahlstäbe) die Anwendung der Kreissäge vorgezogen. Berechnet man aus den Versuchen 4 und 5 den Aufwand an Nutzarbeit pro 1 □mm Querschnitt des Arbeitsstücks, so ergiebt sich

$$\alpha = \frac{114{,}35 - 8{,}80}{128 \cdot 55}\, 67{,}3 = \frac{105{,}55}{7040}\, 67{,}3 = 1{,}009^{k}.$$

Dieser Werth ist mit der Dicke des Arbeitsstückes veränderlich und zwar hat sich aus allen an Scheeren und Durchschnitten ausgeführten Versuchen (s. u. bei Nr. 4) die folgende empirische Formel für Schmiedeisenstäbe ergeben:

$$(1) \qquad \alpha = 0{,}25 + 0{,}0145 \cdot \delta,$$

worin δ die Dicke in Millim. bezeichnet, α den Arbeitsaufwand in Met.-Kil. pro Quadratmillimeter Schnittfläche; diese Schnittfläche selbst ist hierbei von rechteckiger Begrenzung vorausgesetzt.

Bezeichnet daher F die pro Stunde zu erreichende Schnittfläche in Quadratmeter, so ergiebt sich der gesammte Arbeitsaufwand der Scheere zu

$$(2) \quad N = 0{,}38 + \frac{1000000 \cdot F\alpha}{60 \cdot 60 \cdot 75} = 0{,}38 + 3{,}71\,(0{,}25 + 0{,}0145 \cdot \delta) \cdot F \text{ Pferdest.}$$

Hiernach berechnen sich z. B für die gesammte Betriebskraft der Scheere für verschiedene Annahmen von δ und F die folgenden Werthe:

	δ = 30	60	90mm	
	(α = 0,685)	(α = 1,12)	(α = 1,555)	
F = 0,1 □m	**0,63**	**0,80**	**0,96**	Pferdest.
F = 0,3 „	**1,14**	**1,63**	**2,11**	„
F = 0,5 „	**1,65**	**2,46**	**3,27**	„

2. Grosse Blechscheere B Nr. 0

von Richard Hartmann in Chemnitz.

Von dieser Scheere zeigt Fig. 5 Taf. I nur den Antrieb; das hier dargestellte Excenter E arbeitet in dem horizontalen Schlitz eines vertical geführten Schiebers, der das obere Scheerenblatt trägt; das untere sitzt am Gestell fest.

Grösste Gattung von Parallelscheeren, die in der Hartmann'schen Fabrik ausgeführt wird.

Für $n_1 = 160$ Umdrehungen der Antriebwelle pro Minute berechnet sich die Umdrehungszahl der Excenterwelle, also die Zahl der Schnitte pro Minute zu

$$n_2 = 160 \cdot \frac{13}{56} \cdot \frac{13}{70} = 160 \cdot 0{,}0431 = 6{,}896.$$

Von den an dieser Maschine angestellten Versuchen, deren Ergebnisse die folgende Tabelle enthält, beziehen sich Nr. 1 und 4 auf den Leergang, bei Nr. 2 wurde Flacheisen von 103 Breite, 20 Dicke zerschnitten, bei Nr. 3 wurde in Blech von 15 Dicke eine Schnittlänge von 760 während 4 aufeinander folgender Spiele der Maschine hergestellt; ebenso wurde bei Nr. 5 eine Blechtafel von 430 Breite und 25 Dicke durch 2 Schnitte zertheilt; bei letzterem Versuch war die Beobachtung der Federspannung unsicher. Die Diagramme von Nr. 2 und 3 sind in Fig. 6 und 7 der Taf. I dargestellt.

Nr. des Versuchs		1	2	3	4	5
Dauer in Secunden		60	60	45	30	45
Umdrehung pro Min. { am Dynamometer; n der Antriebswelle		292	293	272,5	302	255
$n_1 = \frac{4}{7} \cdot n$		167	167	156	173	146
Zahl der Schnitte pro Minute $n_2 = 0{,}0431 \cdot n_1$		7,2	7,2	6,7	7,4	6,3
Federspannung S	(D,b)	95	350	555	55	560
Widerstand am Halbmesser 1^m der Antriebswelle $\Phi = 0{,}0407\ S$ Kilogramm		3,87	14,2	22,6	2,24	22,8
Arbeitsaufwand für $n_1 = 160$ Umdrehungen d. Antriebwelle pro Min. { Met.-Kil. pro Sec. $A = 16{,}75 \cdot \Phi$		64,8	238,6	378,4	37,5	381,8
Pferdestärken $N = \frac{A}{75}$		0,86	3,18	5,05	0,50	5,09

Man hat hiernach die Betriebskraft für den Leergang zu

$$N_0 = \frac{0{,}86 + 0{,}50}{2} = 0{,}68 \text{ Pferdest.}$$

anzunehmen und für den Arbeitsgang unter Voraussetzung rechteckiger Schnittflächen in Schmiedeeisen zu setzen

$$N = N_0 + 3{,}71 \cdot \alpha F \text{ oder}$$

$$N = 0{,}68 + 3{,}71\,(0{,}25 + 0{,}0145 \cdot \delta)\,F \text{ Pferdest.} \tag{3}$$

In dieser Formel bezeichnet wieder δ die Blechdicke in Millim., F die Schnittfläche pro Stunde in □^{m}. Die folgende Uebersicht giebt eine Anzahl zusammengehöriger Werthe von δ, α, F und N.

Betriebskraft in Pferdestärken.

	für $\delta = 10$ ($\alpha = 0,395$)	$\delta = 20$ ($\alpha = 0,540$)	$\delta = 30^{mm}$ ($\alpha = 0,685$)
$F = 1\,\square^m$	**2,15**	**2,68**	**3,22**
$F = 2$ „	**3,61**	**4,69**	**5,76**
$F = 3$ „	**5,08**	**6,69**	**8,30**

Wenn die Scheere zum Querabschneiden von Flacheisenstäben benutzt wird, so berechnet sich (da die Enden der Scheerenblätter bei der höchsten Stellung des beweglichen Blattes sich berühren) die grösste mögliche Breite des Stabes nach dem Ausdruck

(4) $$b = \frac{h - \delta}{\tan \alpha} = \frac{75 - \delta}{0,17} \text{ (vgl. Fig. 8 Taf. I)},$$

was für die angenommenen drei Werthe von δ zu folgenden Werthen von b führt; aus diesen lässt sich für normalen Gang und unter der Voraussetzung, dass keine Unterbrechungen der Arbeit vorkommen, die beigefügte Grösse von F nach der Formel

(5) $$F = \frac{411 \cdot b\,h}{1000000}$$

berechnen.

$\delta =$	10	20	30^{mm}
$b =$	381	323	264 „
$F =$	1,577	2,674	$3,279\,\square^m$

Wird dagegen die Scheere zur Herstellung langer Schnitte in Blechtafeln benutzt, so berechnet sich die Länge jedes Einzelschnitts nach

(6) $$b = \frac{h}{\tan \alpha} = \frac{75}{0,17} = 440 \text{ (s. Fig. 9 Taf. I)}$$

so dass alsdann die folgenden Maximalwerthe für F sich ergeben

$\delta =$	10	20	30^{mm}
$F =$	1,822	3,644	$5,466\,\square^m$.

Wegen der unvermeidlichen Unterbrechungen der Arbeit sind diese Werthe um wenigstens 25% herabzusetzen.

Das auf der Antriebwelle sitzende **Schwungrad** (vgl. Fig. 5, I) hat einen mittlern Durchmesser von $1,75^m$, einen Kranzquerschnitt von $0,0141\,\square^m$, demnach ein Gewicht

$$G = 554,1^k.$$

Bei normaler Umdrehungszahl beträgt die Geschwindigkeit auf Mitte Kranz

$$V = 1,75 \cdot \pi \cdot \frac{160}{60} = 14,67^m,$$

demnach die zur Regulirung der Bewegung disponible lebendige Kraft

$$G \cdot \frac{V^2}{2g} = 554,1 \cdot \frac{14,67^2}{2 \cdot 9,81} = 6077,2^{mk}.$$

Vergleicht man diesen Betrag mit dem Arbeitsquantum, welches pro Schnitt erforderlich ist für die möglichst breiten Flacheisenstäbe von 10, 20 und 30 Dicke und welches sich bei

$\delta =$	10	20	30
$b =$	381	323	264 zu
$A =$	1505	3488	5425^{mk} beziffert,

so ergiebt sich, dass jenes im Schwungrad vorhandene Arbeitsquantum für

4,03	1,74	1,12

solche Schnitte zureichen würde.

3. Grosser Durchschnitt B Nr. 0
von Richard Hartmann in Chemnitz.

Nach Anordnung und Grösse übereinstimmend mit der unter 2. besprochenen Scheere. Bei den Versuchen wurde ein Stempel von quadratischem Querschnitt, 36^{mm} dick, benutzt und eine Matrize von 40 Weite; also Schnittlänge 160. Bei Versuch Nr. 1 und 6 ging die Maschine leer, bei den übrigen Versuchen wurde Eisenblech gelocht und zwar von einer Dicke

$\delta = 4\frac{1}{2}$ bei Nr. 2
$\delta = 9$ „ „ 3
$\delta = 11$ „ „ 4
$\delta = 20$ „ „ 5
$\delta = 25$ „ „ 7

Die Lagerzapfen der Antriebwelle hatten sich gegen Ende der Versuche in Folge grosser Riemenspannung merklich erhitzt. Die Versuchsergebnisse sind in folgender Tabelle enthalten.

Nr. des Versuchs		1	2	3	4	5	6	7
Dauer desselben in Secunden		30	60	60	60	60	30	60
Umdr. pro Min	am Dynamom. $u =$	340	331	319	316	308	320	310
	der Antriebwelle $u_1 = \frac{4}{7} \cdot u =$	194	189	182	181	196	183	177
Zahl der Stempelhübe pro Min. $u_2 = 0{,}0431 \cdot u_1 =$		8,4	8,2	7,9	7,8	8,4	7,9	7,6
Federspannung in Kil. $\delta =$	(D,b)	70	140	150	190	310	130	438
Widerstand am Halbm. 1^{m} der Antriebwelle $\Phi = 0{,}0407 \cdot S =$		2,85	5,70	6,11	8,73	12,6	5,29	17,8
Arbeitsaufw. für $u_1 = 180$ Umdrehungen der Antriebwelle pro Min.	Met.-Kil. pro Sec. $A = 18{,}84 \cdot \Phi =$	53,8	107,4	115,0	164,5	237,7	99,7	335,9
	in Pferdestärken $N = \frac{A}{75} =$	0,72	1,43	1,53	2,19	3,17	1,33	4,48

Das bei Versuch Nr. 7 erhaltene Diagramm ist in Fig. 10 Taf. I dargestellt. Die Vergleichung desselben mit Fig. 2 lässt erkennen, dass die regulirende Wirkung des Schwungrads die des pneumatischen Accumulators nicht erreicht.

Nach den mitgetheilten Versuchen ist die Betriebskraft für den Leergang

$$N_0 = \frac{0{,}72 + 1{,}33}{2} = 1{,}02 \text{ Pferdest.}$$

zu setzen; unter Benutzung der aus allen Versuchen über Abscheerungsarbeit hergeleiteten Formel (1)

$$\alpha = 0{,}25 + 0{,}0145 \cdot \delta$$

würde demnach der gesammte Arbeitsaufwand für diesen Durchschnitt nach dem Ausdruck

$$N = 1{,}02 + 3{,}71\,(0{,}25 + 0{,}0145\,\delta)\,F \text{ Pferdest.} \tag{7}$$

sich berechnen.

Die Schnittfläche F pro Stunde würde unter Benutzung des bei den Versuchen gebrauchten Stempels und unter Voraussetzung normalen Ganges nach der Formel

$$F = \frac{465 \cdot 160 \cdot \delta}{1000000} = 0{,}0744 \cdot \delta \tag{8}$$

zu berechnen sein, also für

$$\begin{array}{llll} \delta = & 10 & 20 & 30 \\ F = & 0{,}744 & 1{,}488 & 2{,}232\ \square^{m} \end{array}$$

betragen. Die hierzu gehörigen Werthe von N würden sich ergeben zu

$$N = 2{,}11 \qquad 4{,}00 \qquad 6{,}68 \text{ Pferdest.}$$

4. Combinirte Lochmaschine und Scheere.

älteres Modell von Richard Hartmann.

Das bewegliche Scheerenblatt befindet sich an einem und demselben Schieber mit dem Stempel; Scheerenblatt oben, Stempel unten, vgl. die Skizze Fig. 11, Tafel I. Die Schneiden der Scheerenblätter sind symmetrisch gegen den Horizont geneigt. Der Stempel ist cylindrisch, 12,2^{mm} im Durchmesser, der Lochring hat 13,5 lichte Weite.

Die Maschine steht in der Klempnerwerkstatt des Etablissements und wird zum Schneiden und Lochen dünner Bleche benutzt.

Die Ergebnisse der ausgeführten Versuche sind in nachstehender Tabelle enthalten.

Hiernach berechnet sich die Betriebskraft für den Leergang zu

$$N^{0} = 0{,}16 \text{ Pfdst.};$$

die Abscheerungsarbeit pro 1 $\square^{mm}$ Schnittfläche für Eisen bei

$$\begin{array}{lll} \delta = 4 & 8\tfrac{1}{2} & \text{zu} \\ \alpha = 0{,}533 & 0{,}665^{k} & \end{array}$$

für Kupfer bei

$$\begin{array}{ll} \delta = 4 & \text{zu} \\ \alpha = 0{,}180^{k}. & \end{array}$$

Wenn hiernach der Arbeitsaufwand für Kupfer sich ungefähr zu $\frac{1}{3}$ von dem für Eisen ermittelten ergibt, so möchte doch aus der kleinen Zahl hierbei zu Grunde liegender Beobachtungen noch kein allgemein gültiger Schluss zu ziehen sein; es war mir leider nicht möglich, mit stärkeren Kupferblechen Versuche anzustellen; in Erwägung, dass anderweite Beobachtungen den Coefficienten der Abscheerungsfestigkeit für Kupfer zu etwa $\frac{1}{2}$ von dem für Schmiedeeisen er-

Versuchs- No.	Dauer Min.	Umdrehungen pro Min. am Dynam. u	Umdrehungen pro Min. der Antrieb-welle u_1	Zahl der Scheeren-schnitte pro Min. u_2 $u_2 = 0{,}162$	Material, welches zerschnitten oder gelocht wird.	Breite und Dicke desselben in Millimeter	Feder-spannung in Klgr. S	Wider-stand am Halbm. 1m der Antrieb-welle $\Phi = \begin{cases} 0{,}0403S \\ 0{,}0419S \end{cases}$	Arbeitsaufwand für $u_1 = 60$ Umdrehung der Antriebwelle pro Min. $A = 6{,}28\,\Phi$	$N = \frac{A}{75}$	Bemerkungen
1	1	109	63	10,206	Eisenblech zerschnitten	93 breit, $8\frac{1}{2}$ dick	(B, 6) 200	8,060	50,617	0,675	
2	1	115	66	10,692	Leergang	—	32	1,289	8,095	0,108	
3	1	100	58	9,396	Flacheisen zerschnitten	93 breit, $8\frac{1}{2}$ dick	(C, 6) 308	12,905	81,043	1,081	Riemen stärker gespannt
4	1	87	50	8,100	Leergang	—	55	2,305	14,475	0,193	
5	1	100	57	9,234	Eisenblech gelocht	$8\frac{1}{2}$ dick	220	9,218	57,890	0,772	
6	1	104	59	9,558	Desgl.	Desgl.	260	10,894	68,414	0,912	
7	1	107	59	9,558	Desgl.	Desgl.	279	11,690	73,413	0,979	
8	1	107	61	9,882	Leergang	—	50	2,095	13,157	0,175	
9	1	99	56	9,072	Eisenblech geschnitten	105 breit, 4 dick	183	7,668	48,155	0,642	
10	1	98	57	9,234	Desgl.	Desgl.	139	5,824	36,575	0,488	
11	1	100	58	9,396	Eisenblech gelocht	4 dick	117	4,902	30,785	0,410	
12	1	109	63	10,206	Desgl.	Desgl.	116	4,860	30,521	0,407	
13	1	109	62	10,044	Leergang.	—	50	2,095	13,157	0,175	
14	1	112	64	10,368	Kupferblech zerschnitt.	81 breit, 4 dick	102	4,274	26,841	0,358	
15	1	112	63	10,206	Desgl.	Desgl.	100	4,190	26,313	0,351	
16	1	112	65	10,530	Kupferblech gelocht	4 dick	59	2,472	15,524	0,207	
17	1	112	65	10,530	Desgl.	Desgl.	59	2,472	15,524	0,207	
18	1	112	65	10,530	Leergang	—	48	2,011	12,629	0,168	

geben haben (Tresca *) fand 18,93^k für Kupfer und 37,57^k für Eisen), veranlassten mich, bis auf weiteres die in der tabellarischen Zusammenstellung I enthaltene Regel vorzuschlagen.

Die für Eisen gefundenen Werthe von α sind mit den besonders zuverlässig erscheinenden, aus allen übrigen Versuchen an Scheeren und Lochmaschinen berechneten Werthen zu folgender Reihe zusammengestellt worden:

δ =	4	4,5	8,5	9	11	13	15	20	20	25	55
α =	0,533	0,352	0,665	0,220	0,413	0,140	0,637	0,345	0,416	0,473	1,009

woraus durch ein graphisches Verfahren die schon unter 1—3 erwähnte empirische Formel (1)

$$\alpha = 0{,}25 + 0{,}0145\ \delta$$

hergeleitet wurde. Die so benutzten Zahlen lassen freilich das hier giltige Gesetz des Zusammenhangs zwischen α und δ nicht sicher erkennen; es sprechen sich darin die Verschiedenheit der benutzten Materialien wie auch die Unterschiede der Detail-Ausführungen der eigentlichen Werkzeuge aus, wie auch daran erinnert werden muss, dass gerade die Scheeren und Lochmaschinen in jenen Abtheilungen der Maschinenfabriken aufgestellt zu sein pflegen, wo die rapidesten Aenderungen in der Rotationsgeschwindigkeit der Betriebswellen auftreten; da nun diese Maschinen selbst beträchtliche rotirende Massen enthalten, so liegt hierin eine nicht in Abrede zu stellende Quelle von Beobachtungsfehlern.

An der zuletzt besprochenen Maschine hat das Schwungrad einen mittleren Durchmesser von

$$\frac{1{,}517 + 1{,}317}{2} = 1{,}432^m,$$

ein Gewicht von

$$G = 191{,}4^k,$$

sonach bei 60 Umdr. pro Min. oder

$$V = 4{,}5^m$$

Geschwindigkeit auf Mitte Kranz, eine disponible lebendige Kraft von

$$G\ \frac{V^2}{2g} = \frac{191{,}4 .\ 4{,}5^2}{2 .\ 9{,}81} = 197{,}5^{mk},$$

welche gerade nur ausreicht, um die Abscheerung eines Flacheisenstabes von $50 \times 10 = 500\ \square^{mm}$ Querschnitt selbständig zu vollenden oder ein Loch von 16^{mm} Durchmesser in 10^{mm} dickes Eisenblech zu drücken.

Das Maximum der mittels der Scheere dieser Maschine erreichbaren Schnittfläche berechnet sich zu

$$(9) \qquad f = \frac{L^2}{2} \cdot \tan\frac{\alpha}{2} = \frac{178^2}{2} \cdot 0{,}10 = 1584\ \square^{mm},$$

*) Comptes rend., tome 70.

ein Rechteck von 89 Breite und 17,8 Höhe bildend*), demnach Maximum der stündlichen Schnittfläche

$$F = \frac{583 \cdot 1581}{1000000} = 0{,}923 \square^{m},$$

woraus als Maximalwerth der Betriebskraft beim Querabschneiden von Flacheisen wegen

$$\alpha = 0{,}25 + 0{,}0145 \cdot 17{,}8 = 0{,}508^{k}$$
$$N = 0{,}16 + 3{,}71 \cdot 0{,}508 \cdot 0{,}923 = 1{,}90 \text{ Pfdst.}$$

sich ergiebt.

Wenn nach den im Vorstehenden enthaltenen Resultaten die Abscheerungsarbeit selbst sich mit genügender Schärfe berechnen lässt, so möchte noch aus den für den Leergang gefundenen Zahlen zur Abschätzung anderer hier nicht untersuchter Modellgrössen von Scheeren und Durchschnitten eine empirische Regel abzuleiten sein. Die Preiscourante der Maschinenfabriken pflegen für jede Grösse die Maximaldicke des abzuscheerenden oder zu lochenden Bleches anzugeben, wohl auch die Zahl der Schnitte oder Hübe pro Minute oder Stunde. Sieht man hierbei von den hydraulischen Scheeren ab, die nicht sehr leistungsfähig sind, so lassen sich die hier (für gewöhnliche Parallelscheeren und Durchschnitte) gefundenen Zahlen ziemlich gut durch die empirische Formel darstellen

$$(10) \qquad N_0 = 0{,}1 + \frac{n \cdot \delta^2}{1000000} \text{ PS},$$

wonach z. B. für die Werthe

δ	=	10	20	30	40 mm Blechdicke
n	=	600	550	500	450 Schnitte pro Stunde
N^0	=	0,16	0,32	0,55	0,82 PS

als Betriebskraft für die leergehende Maschine sich ergiebt. Hiernach würden die Preiscourante in erwünschter Weise zu vervollständigen sein.

Es kann schliesslich von Interesse sein, die hier gefundenen Resultate mit den Ergebnissen jenes Nährungsverfahrens zu vergleichen, welches Karmarsch in seinem Handbuch der mechanischen Technologie (1. Aufl. 1. Bd. S. 274) zur Berechnung der Nutzarbeit für Lochmaschinen vorgeschlagen hat. Derselbe geht von dem Coefficienten der Abscheerungsfestigkeit f des zu lochenden Materials aus und setzt den zur Herstellung eines kreiscylindrischen Loches vom Durchmesser D in Blech von der Dicke δ erforderlichen Arbeitsverbrauch

$$A = \pi D \delta f \cdot \frac{\delta}{2} \cdot \frac{1}{1000} = \frac{\pi D \delta^2 f}{2000}{}^{mk},$$

*) Für einen Flacheisenstab von der Dicke δ ist nämlich bei vollständig übereinanderstreifenden Scheerenblättern, wenn L die horizontal gemessene Länge der Blätter und α den Schneidenwinkel bezeichnet, die grösste zulässige Breite (vgl. Fig. 12, Taf. 1.)

$b = L - \frac{\delta}{2 \cdot \tan\frac{\alpha}{2}}$, also der Querschnitt $f = \delta\left(L - \frac{\delta}{2 \cdot \tan\frac{\alpha}{2}}\right)$, welcher ein Maximum wird für $\delta = L \cdot \tan\frac{\alpha}{2}$ u. $b = \frac{L}{2}$; dieses Maximum selbst hat daher den Werth

$$f = \frac{L^2}{2} \tan\frac{\alpha}{2}$$

wofür nach den mitgetheilten Versuchen

$$A = \pi\, D\, \delta\, \alpha$$

zu setzen ist. Aus der Verbindung dieser beiden Ausdrücke ergiebt sich nun

$$f = \frac{2000 \cdot \alpha}{\delta},$$

so dass man hiernach unter Einführung von

$$\alpha = 0{,}025 + 0{,}0145 \,.\, \delta$$

diejenigen Werthe von f berechnen kann, die man in die von Karmarch hergeleitete Formel für die Nutzarbeit bei Lochmaschinen

(11) $$N = 0{,}00084\; D\, \delta\, f \text{ Pf.}$$

einzusetzen hat, um zutreffende Resultate zu erlangen. Es findet sich für

$$\delta = 10 \quad 20 \quad 30^{mm}$$
$$f = 91 \quad 54 \quad 46^{k},$$

also ein für verschiedene Blechdicken verschieden grosser und durchweg sichrerer Werth als der für die Schnittfestigkeit von Karmarsch angegebene ($f = 40{,}2^{k}$).

B. Sägen.

5. Schwartensäge GH

von Joh. Zimmermann*).

In Fig. 1 und 2, Taf. II ist diese Säge in $^1/_{20}$ skizzirt; das Sägeblatt hat die in Fig. 3 in wirklicher Grösse dargestellte Verzahnung. Verticales Seitengatter mit hölzernem Mittelstiel und hölzernen Querriegeln, auf gusseisernen Prismen geführt; Frictionsschaltung; Walzenvorschub, während des Niedergangs der Säge wirksam; daher vertical aufgehängtes Blatt. Die Führungsprismen des Gatters und die Lager der Kurbelwelle befinden sich an dem ein einziges Gussstück bildenden Gestell, was als ein besondrer Vorzug dieser Construction gerühmt wird.

Bei den Versuchen waren Pfosten von lufttrocknem Fichten- und Eschenholz zur Verfügung; es beziehen sich

Vers.	Nr.	2—4 und 6—19	auf	Fichtenholz	von	142	Blockhöhe
„	„	20—23	„	„	„	305	„
„	„	24—29	„	Eschenholz	„	120	„
„	„	30—33	„	„	„	230	„

Die Dauer jedes Versuchs betrug 30 Sec.

*) Vgl. R. Schmidt, die Maschinen zur Bearbeitung des Holzes, zweite Sammlung. Leipzig 1870; S. 9, Taf. II, Fig. 6—8.

Die Resultate dieser Versuche sind in folgender Tabelle zusammengestellt:

Nr. des Versuchs	Umdrehungen pro Min. am Dynam. (n)	Umdrehungen pro Min. der Antriebwelle $n_1=0,857.n$	Spielzahl des Gatters pro Minute (beob.)	Zuschiebung des Blocks pro Schnitt in Millim. (Z)	Schnittfläche in □m pro Stunde für norm. Geschwk	Mittlere Federspannung in Kilogr. S	Widerstand am Hebelarm 1m der Antriebwelle $\Phi=0,0265\ S$	Arbeitsaufwand für $n_1=220$ in M.-K. pro Sec. $A=23,0 \cdot \Phi$	Arbeitsaufwand für $n_1=220$ in Pfdst. $N=\frac{A}{75}$
1	274	235	203	Das Gatter geht leer (C,a)		100	2,65	61,0	0,81
2	276	237	204	2,3	3,64	175	4,64	106,7	1,42
3	276	237	204	7,3	11,8	240	6,36	146,3	1,95
4	276	237	204	7,3	11,8	235	6,23	143,3	1,91
5	276	237	204	Das Gatter geht leer		115	3,05	70,2	0,94
6	270	231	199	?	?	230	6,10	140,3	1,87
7	274	235	204	7,1	11,5	230	6,10	140,3	1,87
8	266	228	206	2,9	4,93	185	4,90	112,7	1,50
9	260	223	192	3,0	4,87	200	5,30	121,9	1,63
10	252	216	206	1,8	3,21	180 (?)	4,77	109,7	1,46
11	?	?	212	1,8	3,35	185	4,90	112,7	1,50
12	250	214	198	1,9	3,15	225	5,96	137,1	1,83
13	240	206	200	2,0	3,55	220	5,83	134,1	1,79
14	254	218	212	2,4	4,30	225	5,96	137,1	1,83
15	246	211	206	2,4	4,35	200	5,30	121,9	1,63
16	248	213	214	3,1	5,55	200	5,30	121,9	1,63
17	244	209	214	3,1	5,65	200	5,30	121,9	1,63
18	254	218	212	4,0	7,31	205	5,43	124,9	1,67
19	240	206	208	4,3	7,65	220	5,83	134,1	1,79
20	252	216	214	2,6	10,4	270	7,16	164,7	2,20
21	246	211	208	2,6	10,3	225	5,96	137,1	1,83
22	245	210	214 (?)	1,7	6,52	205	5,43	124,9	1,67
23	242	207	206	1,7	6,80	186	4,93	113,4	1,51
24	244	209	220 (?)	1,2	1,89	140	3,71	85,3	1,14
25	252	216	214	1,6	2,57	165	4,37	100,5	1,34
26	264	226	220	2,6	4,07	180	4,77	109,7	1,46
27	248	213	212	2,5	4,02	185	4,90	112,7	1,50
28	232	199	208 (?)	5,9	9,08	280	7,42	170,7	2,28
29	249	213	214	5,5	8,71	300	7,95	182,9	2,44
30	250	214	222 (?)	2,8	8,08	300	7,95	182,9	2,44
31	248	213	204	2,5	7,41	285	7,55	173,7	2,32
32	241	207	234 (?)	1,6	4,54	220	5,83	134,1	1,79
33	248	213	238 (?)	1,3	5,13	215	5,70	131,1	1,75
34	246	211	246 (?)	Das Gatter geht leer		90	2,39	55,0	0,73

Die durch directe Zählung erhaltene Spielzahl des Gatters (Columne 4) ist mit erheblicher Unsicherheit behaftet, namentlich gegen Ende der Versuche, daher die Zahlen zur Feststellung des Betrags der Riemenrutschung nicht verwendbar sind. Für die Berechnung der Zuschiebung pro Schnitt sind daher diejenigen Zahlen dieser Columne, welche entschieden unsicher erschienen, in der

Art corrigirt worden, dass man die der 3. Columne unter Verminderung ihrer Werthe um 5%, verwendete. Die Schnittfläche pro Stunde ist aus der beobachteten Zuschiebung des Arbeitsstücks und der Höhe desselben berechnet worden, unter gleichzeitiger Reduktion auf normale Geschwindigkeit (220 Schnitte pro Minute).

Aus den Beobachtungen ergiebt sich zunächst (Vers. Nr. 1, 5 und 34) die Betriebskraft für den Leergang

$$N_0 = 0{,}83 \text{ Pferdest.}$$

Es kann Interesse gewähren, hiermit das Resultat der von Prof. Kankelwitz*) entwickelten Formel für den zum Leergang der Gatter erforderlichen Arbeitsaufwand zu vergleichen; dieselbe lautet

(12) $$N_0 = 1{,}075 \cdot \frac{A_1 + A_2 + A_3 + A_4}{9000} \text{ Pferdest.}$$

worin

A_1 die am Zapfen des Gatters während einer Minute durch Reibung verloren gehenden Meterpfunde,

A_2 den Arbeitsverlust durch Reibung in den Führungen in Meterpfund pro Minute,

A_3 die Reibungsarbeit am Kurbelzapfen,

A_4 den Verlust durch Reibung in den Lagern der Gatterwelle in Meterpfund pro Minute bezeichnet.

Zur Berechnung dieser einzelnen Verluste sind die folgenden Formeln zu benutzen:

(13) $$A_1 = \frac{G\, a\, H^2\, n^3}{3000000 \cdot l}$$

(14) $$A_2 = \frac{G \cdot H^3 \cdot n^3}{50000 \cdot l^2}$$

(15) $$A_3 = H\, n^3\, \vartheta\, \frac{G + L + S}{119000}$$

(16) $$A_4 = 0{,}0022 \cdot \Delta n \sqrt{(G+L+Q)^2 + R^2 + [(G+L+K-B)^2 + (B \quad K \quad S)^2]} \cdot \frac{H^2\, n^2}{7 \cdot 900000}$$

Die hierin gebrauchten Bezeichnungen haben die folgenden Bedeutungen und im vorliegenden Falle die beigeschriebenen Werthe:

$G = 120$ Pfd. das Gewicht des Gatters, einschliesslich der Säge,

$L = 20$ Pfd. das Gewicht der Lenkstange,

$S = 8$ Pfd. das Gewicht des am Kurbelzapfen angreifenden Lenkstangenkopfes, vermehrt um den dritten Theil des Gewichts der Lenkstange ohne Köpfe,

$Q = 550$ Pfd. das Gewicht der Gatterwelle mit Einschluss des Schwungrads, der Antriebscheiben und des Schaltexcenters

$B = 0$ das auf die Kurbellänge reducirte Gegengewicht

$K = 7$ Pfd. das auf Kurbellänge reducirte Gewicht der Kurbeln $\left(21 \cdot \frac{1}{3} = 7\right)$

$R = 23$ Pf. der durch die Uebertragung der Bewegung auf die Gatterwelle hervorgerufene Druck

$n = 220$ die Zahl der Gatterhube pro Minute

*) W. Kankelwitz, der Betrieb der Schneidemühlen; Separatabdruck aus der Zeitschrift des Vereins deutscher Ingenieure, Berlin 1862. S. 4 und 29.

$H = 0{,}338^m$ Hub des Gatters

$a = 3{,}6^{cm}$ Durchmesser des Zapfens am Gatter, an welchem die Lenkstange angreift

$\vartheta = 3{,}6^{cm}$ Durchmesser des Kurbelzapfens

$\Delta = 8{,}5^{cm}$ Durchmesser der Lagerzapfen der Gatterwelle. Die Rechnung ergiebt

$$A_1 = 158{,}1 \qquad A_2 = 890{,}6 \qquad A_3 = 1287 \qquad A_4 = 4537,$$

demnach

$$N_0 = 0{,}821 \text{ Pferdest.}$$

Die hiernach vorliegende gute Uebereinstimmung zwischen Rechnung und Beobachtung spricht für Richtigkeit der bei ersterer getroffenen Wahl des Reibungscoefficienten, der von 0,07 nur auf 0,071 erhöht zu werden brauchte, um volle Uebereinstimmung zu erhalten*).

Von den Versuchen über den Arbeitsgang sind Nr. 2—19 speziell zu dem Zwecke ausgeführt worden, den Einfluss der Grösse der Zuschiebung auf die Betriebskraft zu erforschen. Bildet man für die einzelnen Versuche die Differenz $N - N_0$ und dividirt den erhaltenen Werth durch die Schnittfläche pro Stunde F, so erhält man die folgende nach der Grösse der Zuschiebung pro Schnitt geordnete Uebersicht

Versuchs-Nr.	Zuschiebung pro Schnitt z^{mm}	Schnittfläche pro Stunde F □^{m}	Nutzarbeit $N - N_0$ Pferdest.	Nutzarbeit in Pferdest pro 1 □^{m} Schnittfläche in der Stunde $\varepsilon = \frac{N - N_0}{F}$
10 u. 11	1,8	3,28	0,65	0,198
12	1,9	3,15	1,00	0,318
13	2,0	3,55	0,96	0,270
2	2,3	3,64	0,59	0,162
14 u. 15	2,4	4,33	0,90	0,208
8	2,9	4,93	0,67	0,136
9	3,0	4,87	0,80	0,164
16 u. 17	3,1	5,60	0,80	0,143
18	4,0	7,31	0,84	0,115
19	4,3	7,65	0,96	0,126
7	7,1	11,5	1,04	0,090
3 u. 4	7,3	11,8	1,11	0,094

Die Zahlen der letzten Columne lassen sich mit ziemlicher Annäherung durch die Formel

$$\varepsilon = 0{,}046 + \frac{0{,}330}{z} \tag{17}$$

zusammenfassen, wie am besten eine graphische Auftragung der Werthe von z und ε ergiebt; die Gestalt dieser Formel beruht auf theoretischen Erwägungen, welche auf S. 2 und 3 der oben citirten Schrift von Kankelwitz (vergl. dessen Formel 4 *d*) enthalten sind und die sich hiernach als zutreffend erweisen; das erste Glied des vorstehenden Ausdrucks entspricht dem Widerstand bei Be-

*) Vergl. Morin, nouvelles Expériences sur le frottement des axes de rotation. Paris 1838; p. 79.

arbeitung der Seitenflächen, das zweite denjenigen zur Zertheilung der Langfasern durch die Zahnspitzen; jenes ist nur von der Natur des Holzes abhängig, letzteres ausserdem von der Grösse der Zuschiebung, von der Schnittbreite und der Hubhöhe des Gatters. Die Breite des Schnitts war hier ungewöhnlich gross (4^{mm}). Zieht man einen Vergleich mit den von Prof. Schneider in der Hohlfeld'schen Mühle zu Schandau angestellten Versuchen*), die sich auf eine Schnittbreite von nur 2^{mm} beziehen, übrigens auch auf lufttrocknes Fichtenholz und auf eine Hubhöhe des Gatters von $0,46^{m}$, so ergiebt sich Folgendes.

Für die als am zuverlässigsten bezeichneten Versuche Nr. 1, 4, 7—10 (a. a. O. S. 35 und 36) berechnen sich die zusammengehörigen Werthe von z, F, $N - N_0$ und ε:

bei Vers. Nr.	z	F	$N - N_0$	$\varepsilon = \frac{N - N_0}{F}$
1	2,2	71,4	9,66	0,135
4	1,6	34,3	6,03	0,176
7	1,2	50,4	8,77	0,174
8	1,19	41,3	6,54	0,158
9	1,71	39,6	7,12	0,180
10	1,88	45,9	6,27	0,137

Es entspricht daher der durchschnittlichen Zuschiebung pro Schnitt von $z = 1,63^{mm}$ ein Durchschnittswerth der Nutzarbeit für 1 stündliches Quadratmeter Schnittfläche $\varepsilon = 0,160$ Pferdest. Sieht man nun den constanten Theil der Formel für ε durch die vorher mitgetheilten Versuche für lufttrocknes Fichtenholz als richtig bestimmt an, so ergiebt sich der Zahlenwerth des zweiten Gliedes aus der Gleichung

$$0,160 = 0,046 + \frac{\beta}{1,63} \text{ zu}$$

$$\beta = 0,186,$$

daher als zuverlässige Formel für den Arbeitswerth ε unter Voraussetzung von 2^{mm} Schnittbreite und $0,46^{m}$ Hubhöhe des Gatters anzusehen ist:

$$(18) \qquad \varepsilon = 0,046 + \frac{0,186}{z} \text{ Pferdest.}$$

Bezeichnet man mit

H die Hubhöhe des Gatters in Metern und mit

s die Schnittbreite in Millimetern,

so lässt sich aus den beiden vorstehenden Spezialformeln für ε die allgemeinere für lufttrockenes Fichtenholz gültige

$$(19) \qquad \varepsilon = 0,046 + 0,224 \cdot \frac{Hs}{z}$$

ableiten, welche der Formel (6) in der erwähnten Abhandlung von Kankelwitz entspricht**). Hiernach ergeben sich z. B. für eine Hubhöhe $H = 0,5^{m}$ bei

*) Prof. Schneider, Mittheilungen über die Leistungen des Kropfrades in der Schneidemühle von Hohlfeld zu Schandau, sowie über den Widerstand beim Schneiden des Holzes. Programm der K. polytechnischen Schule zu Dresden für den Cursus 1859—1860. S. 34.

**) Die Berechtigung zur Annahme der Funktionsform

$$\varepsilon = \alpha + \beta \cdot \frac{Hs}{z}$$

oder auch, wenn E den zur Herstellung einer Schnittfläche F erforderlichen Effekt bezeichnet, verschiedenen Werthen von s und z die folgenden Arbeitsgrössen pro 1 □^{m} Schnittfläche in der Stunde für lufttrocknes Fichtenholz:

		Schnittbreite s =					
		1	2	3	4	5^{mm}	
Zuschiebung pro Schnitt z	1	0,158	0,270	0,382	0,494	0,606	PS.
	2	0,102	0,158	0,214	0,270	0,326	
	3	0,083	0,120	0,158	0,194	0,231	
	4	0,074	0,102	0,130	0,158	0,186	
	6	0,065	0,084	0,103	0,122	0,141	
	8^{mm}	0,060	0,074	0,088	0,102	0,115	

Bezeichnet man den Quotienten aus Zuschiebung pro Schnitt und Hubhöhe mit ζ (relative Zuschiebung), setzt also

$$\zeta = \frac{z}{1000\ H},$$

so geht die zuletzt angeführte Formel für ε über in

(20) $$\varepsilon = 0{,}046 + \frac{0{,}000224 \cdot s}{\zeta},$$

wonach die folgende Tabelle für den Arbeitsaufwand in Pferdestärken pro 1□^{m} Schnittfläche in der Stunde bei lufttrocknem Fichtenholz sich berechnet

$$E = \alpha \,.\, F + \beta \,.\, \frac{H\,s}{z} \cdot F$$

lässt sich unter den beiden Voraussetzungen,

dass die Schnittbreite das Doppelte der Sägenblattdicke beträgt und

dass die Gesammtzahl der zur Wirkung kommenden Zähne n' der Hubhöhe des Gatters proportional ist (also die Zahntheilung constant), am kürzesten in folgender Art nachweisen.

Der Arbeitsaufwand zur Herstellung der Schnittfläche F setzt sich zusammen

aus der Abscheerungsarbeit, welche die seitlichen Schneidkanten der Zähne zu verrichten haben; diese ist der Schnittfläche proportional zu setzen, ergiebt das Glied $\alpha \,.\, F$; und sodann

aus der Abscheerungsarbeit der Vorderkanten der Zähne (der Zahnspitzen selbst); diese ist proportional der Summe derjenigen Schnittflächen, welche von diesen Vorderkanten während Erzeugung von F hergestellt werden; nennt man n die in dieser Zeit vollführten Gatterspiele, z die Zuschiebung pro Schnitt, h die Blockhöhe, so ist

$$F = h \,.\, z \,.\, n, \text{ oder } n = \frac{F}{h \,.\, z}.$$

Jedes Zähnepaar erzeugt nun pro Schnitt die Fläche

$h \,.\, s$, daher bei n Schnitten

$$h \,.\, s \,.\, n = h\,s \,.\, \frac{F}{h \,.\, z} = \frac{s \,.\, F}{z},$$

daher die von n' Zähnen oder $\frac{n'}{2}$ Paaren erzeugte Fläche

$$F' = \frac{s \,.\, F}{z} \cdot \frac{n'}{2}, \text{ wofür}$$

$$F' = \frac{s \,.\, H}{z} \cdot F$$ geschrieben werden kann; ergiebt als zweites Glied

$$\beta \cdot \frac{H\,s}{z} \cdot F.$$

		Schnittbreite s =					
		1	2	3	4	5mm	
Zuschiebung als Bruchtheil des Sägenweges ζ =	$\frac{1}{300}$	0,113	0,180	0,248	0,315	0,382	PS.
	$\frac{1}{200}$	0,091	0,136	0,180	0,225	0,270	
	$\frac{1}{100}$	0,068	0,091	0,113	0,136	0,158	
	$\frac{1}{50}$	0,057	0,068	0,080	0,091	0,102	

Den hierin angenommenen verhältnissmässigen Zuschiebungen würden im vorliegenden Falle, wo die Zahntheilung 13,1 beträgt, die folgenden Werthe der Spahndicke entsprechen:

Zuschiebung ζ =	$\frac{1}{300}$	$\frac{1}{200}$	$\frac{1}{100}$	$\frac{1}{50}$
Spahndicke σ =	0,044	0,066	0,131	0,262mm.

Die Erwägung, dass die absolute Grösse der Spahndicke auf den Kraftbedarf von Einfluss sein mag, lässt es rathsam erscheinen, bei fernerweiten Untersuchungen auch die Grösse der Zahntheilung des Sägenblattes in Betracht zu ziehen.

Legt man für die in Rede stehende Säge die aus den Beobachtungen für lufttrocknes Fichtenholz unmittelbar hervorgegangene Formel (17)

$$\varepsilon = 0{,}046 + \frac{0{,}330}{z}$$

zu Grunde, so ist die gesammte Betriebsarbeit zu rechnen nach

$$N = 0{,}83 + \left(0{,}046 + \frac{0{,}330}{z}\right) F \text{ Pferdest.,} \tag{20}$$

so dass für die folgenden Werthe von z und F die zugeschriebenen Effektzahlen sich ergeben

		Zuschiebung pro Schnitt				
		z = 2	4	6	8mm	
		(ε = 0,211	0,129	0,101	0,087 PS)	
Schnittfläche pro Stunde F =	5 □m	1,89	1,48	1,34	1,27	PS.
	10 „	2,94	2,12	1,84	1,70	
	15 „	—	2,77	2,35	2,14	
	20 „	—	—	2,85	2,57	

Handelt es sich um Berechnung von N für eine angenommene Blockhöhe h^{mm}, so ist F zu ermitteln aus

$$F = 0{,}0132\ h\ z \tag{21}$$

und von dem so erhaltenen Werth für unvermeidliche Unterbrechungen des Arbeitsprozesses ein Abzug von 20—25 % zu machen.

Zur Vergleichung mit den Ergebnissen bei anderweiten Holzbearbeitungsmaschinen kann es von Nutzen sein, Nutzleistung und Spahnvolumen zu vergleichen; das Volumen Fichtenholz, welches pro Pferdestärke Nutzarbeit und pro Stunde in Spähne verwandelt wird, berechnet sich aus

(22) $$\mathfrak{V} = \frac{0{,}004 \cdot F}{\varepsilon \cdot F} = \frac{0{,}004}{\varepsilon}, \text{ daher}$$

für eine Zuschiebung z = 2 4 6 8 mm, entsprechend
einer Spahndicke σ = 0,077 0,154 0,231 0,308 mm

Spahnvolumen pro

Pferdekr. u. Stunde $\mathfrak{V}$ = 0,019 0,031 0,040 0,046 Kb^{m}; daher auch Arbeitswerth für 1 Kb^{m}

Spähne pro Stunde $\frac{1}{\mathfrak{V}}$ = 52,7 32,2 25,0 21,8 PS.

Bei den Versuchen mit Eschenholz (Nr. 24—33) war es nicht möglich, die Zuschiebung z innerhalb so weiter Grenzen zu verändern, wie beim Fichtenholz; das Gesetz des Zusammenhangs zwischen z und ε tritt daher hier weniger deutlich hervor. Die Resultate ergeben sich wie folgt:

Versuchs-Nr.	Zuschiebung pro Schnitt z mm	Schnittfläche pro Stunde F □m	Nutzarbeit $N-N^0$ PS	Nutzarbeit in PS pro 1 □m Schnittfläche in der Stunde $\varepsilon = \frac{N-N_0}{F}$
24	1,2	1,89	0,31	0,164
33	1,3	5,13	0,92	0,179
25 u. 32	1,6	3,56	0,74	0,208
31 u. 27	2,5	5,71	1,08	0,190
26	2,6	4,07	0,63	0,155
30	2,8	8,08	1,61	0,200
29	5,5	8,71	1,61	0,185
28	5,9	9,08	1,45	0,160

Im Durchschnitt entspricht daher hier einer Zuschiebung von z = 2,93 mm ein Effektswerth von ε = 0,180 PS pro □m Schnittfläche in der Stunde, während für dieselbe Zuschiebung bei Fichtenholz sich ε = 0,158 berechnen würde; das Eschenholz giebt also durchschnittlich um 14 % höhere Werthe, so dass bis auf weiteres für Eschenholz

(23) $$\varepsilon = 0{,}052 + \frac{0{,}376}{z} \text{ PS}$$

zu setzen sein möchte.

6. Bandsäge CD

von Joh. Zimmermann*).

Die Anordnung dieser Säge ist aus Figur 4 und 5, Taf. II zu ersehen; die Verzahnung des Blattes zeigt Fig. 6 in voller Grösse. Bemerkenswerth sind die Federn F, welche ein Ueberspannen des Blattes erschweren sollen, die gusseisernen Trichter T, welche den Arbeiter vor Beschädigungen schützen, besonders im Falle eines Blattbruches, endlich das kleine Schwungrad S, wel-

*) Vgl. Schmidt, die Maschinen zur Bearbeitung des Holzes etc., zweite Sammlung, Seite 18, Tafel IV, Fig. 16—18.

ches beim Ausrücken der Maschine am Umfang gebremst wird. Die Zapfen der Sägenscheiben haben eine Dicke von 43,2.

Es wurden 9 Versuche ausgeführt, von denen der erste und letzte sich auf den Leergang beziehen. Bei Nr. 2—5 wurde trocknes Eichenholz geschnitten und zwar betrug die Schnitthöhe 47 bei 2 und 3, dagegen 240 bei Nr. 4 u. 5; Vers. Nr. 6 und 7 beziehen sich auf trocknes Fichtenholz von 187, bez. 69 Schnitthöhe; bei Nr. 8 wurde ein rothbuchenes Brett von 69 Dicke zerschnitten. Die Beobachtung der Umdrehungszahl der Sägenscheiben (u_1) ist nicht ganz sicher; unter der Bezeichnung „relative Zuschiebung" ist der Quotient aus der absoluten Zuschiebung des Arbeitsstückes und dem gleichzeitigen Weg des Sägenblattes zu verstehen.

Die Ergebnisse der Versuche sind in folgender Tabelle enthalten:

Nr. des Versuchs	1	2	3	4	5	6	7	8	9
Dauer desselben in Sec.	60	30	40	60	60	55	30	30	60
Umdr. pro Min. am Dynamom. $n =$	129	124	112,5	128	128	129	126	126	129
Umdr. pro Min. der Antriebwelle $u_1 =$	151 (?)	160	140	142	148	148	148	186 (?)	160
Umdr. pro Min. desgl. ber. $u_1 = 1{,}42 . n =$	183	177	160	182	182	183	179	179	183
Zuschiebung d. Arbeitsst. pro Sec. $z' =$	—	34	?	8,3	8,8	15,1	33,8	22,3	—
Relative Zuschiebung ζ	0	$\frac{1}{212}$	?	$\frac{1}{765}$	$\frac{1}{753}$	$\frac{1}{339}$	$\frac{1}{196}$	$\frac{1}{372}$	—
Schnittfläche pro Stunde (für $u_1 = 150$) in □m $F =$	0	5,39	?	7,57	7,70	10,3	7,51	4,47	0
Federspannung in Kilogr. $S = (B,b)$	50	160	220	300	290	240	160	200	60
Widerstand am Halbm. 1[m] der Antriebwelle $L = 0{,}0162 . S =$	0,81	2,59	3,56	4,86	4,70	3,89	2,59	3,24	0,97
Arbeitsaufwand für $u_1 =$ 150 Umdr. d. Antriebwelle in Sec.-Met.-Kil. $A = 15{,}7 . L$	12,7	40,7	55,9	76,3	73,8	61,1	40,7	50,9	15,2
Arbeitsaufwand für $u_1 =$ 150 Umdr. d. Antriebwelle in Pferdest. $N = \frac{A}{75}$	0,169	0,543	0,746	1,02	0,985	0,815	0,543	0,679	0,203

Hiernach ergiebt sich die Betriebsarbeit für den Leergang

$$N_0 = \frac{0{,}169 + 0{,}203}{2} = 0{,}186 \text{ PS.}$$

Rücksichtlich der Nutzarbeit berechnen sich vorerst für **trocknes Eichenholz** die folgenden zusammengehörigen Werthe von

z'	ζ	F	$N - N_0$	$\varepsilon = \frac{N - N_0}{F}$
34	$\frac{1}{212}$	5,39	0,357	0,0662
8,6	$\frac{1}{759}$	7,64	0,813	0,107.

Legt man daher auch hier die Funktionsform

$$\varepsilon = \alpha + \frac{\beta}{z'}$$

zu Grunde, so ergeben sich für α und β die beiden Bestimmungsgleichungen:

$$0{,}0662 = \alpha + \frac{\beta}{34} \text{ und } 0{,}107 = \alpha + \frac{\beta}{8{,}0},$$

aus denen

$$\alpha = 0{,}0524 \text{ und } \beta = 0{,}469$$

sich berechnet, so dass für lufttrocknes Eichenholz der pro 1 □ᵐ in der Stunde Schnittfläche erforderliche Arbeitswerth zu

(24) $$\varepsilon = 0{,}052 + \frac{0{,}469}{z'} \text{ PS}$$

sich beziffert, worin z' die Zuschiebung des Arbeitsstückes pro Sec. in Millim. bedeutet.

Verallgemeinert man die Formel in der oben gezeigten Art, indem man die Breite der Schnittfuge s (hier $= 1{,}7^{mm}$) einführt und zugleich statt der absoluten die relative Zuschiebung ζ $\left(\text{hier} = \frac{z'}{6710}\right)$, so erhält man

(25) $$\varepsilon = 0{,}052 + \frac{0{,}0000412 \cdot s}{\zeta} \text{ PS}$$

z. B. für $s = 2$ und $\zeta = \frac{1}{300}$, $\varepsilon = 0{,}077$ PS.

Für lufttrocknes Fichtenholz berechnen sich aus den Versuchen Nr. 6 und 7 ebenso vermittelst der zusammengehörigen Werthe

z'	ζ	F	$N-N_0$	$\varepsilon = \frac{N-N_0}{F}$
15,1	$\frac{1}{339}$	10,3	0,629	0,0611
33,8	$\frac{1}{196}$	7,51	0,357	0,0475

die beiden entsprechenden Formeln

(26) $$\varepsilon = 0{,}037 + \frac{0{,}372}{z'} \text{ und}$$

(27) $$\varepsilon = 0{,}037 + \frac{0{,}0000326 \cdot s}{\zeta},$$ von denen die letztere

z. B. für $s = 2$ und $\zeta = \frac{1}{300}$, $\varepsilon = 0{,}057$ PS ergiebt.

Diese Formeln liefern weit kleinere Werthe, als die für lufttrocknes Fichtenholz bei der Gattersäge ermittelten, was durch den Unterschied zwischen stetiger und absetzender Bewegung der Säge, wie durch die verschieden grosse Geschwindigkeit derselben zu erklären sein wird; bei den Gattersägen wird in Folge beider Umstände ein grösserer Bruchtheil der aufgewendeten Arbeit zur Erzeugung von Schwingungen des Blocks und der Maschine selbst verbraucht.

Für trocknes Rothbuchenholz correspondiren nach Vers. Nr. 8 die Werthe

$$z' = 22{,}3 \quad \zeta = \frac{1}{372}$$
$$F = 4{,}47 \quad N-N_0 = 0{,}492 \quad \varepsilon = 0110,$$

wonach unter Voraussetzung, dass das Verhältniss der Coefficienten α und β unter sich hier dasselbe sein wird, wie für Eichenholz, sich die folgenden zwei Formeln ergeben

(28) $$\varepsilon = 0{,}062 + \frac{0{,}553}{z'} \text{ und}$$

(29) $$\varepsilon = 0{,}062 + \frac{0{,}0000485 \cdot s}{\zeta} \text{ PS.}$$

Für die Betriebskraft der Bandsäge CD gilt daher die Formel

(30) $$N = 0{,}186 + \left(\alpha + \frac{\beta}{z'}\right) F \text{ PS},$$

worin

für Fichtenholz	$\alpha = 0{,}037$	$\beta = 0{,}372$
„ Eichenholz	$\alpha = 0{,}052$	$\beta = 0{,}469$
„ Rothbuchenholz	$\alpha = 0{,}062$	$\beta = 0{,}553$

anzunehmen ist. Beträgt z. B. die Zuschiebung pro Sec. $s' = 22{,}4$ $\left(\zeta = \frac{1}{300}\right)$ und die Schnittfläche pro Stunde $F = 5$ □^{m}, so folgt

für Fichtenholz	$N = 0{,}186 + 0{,}270 = 0{,}456$ PS
„ Eichenholz	$N = 0{,}186 + 0{,}365 = 0{,}551$ „
„ Rothbuchenholz	$N = 0{,}186 + 0{,}435 = 0{,}621$ „

Zieht man nur die Nutzleistung in Betracht, so ergiebt sich für die relative Zuschiebung von $\frac{1}{300}$ unter den drei Holzarten Fichte, Eiche, Rothbuche das Verhältniss

$$270 : 365 : 435 = 1 : 1{,}35 : 1{,}61$$

Die Zahntheilung der hier angewendeten Säge beträgt 9^{mm}; der Zuschiebung von $\frac{1}{300}$ entspricht daher eine Spahndicke von $9 \cdot \frac{1}{300} = 0{,}03^{mm}$. Man kann nun, wie bei der Gattersäge, auch hier für verschiedene Spahndicken $\sigma = 9 \cdot \zeta$ das Holzvolumen berechnen, welches pro Pferdestärke Nutzarbeit und pro Stunde in Spähne verwandelt wird, was hier für trocknes Fichtenholz geschehen soll (Breite der Schnittfuge 1,7^{mm}):

Relative Zuschiebung $\zeta =$	$\frac{1}{800}$	$\frac{1}{600}$	$\frac{1}{400}$	$\frac{1}{200}$
Spahndicke $\sigma = 9 \cdot \zeta =$	0,011	0,015	0,023	0,045^{mm}
Arbeitswerth $\varepsilon =$	0,081	0,070	0,059	0,048 PS
Spahnvol. pro Pferdest. u. Stunde $\mathfrak{B} = \frac{0{,}0017}{\varepsilon} =$	0,021	0,024	0,029	0,035 Kb^m.

7. Kreis-Säge OG für Holz

von Joh. Zimmermann.

Von dieser Säge ist wegen ihrer Einfachheit keine Abbildung gegeben worden. Der Tisch ist von Gusseisen, 1420 lang, 710 breit und trägt ein durch Parallelogramm geführtes eisernes Lineal. Die Verzahnung des Blattes ist in Fig. 7, Tafel II in wirklicher Grösse dargestellt.

Von den an dieser Säge zur Ausführung gebrachten Versuchen beziehen sich Nr. 1 und 11 auf den Leergang derselben, die zwischenliegenden auf den Arbeitsgang unter Zuschiebung des Arbeitsstücks von Hand; bei Nr. 10 wurde ein Fichtenblock quer durchgeschnitten, rechtwinklig zum Faserlauf; bei den übrigen Versuchen lief die Schnittfläche den Fasern parallel und zwar bezog sich Vers. Nr. 2 und 3 auf trocknes Fichtenholz, 4 und 5 auf Erlenholz, 6 und 7 auf Rothbuche, 8 und 9 auf Eschenholz. Die speziellen Ergebnisse sind in folgender Tabelle enthalten:

Nr. des Versuches	Dauer desselben Min.	Umdrehungen pro Min. am Dynameter n	Umdrehungen pro Min. der Säge $n_1 = 2{,}79\,n$	Schnitthöhe Mm.	Schnittlänge pro Sec. Mm.	Schnittfläche in □Decim. pro Secunde, für $n_1 = 1200$ Umdreh. der Säge pro Minute	Federspannung in Kilogr. S	Widerstand am Halbm. 1^m^ der Säge in Kilogr. $\Phi = 0{,}00851\,S$	Arbeitsaufwand für $n_1 = 1200$ Umdreh. der Säge pro Min. in Met.-Kil. pro Sec. $A = 125{,}6\,S$	Arbeitsaufwand in Pferdest. $N = \frac{A}{75}$
1	$^1/_2$	420	1172	—	—	—	(B,a) 60	0,511	64,18	0,85
2	$^1/_2$	412	1149	187	30,2	0,578	205	1,74	218,54	2,91
3	$^1/_2$	414	1155	187	35,0	0,684	230	1,96	246,18	3,28
4	$^1/_4$	416	1161	175	31,0	0,561	250	2,13	267,53	3,57
5	$^1/_4$	400	1116	175	35,0	0,659	240	2,04	256,22	3,42
6	$^1/_2$	414	1155	118	37,7	0,462	205	1,74	218,54	2,91
7	$^1/_2$	402	1122	118	40,5	0,511	205	1,74	218,54	2,91
8	$^1/_2$	406	1133	188	20.2	0,402	320	2,72	341,63	4,56
9	$^1/_2$	406	1133	188	18,3	0,372	300	2,55	320,28	4,27
10	$^1/_4$	480	1339	185	15,4	0,255	200	1,70	213,53	2,85
11	$^1/_2$	424	1183	—	—	—	40	0,340	42,70	0,57

Für den Leergang dieser Säge ist daher an Betriebskraft erforderlich

$$N_0 = \frac{0{,}85 + 0{,}57}{2} = 0{,}72 \text{ PS}$$

Für den Zusammenhang zwischen Zuschiebung und Nutzarbeit ergeben sich die folgenden zusammengehörigen Durchschnittswerthe

Vers.-Nr und Holzart.	Relative Zuschiebung ζ	Schnittfläche pro Stde. F □^m^	Nutzarbeit $N - N_0$ PS	Nutzarbeit in PS pro 1 □^m^ Schnittfläche in der Stde. $\varepsilon = \frac{N - N_0}{F}$
2 u. 3 (Fichte II)	$\frac{1}{1084}$	22,7	2,37	0,104
4 u. 5 (Erle II)	$\frac{1}{1059}$	22,0	2,77	0,126
6 u. 7 (Rothbuche II)	$\frac{1}{894}$	19,3	2,19	0,113
8 u. 9 (Esche II)	$\frac{1}{1810}$	14,0	3,70	0,264
10 (Fichte +)	$\frac{1}{2668}$	9,18	2,13	0,232

Die Versuche bestätigen wieder die schon gemachte Bemerkung, dass der specifische Arbeitsaufwand für die hier angewendete Schnittgeschwindigkeit ($v = 36{,}82^m$ pro Sec.) erheblich kleiner ausfällt, als für die bei den Gattersägen übliche geringere Geschwindigkeit der Säge; denn würde man für trocknes Fichtenholz aus den Werthen

$$s = 2{,}85 \text{ und } \mathfrak{z} = \frac{1}{1084}$$

den Werth ε nach der für Gattersägen (bei $v = 2{,}48^m$) ermittelten Formel (20)

$$\varepsilon = 0{,}046 + \frac{0{,}000224 \cdot s}{\mathfrak{z}}$$

berechnen, so würde sich

$$\varepsilon = 0{,}738 \text{ PS statt } \varepsilon = 0{,}104 \text{ PS}$$

ergeben. Grosse Umfangsgeschwindigkeit der Säge ist daher sehr vortheilhaft.

Der Einfluss verschiedengrosser Zuschiebung ist bei dieser Säge nicht weiter ermittelt worden, weil bei der Zuschiebung von Hand ausschliesslich das Gefühl des Arbeiters die Grösse derselben bestimmt.

In Berücksichtigung der Grösse der Zahntheilung (22,4) und der Schnittfugenbreite $s = 2{,}85^{mm}$ ergeben sich noch folgende zusammengehörige Werthe der Spahndicke und des Spahnvolumens pro Pferdest. Nutzarbeit und pro Stunde.

Holzgattung und Schnittrichtung	Relative Zuschiebung $\mathfrak{z}$	Spahndicke $\sigma = 22{,}4 \cdot \mathfrak{z}$ Millim.	Arbeitswerth ε PS	Spahnvol. pro Pferdest. und Stunde $V = \frac{0{,}00285}{\varepsilon}$ Kb^m
Fichte ‖	$\frac{1}{1084}$	0,021	0,104	0,027
Fichte +	$\frac{1}{2668}$	0,0084	0,232	0,012
Rothbuche ‖	$\frac{1}{894}$	0,025	0,113	0,025
Erle ‖	$\frac{1}{1059}$	0,021	0,126	0,023
Esche ‖	$\frac{1}{1810}$	0,012	0,264	0,011

8. Kreis-Säge ED für Holz

von Joh. Zimmermann.

Diese Säge ist von gleicher Anordnung wie die vorige, jedoch von grösseren Dimensionen; Länge des Tisches 1700, Breite 850. Die Zahnform ist in Fig. 8 der Taf. II in voller Grösse dargestellt. Die Zapfendurchmesser der Sägenwelle sind 44 und 71^{mm}.

Von den zur Ausführung gelangten Versuchen, deren Ergebnisse die folgende Tabelle zeigt, beziehen sich der erste und letzte auf den Leergang, Nr. 2—5 auf das Schneiden von Fichtenholz in der Richtung des Faserlaufs, Nr. 12 auf Fichtenholz rechtwinklig zum Faserlauf; Nr. 6 und 7 auf Erlenholz,

8 und 9 auf Rothbuche, 10 und 11 auf Esche, die letzteren sechs Versuche bei paralleler Lage des Schnittes zum Faserlauf; die Blockzuschiebung geschah durch die Hand eines Arbeiters.

Nr. des Versuches	Dauer d. Versuches Sec.	Umdrehungen am Dynamometer pro Min. n	Umdrehungen der Säge pro Min. $n_1 = 2{,}09\,n$	Schnitthöhe Mm.	Zuschiebung in Mm. pro Sec.	Schnittfläche pro Sec. in □ Dezim. pro Secunde bei $n_1 = 850$.	Federspannung in Kilogr. S	Widerstand am Halbm. 1ᵐ der Säge in Kilogr. $\Phi = 0{,}0108\,S$	Arbeitsaufwand für $n_1 = 850$ Umdreh. pro Min. in Sec.-Met.-Kil. $A = 89{,}0\,\Phi$	Arbeitsaufwand in Pferdest. $N = \frac{A}{75}$
1	30	420	878	Leergang			(C,a) 95	1,026	91,3	1,22
2	30	416	869	287	20,4	0,573	420	4,54	404,1	5,52
3	30	414	865	287	21,0	0,592	410	4,43	394	5,26
4	30	408	853	182	38,6	0,700	450	4,86	432,5	5,77
5	30	400	836	182	45,0	0,833	440	4,75	423	5,64
6	15	396	828	175	36,3	0,652	400	4,32	384	5,13
7	15	396	828	175	30,7	0,552	325	3,51	312	4,18
8	15	384	803	118	63,7	0,796	465	5,02	446,8	5,96
9	20	393	821	118	64,8	0,792	510	5,51	490	6,54
10	30	—	—	188	23,7	0,462	520	5,62	500	6,67
11	30	392	819	188	21,3	0,416	490	5,29	471	6,28
12	10	438	915	202	22,5	0,422	260	2,81	250	3,33
13	30	424	886	Leergang			90	0,972	86,5	1,15

Hiernach erfordert der Leergang dieser Säge

$$N_0 = \frac{1{,}22 + 1{,}15}{2} = 1{,}18 \text{ PS.}$$

Als Mittelwerthe der auf die verschiedenen Hölzer bezüglichen Ergebnisse berechnen sich die folgenden Zahlen:

Vers.-Nummer und Holzart	Relative Zuschiebung ζ	Schnittfläche pro Stde. in □ᵐ. F	Nutzarbeit $N - N_0$ PS	Nutzarbeit in PS pro 1 □ᵐ Schnittfläche pro Stde. $\varepsilon = \frac{N - N_0}{F}$
2—5 (Fichte ∥)	$\frac{1}{1250}$	24,3	4,37	0,180
6—7 (Erle ∥)	$\frac{1}{1130}$	21,7	3,48	0,161
8—9 (Rothbuche ∥)	$\frac{1}{585}$	28,6	5,07	0,177
10—11 (Esche ∥)	$\frac{1}{1660}$	15,8	5,30	0,336
12 (Fichte +)	$\frac{1}{1850}$	15,2	2,25	0,148

Die Werthe von ε sind bei dieser Säge mit Ausnahme desjenigen für Fichte quer bei Vers. Nr. 12, der wegen seiner kurzen Dauer nicht sehr sicher scheint, merklich grösser, als bei der vorher behandelten Säge, was der grösseren Schnittbreite (5,50 statt 2,85 mm) zuzuschreiben sein wird.

Berechnet man noch mit Rücksicht auf die Zahntheilung (39,6) den Zusammenhang zwischen Spahndicke und Spahnvolumen pro Pferdestärke Nutzarbeit und Stunde, so ergeben sich folgende Resultate:

Holzgattung und Schnittrichtung	Relative Zuschiebung ζ	Spahndicke $\sigma = 39{,}6 \cdot \zeta$ Millim.	Arbeitswerth ε PS	Spahnvol. pro PS und Stunde $V = \frac{0{,}0055}{\varepsilon}$ Kbm.
Fichte |	$\frac{1}{1250}$	0,032	0,180	0,031
Fichte +	$\frac{1}{1850}$	0,021	0,148	0,037
Erle ||	$\frac{1}{1130}$	0,035	0,161	0,034
Rothbuche ||	$\frac{1}{585}$	0,068	0,177	0,031
Esche ||	$\frac{1}{1600}$	0,024	0,336	0,016

Berechnet man aus den beiden auf Kreissägen für Holz bezüglichen Versuchsreihen die Mittelwerthe der bei den einzelnen Holzarten gefundenen Werthe von $\mathfrak{V}$, so erhält man:

Holzgattung und Schnittrichtung	Spahnvolumen pro Pferdest. Nutzarbeit u. Stunde $\mathfrak{V}$ Kbm
Fichte |	0,029
Fichte +	0,025
Erle	0,028
Rothbuche	0,028
Esche ||	0,0135

Da hiernach nur für Eschenholz ein wesentlich anderer Werth sich ergiebt als für die übrigen Holzarten, so kann man für die letztern (Fichte, Erle, Rothbuche) den gemeinsamen Mittelwerth $\mathfrak{V} = 0{,}028$ als zutreffend annehmen. Ermittelt man daher für irgend eine andre Kreissäge aus Schnittfläche und Schnittbreite das Holzvolumen V in Kubikmeter, welches pro Stunde in Spähne verwandelt wird, so kann man zur Berechnung der Nutzleistung auch der einfachen Formel

$$N_1 = \frac{V}{v} \tag{31}$$

sich bedienen, worin für Fichte, Erle, Rothbuche

$$v = 0{,}028,$$

für Esche

$$v = 0{,}0135$$

zu setzen ist.

Leitet man noch aus beiden Versuchsreihen die Näherungsformel für die Leergangsarbeit

(32) $$N_0 = \frac{U \,.\, D}{800000} \text{ PS}$$

ab, worin

U die Umdrehungszahl der Säge pro Min. und
D den Sägenblattdurchmesser in Millim.

bezeichnet, so erhält man als allgemein giltige, bis auf weiteres zu gebrauchende Formel für die Betriebskraft von Kreissägen, bei denen die Zuschiebung von Hand erfolgt

(33) $$N = \frac{U \,.\, D}{800000} + \frac{V}{v} \text{ PS},$$

oder wenn

s die Schnittbreite in Millim.
F die Schnittfläche in □^{m} pro Stunde

bezeichnet:

(34) $$N = \frac{U \,.\, D}{800000} + \frac{s \,.\, F}{1000 \,.\, v} \text{ PS},$$

worin

für harte Hölzer $v = 0{,}014$
für weiche Hölzer $v = 0{,}028$

zu setzen ist. Die Formel ergiebt z. B. für

$D = 610 \quad U = 480 \quad s = 4 \quad F = 15$
$N = 0{,}366 + 4{,}286 = 4{,}652$ PS für harte Hölzer
$B = 0{,}366 + 2{,}143 = 2{,}509$ PS für weiche Hölzer

Die hier benutzte Beziehung zwischen Spahnvolumen und Nutzarbeit lässt sich auch in der Form darstellen, dass man den Arbeitswerth angiebt, welcher für ein stündliches Spahnvolumen von 1 Kb^m erforderlich ist; dieser Werth berechnet sich

für harte Hölzer zu $\varepsilon' = \frac{1}{V} = 71{,}4$ PS

für weiche Hölzer zu $\varepsilon' = \frac{1}{V} = 35{,}7$ PS,

worauf die Formel der totalen Betriebskraft einer Kreissäge auch in der Gestalt darzustellen ist

(35) $$N = N_0 + \varepsilon' \, V \text{ PS},$$

worin V das zu beobachtende stündliche Spahnvolumen in Kb^m bezeichnet.

9. Kreis-Säge LF für heisses Eisen

von Joh. Zimmermann.

Die Einrichtung dieser Säge ergiebt sich aus den Figuren 9 und 10, Taf. II; die Verzahnung ist in Fig. 11 in voller Grösse dargestellt. Die Zapfen der Sägenwelle sind 120 lang, 60 dick. Das Blatt ist aus Eisenblech gemacht.

Bei den Versuchen wurden Stäbe von Schmiedeeisen und Stahl in rothglühendem Zustand zerschnitten, wobei das Arbeitsstück während der Zuschiebung ein oder zweimal gewendet wurde. Versuch Nr. 4 ist unsicher, da während desselben der Treibriemen sich auffallend lockerte. Die folgende Tabelle enthält die beobachteten Daten:

Nr. des Versuches	Dauer d. Versuches Min.	Umdrehungen pro Min. am Dynamometer n	der Vorgelegswelle $n_1 = 1{,}073\,n$	der Säge $n_2 = 4{,}25\,n_1$	Federspannung in Kil. S	Widerstand am Halbm. 1m der Vorgelegswelle $\Phi = 0{,}0217\ S$	Arbeitsaufwand bei $n_2 = 1000$ minutl. Umdr. der Säge: Met.-Kil. pro Sec. $A = 24{,}6\ \Phi$	Pferdest. $N = \frac{A}{75}$	Bemerkungen
1	1	244	261,8	1113	(D,b) 88	1,910	47,0	0,62	Leergang
2	1′ 23″	246	264,0	1122	516	11,20	275,6	3,68	Rothwarmer Rundstahl von 96 mm
3	1′ 15″	216	231,8	985	590	12,80	314,8	4,20	Rothwarmes Rundeisen von 126 mm Durchm.
4	3′ 10″	236	253,2	1076	609	13,22	325,2	4,34	Quadrateisen von 96 mm Seite
	Treibriemen straffer gespannt								
5	1′ 29″	216	231,8	985	694	15,06	370,4	4,94	Flacheisen von 180 × 65 mm
6	1′	217	232,8	989	660	14,32	352,2	4,70	Rundeisen von 105 mm Durchm.

Lässt man den Versuch Nr. 4 ausser Betracht, so ergeben sich die folgenden zusammengehörigen Werthe von Schnittfläche pro Stunde und aufgewendeter Nutzleistung

Nr. des Vers.	Material	Schnittfläche pro Stunde F □m	Nutzleistung in Sec.-Met.-Kil.	Nutzleistung pro 1 □m Schnittfläche pro Stunde Sec.-Met.-Kil.	PS
2	Stahl	0,280	228,6	816	10,9
3	Schmiedeeisen	0,597	267,8	448	5,97
5	„	0,479	323,4	675	9,01
6	„	0,528	305,2	578	7,71

Man kann hiernach annehmen, dass für eine stündliche Schnittfläche von 1 □m an Nutzarbeit aufzuwenden ist

bei rothglühendem Stahl 10,9 PS
bei rothglühendem Eisen 7,56 „

wonach die in der tabellarischen Zusammenstellung der Resultate angegebene Formel ihre Berechtigung findet.

F.

Ermittelt man noch für die beiden benutzten Materialien mit Rücksicht auf die Zahntheilung der Säge (22,6) die Spahndicke und mit Rücksicht auf die Schnittbreite (3,5) das in Spähne verwandelte Materialvolumen, so erhält man folgende Beziehungen:

Material	Zuschiebung pro Sec. z' mm	Zuschiebung relativ ζ	Spahndicke $\sigma = \zeta \cdot 22{,}6$ mm	Arbeitswerth ε PS	Spahnvolumen pro PS u. Stunde $v = \frac{0{,}0035}{\varepsilon}$ Kbm
Stahl	1,03	$\frac{1}{38000}$	0,00058	10,9	0,000321
Eisen	1,84	$\frac{1}{21700}$	0,00104	7,56	0,000463

Hiernach beträgt die Härte des rothglühenden Stahls das 1,44fache derjenigen des Schmiedeisens und das 87,2fache der des Fichtenholzes.

Im Interesse der Vergleichung mit andern später zu behandelnden Werkzeugmaschinen kann es von Nutzen sein, die beiden Zahlen der letzten Columne auf Gewicht *) zu reduziren: mit einem Arbeitsquantum von einer Pferdestärke (Nutzleistung) wird auf dieser Säge in Spähne verwandelt ein Gewicht von

2,40 k bei Stahl und
3,47 k bei Eisen.

Diese Werthe sind — der geringen Spahndicke entsprechend — im Vergleich zu den bei andern Maschinen erhaltenen sehr niedrig.

10. Holz-Zerkleinerungs-Maschine BI

von Joh. Zimmermann in Chemnitz.

Diese Maschine bewirkt die complete Zerkleinerung des Brennholzes unter Verwendung elementarer Betriebskraft; sie ist laut Preiscourant für „Dienstmann-Institute, Holzhöfe und Holzhandlungen“ bestimmt. In den Jahren 1864—70 bildete sie den Gegenstand eines sächsischen Erfindungspatents. Auf Taf. II ist in den Figuren 12 und 13 ihre Anordnung in $\frac{1}{20}$ der wahren Grösse skizzirt; S_1 die Säge zum Querabschneiden der Scheite, S_2 der Spalter, dessen wahre Form in Fig. 14 in $\frac{1}{10}$ der wirkl. Grösse besonders dargestellt ist; A_1 A_2 das Arbeitsstück in den beiden zugehörigen Positionen; dessen Führung erfolgt von Hand, so dass ausser der Mannschaft für das Herzu- und Hinwegschaffen des Holzes zwei Mann für die Bedienung der Maschine erforderlich sind.

Von den zur Ausführung gebrachten 6 Versuchen beziehen sich Nr. 1 und 6 auf den Leergang, die übrigen auf den Arbeitsgang, jedoch so, dass bei Nr. 2 und 3 allein die Säge arbeitete, auf welcher ohne Unterbrechung fichtene Rundhölzer von 135 Dicke quer durchschnitten wurden, wobei das Spaltwerk leer mitlief, bei Nr. 4 und 5 dagegen nur das Spaltwerk die vorher auf eine

---

*) Die Dichte beider Materialien zu 7,5 gerechnet.

Länge von 220 geschnittenen Scheite spaltete (mit 44mm Tiefe des Eindringens), wobei die Säge leerging. Die Spielzahl des Spalters wurde direct beobachtet; jedoch erscheinen die so erhaltenen Werthe nicht ganz zuverlässig.

Die gesammten Beobachtungsdaten giebt folgende Tabelle:

		1	2	3	4	5	6
Nr. des Versuchs		1	2	3	4	5	6
Dauer desselben, Min.		1	1	1	1	1	$^3/_1$
Umdrehungszahl pro Min.	Am Dynam. u	220	218	221	221	223	205
	d. Vorgelegswelle $u_1 = 1{,}42 \,.\, u$	312	310	314	314	317	291
	d. Kreissäge $u_2 = 4 \,.\, 4{,}93\, u_1$	1538	1528	1548	1548	1563	1435
Spielzahl des Spalters pro Min.		175	173	163	166	185	177
Federspannung S^k	(C,a)	115	195	190	160	110	100
Widerstand am Halbm. 1m d. Vorgelegswelle $L = 0{,}016 \,.\, S^k$		1,84	3,12	3,04	2,56	1,76	1,60
Arbeitsaufwand bei $u_1 = 300$ Umdr. d. Vorgelegswelle	in Sec.-Met.-Kil. $A = 31{,}4 \,.\, \Phi$	57,8	98,0	95,5	80,4	55,3	50,2
	in PS $N = \frac{A}{75}$	0,77	1,31	1,27	1,07	0,74	0,67

Hiernach ergiebt sich als Betriebskraft für den Leergang der ganzen Maschine

$$N_0 = 0{,}72 \text{ PS},$$

für den Nutzeffekt der Säge

$$N_1' = 1{,}29 - 0{,}72 = 0{,}57 \text{ PS},$$

endlich für den Nutzeffekt des Spalters

$$N_1'' = 0{,}91 - 0{,}72 = 0{,}19 \text{ PS},$$

so dass die für den completen Arbeitsgang erforderliche Betriebskraft zu

$$N = 0{,}72 + 0{,}57 + 0{,}19 = 1{,}48 \text{ PS}$$

anzusetzen ist. Die Produktion der Maschine ergab sich bei diesen Versuchen zu

$$F_1 = 4 \square^m \text{ Sägenschnittfläche und}$$
$$F_2 = 200 \square^m \text{ Spaltfläche pro Stunde,}$$

wonach für eine stündliche Produktion von

1 □m Sägenschnittfläche ein Arbeitswerth von $\varepsilon_1 = 0{,}142$ PS
1 □m Spaltfläche „ „ „ $\varepsilon_2 = 0{,}001$ PS

zu rechnen ist, demnach als Formel für die totale Betriebskraft

(36) $$N = 0{,}72 + 0{,}142 \,.\, F_1 + 0{,}001 \,.\, F_2 \text{ PS}$$

zu benutzen sein wird, so lange die Maschine nur weiches Holz zu sägen und zu spalten hat.

C. Hobelmaschinen.

11. Grubenhobelmaschine D

von Rich. Hartmann.

Grösste Hobelmaschine des Hartmann'schen Etablissements; vgl. Fig. 1—3 auf Taf. III. Vier Stähle sitzen mit ihren Supports an einem gemeinsamen Schlitten *S*, der auf zwei parallelen Wangen *W W* gleitet; zwischen diesen Wangen befindet sich eine Grube für hohe Arbeitsstücke, in welche Ständer zur Befestigung der Aufspanntische *T* eingelassen sind. Der Schlitten *S* hat auf beiden Seiten je zwei horizontal, vertical und schiefwinklig selbstthätige Supports, sowie Vorrichtung zum selbstthätigen Heben der Meisel beim Rücklauf. Der Antrieb vom Deckenvorgelege *D* aus (s. Fig. 3) auf die Antriebwelle *A* geschieht mittels einfachen Riemens und zwar so, dass bei Benutzung der Scheibe R_1 und des Rädertraktes *a b c* der Vorwärtsgang des Supportschlittens erfolgt, bei Benutzung der Scheibe R_1 und der Räder *d e* der langsame Rückgang, endlich bei Benutzung der Scheibe R_2 und der Räder *f g* (letzteres in die punktirte Lage verschoben) der schnelle Rückgang; bei Anwendung des langsamen Rückgangs können alle vier Stähle arbeiten, beim schnellen Rückgang nur zwei. In allen Fällen wird die Rotation der Nutenwelle *N* durch Schraube und Schraubenrad *s* auf eine im Schlitten *S* gelagerte Hülfsaxe übertragen und von hier aus durch Getriebe und Zahnstangen (letztere fest an den Wangen *W*) in die fortschreitende Schlittenbewegung umgesetzt. Mit Rücksicht auf die in Fig. 3 eingeschriebenen Zähnezahlen und Scheibendurchmesser berechnet sich für die normale Umdrehungszahl $n_1 = 100$ der Vorgelegswelle die Geschwindigkeit des Supportschlittens

beim Vorwärtsgang

$$v_1 = \frac{100}{60} \cdot \frac{660}{640} \cdot \frac{19}{40} \cdot \frac{1}{17} \cdot 20 \cdot 50 = 48{,}0^{mm} \text{ pro Sec.}$$

beim langsamen Rückwärtsgang

$$v_2 = \frac{100}{60} \cdot \frac{660}{640} \cdot \frac{21}{40} \cdot \frac{1}{17} \cdot 20 \cdot 50 = 49{,}4^{mm} \quad ,, \quad ,,$$

beim schnellen Rückgang

$$v_3 = \frac{100}{60} \cdot \frac{660}{640} \cdot \frac{32}{32} \cdot \frac{1}{17} \cdot 20 \cdot 50 = 101{,}1^{mm} \quad ,, \quad ,,$$

Mit dieser Hobelmaschine wurden 7 Versuche gemacht; Nr. 1—3 bei langsamem, Nr. 4—7 bei schnellem Rücklauf des Supports; Nr. 1, 4 und 5 bezogen sich auf den Leergang, die übrigen auf den Arbeitsgang; bei letztern wurde die obere Seite eines grossen Drehbankbettes zum ersten Mal abgehobelt; die Schnittlänge betrug bei Vers. Nr. 2 und 3 $6{,}1^m$, bei Nr. 6 und 7 $3{,}1^m$, die totale Supportschiebung beziehentlich 7,0 und $4{,}0^m$. Bei diesen 4 Versuchen waren immer zwei Stähle gleichzeitig im Gange; die Form derselben ergiebt sich aus Fig. 4 und 5 der Taf. III; Schneidwinkel 68°; Anstellungswinkel 4°. Die bei Vers. Nr. 3 erhaltene Spahnform zeigt Fig. 12 Taf. III in natürlicher Grösse.

Alle übrigen Beobachtungsdetails ergeben sich aus folgender Uebersicht:

Nr. des Vers.	1	2	3	4	5	6	7
Dauer dess. in Min.	6	3	3,5	2	2	1,25	2
Umdr. pro Min. am Dynam. $u =$	147,4	159,7	142,3	177	182,5	177,6	169
Umdr. pro Min. a. d. Vorgelegswelle $u_1 = \frac{2}{3} u$	98,3	106,5	94,9	118	121,7	118,4	112,7
Geschwk. d. Supports in Mm. pro Sec. beim Vorgang	47,3	51,3	45,7	56,8	58,6	57,0	54,2
Geschwk. d. Supports in Mm. pro Sec. beim Rückgang	48,8	52,9	47,1	119,8	123,6	120,2	114,4
Schnittbreite in Mm. *)	0	0,75	0,75	0	0	0,75	0,75
Schnitthöhe „ „ **)	0	6,1	5,0	0	0	5,0	?
Mittl. Federspannung in Kil. $S = (D,b)$	150	374	301	177	223	425	245
Widerstand am Halbm. 1^m der Vorgelegeswelle $\Phi = 0{,}0349 \, . \, S =$	5,24	13,05	10,51	6,18	7,78	14,83	8,55
Arbeitsaufwand für $u_1 = 100$ Umdr. p. M. Sec.-Met.-Kil. $A = 10{,}47 \, . \, \Phi$	54,8	136,7	110,0	64,7	81,5	155,3	89,5
Arbeitsaufwand für $u_1 = 100$ Umdr. p. M. Pferdest. $N = \frac{A}{75}$	0,73	1,82	1,47	0,86	1,09	2,07	1,19

In Fig. 6 Taf. III sind von den Diagrammen der Versuche Nr. 5 und 6 die einem vollen Spiel des Supports entsprechenden Theile dargestellt; auffallend ist hier die enorme Steigerung des Widerstands während der Umsteuerung des Supports; so beträgt bei Vers. Nr. 5 (Leergang) der mittlere Widerstand S

beim Vorgang	150^k
beim Rückgang	250^k
während der Umsteuerung	828^k;

die Dauer dieser Umsteuerung ergiebt sich aus dem Diagramm zu 4,7 Sec, entspricht also 4,6 Umdr. der Vorgelegswelle und das gesammte zu einer Umsteuerung nöthige Arbeitsquantum beläuft sich auf 1420^{mk}, oder mit Rücksicht auf die Zeit: die Maschine erfordert während der Umsteuerung eine Betriebskraft von 4,03 PS, während übrigens für den Leergang erforderlich ist

beim Vorgang des Supports	0,73 PS
beim schnellen Rückgang desselben	1,22 „

Hiernach würde der genaue Werth der Betriebskraft für den Leergang

*) Diese Bezeichnung wird — zum Unterschied von der eigentlichen Spahnbreite — im Folgenden immer für die Querversetzung des Stahls pro Schnitt gebraucht.

**) Schnitthöhe — statt Spahndicke — wird hier die normale Zuschiebung des Stahls nach Vollendung jeder Schicht genannt; die mittlere Spahndicke ist beim Schruppstahl immer kleiner, als die Schnitthöhe.

(bei schnellem Rücklauf) für eine gegebene totale Verschiebungsgrösse L^{mm} (die mit der Länge des Arbeitsstücks sich verändert), da

$\frac{L}{48}$ die Zeit für den Vorgang

$\frac{L}{101}$ die Zeit für den Rückgang

4,7 die Zeit für die Umsteuerung ist,

sich nach der Formel

$$(37) \qquad N_0 = \frac{0{,}73 \cdot \frac{L}{48} + 1{,}22 \cdot \frac{L}{101} + 4{,}03 \cdot 4{,}7}{\frac{L}{48} + \frac{L}{101} + 4{,}7} \text{ PS}$$

berechnen, also z. B. für $L = 7000$

$$N_0 = \frac{0{,}73 \cdot 146 + 1{,}22 \cdot 69{,}4 + 18{,}9}{146 + 69{,}4 + 4{,}7} = \frac{210}{220} = 0{,}96 \text{ PS}$$

und für $L = 4000$

$$N_0 = \frac{0{,}73 \cdot 83{,}3 + 1{,}22 \cdot 39{,}6 + 18{,}9}{83{,}3 + 39{,}6 + 4{,}7} = 1{,}03 \text{ PS.}$$

Für die am häufigsten vorkommenden Werthe von L kann daher bei schnellem Rücklauf der Arbeitsverbrauch des Leergangs, wie in Zusammenstellung *I* geschehen, zu $1{,}_{00}$ PS angenommen werden.

Bei den Versuchen Nr. 2, 3 und 6 waren die gesammten abgehobelten Spähne gesammelt und gewogen worden; mit Rücksicht auf die Dauer dieser Versuche ergaben sich hieraus die folgenden zusammengehörigen Werthe des Spahngewichts pro Stunde und der auf das Abhobeln kommenden Nutzarbeit:

Nr. des Vers.	Spahngewicht pro Stunde G^k	Nutzarbeit $N-N_0$ PS	Nutzarbeit pro 1^k Spahngewicht in der Stunde $\varepsilon = \frac{N-N_0}{G}$
2	8,04	1,09	0,136 PS
3	5,66	0,736	0,130 „
6	8,11	1,07	0,132 „

Als Mittelwerth für ε bei Gusseisen und bei Abhoblung der Gusshaut ergiebt sich daher

$\varepsilon = 0{,}133$ PS bei $f = 4{,}02 \; \square^{mm}$ mittlerem Spahnquerschnitt,

wonach die in Tabelle *I* enthaltene Formel

$$(38) \qquad N = 1{,}00 + 0{,}133 \cdot G \text{ PS}$$

sich rechtfertigt.

Der bei den Versuchen angewendete Hobelstahl ist in Fig. 4 und 5 Taf. III in voller Grösse dargestellt; Fig. 4 zeigt den Gesammtquerschnitt von 10 nach einander folgenden Spähnen in dichterer Schraffirung.

12. Hobelmaschine CA

von Joh. Zimmermann.

Grösste der untersuchten Hobelmaschinen mit beweglichem Tisch; die Figuren 6 und 7 auf Taf. III zeigen die Anordnung derselben in $\frac{1}{30}$ der wirklichen Grösse; Fig. 8 zeigt die Antriebmechanismen mit eingeschriebenen Scheibendurchmessern und Zähnezahlen. Mit Beziehung hierauf ergiebt sich für die normale Umdrehungszahl der Vorgelegswelle (100 pro Min.) die Tischgeschwindigkeit beim Vorwärtsgang (Schnittgeschwindigkeit)

$$v_1 = \frac{100}{60} \cdot \frac{428}{709} \cdot \frac{17}{57} \cdot \frac{19}{48} \cdot 11 \cdot 50 = 65^{mm} \text{ pro Sec.},$$

sowie diejenige beim Rücklauf

$$v_2 = \frac{100}{60} \cdot \frac{428}{709} \cdot \frac{13}{48} \cdot 11 \cdot 50 = 149^{mm} \text{ pro Sec.},$$

wonach

$$v_2 = 2{,}3 \,.\, v_1$$

sich ergiebt. Die hier angewendete Schnittgeschwindigkeit wird für zu gross gehalten und es sollen daher die Maschinen dieser Art in Zukunft mit einem veränderten Antrieb-Apparat (ohne Vorgelegswelle) ausgeführt werden, dessen Detail aus folgender Aufstellung sich ergiebt:

$$v_1 = \frac{100}{60} \cdot \frac{16}{82} \cdot \frac{15}{56} \cdot \frac{24}{53} \cdot 14 \cdot 50 = 27{,}6^{mm} \text{ pro Sec.}$$

$$v_2 = \frac{100}{60} \cdot \frac{15}{56} \cdot \frac{24}{53} \cdot 14 \cdot 50 = 141{,}5^{mm} \text{ pro Sec.},$$

so dass nunmehr

$$v_2 = 5{,}1 \,.\, v_1$$

sich berechnet.

Im Lauf der Versuche wurde bei $5{,}07^{m}$ Tischverschiebung direct beobachtet

die Zeit des Vorwärtsganges t_1 =	96	110	111	Sec.
„ „ „ Rückganges t_2 =	46	50	53	„ ,
daher der Quotient $\frac{t_1}{t_2} = \frac{v_2}{v_1} =$	2,9	2,2	2,11.	

Bei den Versuchen war eine gusseiserne Tischplatte einer Hobelmaschine eingespannt von $4{,}87^{m}$ Länge u. 85,5 Ctr. Gewicht; Vers. Nr. 1, 2 u. 10 beziehen sich auf den Leergang der Maschine (Stahl abgestellt), bei Nr. 7 wurde der Arbeitsverbrauch der Vorgelegswelle allein geprüft, die übrigen Versuche bezogen sich auf den Arbeitsgang und zwar hatte man bei Nr. 3—6 einen gewöhnlichen Schruppstahl von der in Fig. 9 in voller Grösse dargestellten Schneidenform (Schneidwinkel 58°, Anstellungswinkel 10°) eingespannt, bei Nr. 8 u. 9 einen angeschliffenen Rundstahl von 35 Dicke (Schneidwinkel 66°, Anstellungswinkel 8°), vgl. Fig. 10 Taf. III. Die Spahnform bei Vers. Nr. 6 u. 9 zeigt Fig. 13 derselben Tafel. Man gelangte zu folgenden Resultaten:

Nr. der Vers.	1	2	3	4	5	6	7	8	9	10
Dauer desselben	2'3"	2'8"	2'21"	2'40"	2'46"	2'48"	1'	1'58"	1'56"	3'
Umdr. pro Min. am Dyn. u = der	106	105	97,7	91,5	87,1	88,2	130	123	125	112
Umdr. pro Min. Vorgelegswelle u_1 =	85,5	84,4	79,1	73,9	70,4	71,3	105	99,5	101	90,5
Faktische Schnittgeschwindigkeit in mm	—	—	57,7	50,9	49,1	49,5	—	68,7	70,2	—
Schnittbreite in mm	—	—	1,37	1,37	1,37	1,37	—	1,37	1,37	—
Schnitthöhe in mm	—	—	11,3	14,5	16,0	15,9	—	15,7	15,0	—
Mittlere Federspannung in Kil. $S = (D, a)$	190	218	393	453	493	487	100	507	487	203
Widerstand am Halbm. 1m der Vorgelegswelle $\Phi = 0{,}0215 .\ S =$	4,09	4,69	8,45	9,74	10,6	10,5	2,15	10,9	10,5	4,36
Arbeitsaufwand für $u_1 = 100$ p. M. Sec.-Met.-Kil. $A = 10{,}5 .\ \Phi$	42,9	49,2	88,7	102	111	110	22,6	115	110	45,8
Arbeitsaufwand für $u_1 = 100$ p. M. Pferdest. $N = \frac{A}{75}$	0,57	0,66	1,18	1,36	1,49	1,47	0,30	1,53	1,47	0,61

Aus der Form der Diagramme ergiebt sich, dass auf die zu einem vollen Spiel gehörigen zwei Umsteurungen $\frac{1}{33}$ der gesammten Zeitdauer desselben zu rechnen ist, d. h. für normale Geschwindigkeit 3,6 Sec. oder 6 Umdr. der Vorgelegswelle, sowie dass die mittlere Federspannung beträgt

beim Vorwärtsgang	beim Rückgang	bei der Umsteurung
$S_1 = 147^k$	$S_2 = 318^k$	$S_3 = 370^k$

daher der Arbeitswerth beziehentlich

$$N_{01} = 0{,}44 \qquad N_{02} = 0{,}95 \qquad N_{03} = 1{,}11 \text{ PS},$$

wonach für jede andere Verschiebungsgrösse des Tisches als 5070 mm, die mit L mm bezeichnet werde, der mittlere Arbeitsbedarf sich berechnet zu

$$N_0 = \frac{0{,}44 .\ \frac{L}{65} + 0{,}95 .\ \frac{L}{149} + 1{,}11 .\ 3{,}6}{\frac{L}{65} + \frac{L}{149} + 3{,}6} \text{ PS},$$

oder zusammengezogen

$$N_0 = \frac{127{,}3 .\ L + 42188}{214 .\ L + 34866} \text{ PS.} \tag{39}$$

Die Formel zeigt, dass der Arbeitswerth für den Leergang nicht innerhalb weiter Grenzen sich verändert, denn es folgt für

$L = 2000$	$L = 6000$	$L = 10000$ mm
$N_0 = 0{,}64$	$N_0 = 0{,}61$	$N_0 = 0{,}60$ PS,

so dass in der Regel der durch vorliegende Versuche unmittelbar gefundene Werth (0,61) zu verwenden sein wird.

Die bei den Versuchen über Arbeitsgang abgehobelten Spähne wurden sorgfältig gesammelt und gewogen, was zu folgenden Ergebnissen führte:

Nr. des Vers.	Abs. Gewicht aller Spähne Gramm.	Spahngewicht für normale Geschwk. Gr. pro Sec.	Kgr. pro Stde.	Beobachtete Nutzarbeit $N - N_0$ PS.	Nutzarbeit pro 1k abgehobelte Spähne pro Stde. PS.
3	542	4,86	17,5	0,75	0,0326
4	694	5,87	21,1	0,75	0,0355
5	767	6,56	23,6	0,88	0,0373
6	763	6,52	23,5	0,86	0,0366
8	753	6,44	23,2	0,92	0,0397
9	719	6,15	22,1	0,86	0,0390

Als Mittelwerth der in der letzten Columne enthaltenen Zahlen ergiebt sich:

$$\varepsilon = 0{,}0368 \text{ PS bei } f = 20{,}2 \ \square^{mm} \text{ mittlerem Spahnquerschnitt,}$$

daher mit genügender Sicherheit für ein stündliches Spahngewicht von G^k der totale Arbeitsverbrauch vorstehender Hobelmaschine nach der Formel

$$N = 0{,}61 + 0{,}0368 . G \text{ PS} \tag{40}$$

zu berechnen sein wird, sofern die Bearbeitung von Gusseisen erfolgt.

Die Versuche sprechen nicht zu Gunsten der schräg abgeschliffenen Rundstähle, denn nach Vers. Nr. 3—6 erfordert bei gewöhnlichem Schruppstahl die Ablösung von 1k Spähnen per Stunde einen Arbeitswerth

$$\varepsilon_1 = 0{,}0355 \text{ PS,}$$

wogegen sich für den als Hobelzahn verwendeten Rundstahl der entsprechende Werth zu

$$\varepsilon_2 = 0{,}0394 \text{ PS}$$

berechnet, was nahezu 11% mehr ist. Hierbei hat man jedoch zu berücksichtigen, dass bei Vers. Nr. 8 und 9 die faktische Schnittgeschwindigkeit zufällig um nahe 15% grösser war, als bei Nr. 3—6, nämlich 69,5mm statt 51,8mm; die Frage über den kraftökonomischen Vortheil der Rundfläche ist also hiernach noch nicht endgiltig zu entscheiden*).

13. Hobelmaschine X

von Joh. Zimmermann.

Repräsentant einer mittelgrossen Hobelmaschine mit bewegtem Tisch; Anordnung ähnlich wie bei der vorher besprochenen *C.A* (Fig. 6 und 7 Taf. III.). Der Antrieb ergiebt sich nach Analogie aus den folgenden beiden zur Berechnung der Tischgeschwindigkeit zu benutzenden Formeln:

a) für den Vorwärtsgang (Schnittgeschwindigkeit)

$$v_1 = \frac{n_1}{60} \cdot \frac{429}{554} \cdot \frac{12}{19} \cdot \frac{12}{40} \cdot \frac{12}{36} \cdot 11 \cdot 42 = 54^{mm} \text{ für } n_1 = 170$$

---

*) In keinem Falle dürfte sich jedoch die Beobachtung Monbro's bestätigen (Génie industriel 1869, S. 85, Polyt Centralbl. 1869 S. 1483), wonach die angeschliffenen Rundstähle 25% Kraftersparniss erzielen sollen. Vergl. auch die Abhandlung von W. F. Smith on an improved tool and holder for turning and planing in den Proceedings der Institution of mechanical Engineers, Birmingham 1866, S. 238. Beide Beobachter bedienten sich einer Kraftmessungsmethode, bei welcher alles zu erhalten ist, was man wünscht.

b) für den Rücklauf des Tisches

$$v_2 = \frac{n_1}{60} \cdot \frac{429}{551} \cdot \frac{12}{40} \cdot \frac{12}{36} \cdot 11 \cdot 42 = 85^{mm} \text{ für } n_1 = 170.$$

Das Verhältniss dieser beiden Geschwindigkeiten ergiebt sich daher zu

$$\frac{v_2}{v_1} = \frac{85}{54} = 1{,}58.$$

Bei den Versuchen war eine gusseiserne Schiene von 1340 Länge aufgespannt und es betrug die Weglänge des Tisches 1520. Von den zur Ausführung gelangten 13 Versuchen, deren Ergebnisse in folgender Tabelle zusammengefasst sind, bezog sich Nr. 5 auf den Leergang; bei Nr. 1—4, 11—13 wurde ein gewöhnlicher Schruppstahl, bei Nr. 6—10 ein schräg geschliffener Rundstahl von 22,2 Dicke benutzt. Die Schnitthöhe wurde, wie die nebenstehende Tabelle zeigt, in den Grenzen 0,74 und 4,11, die Schnittbreite zwischen 0,80 und 1,63^{mm}, der Spahnquerschnitt zwischen 0,555 und 4,64$\square^{mm}$ verändert. Der Schneidewinkel des Stahls betrug bei Vers. Nr. 1—4 und 11—13 78°, bei Nr. 6—10 64°, der Anstellungswinkel beziehentlich 6° und 8°.

Aus den vorstehenden Versuchsergebnissen lassen sich die folgenden nähern Beziehungen zwischen Spahnquerschnitt und Spahngewicht pro Stunde einerseits und Betrag der Nutzarbeit andrerseits herleiten:

Nr. des Vers.	Querschnitt des abgeschnittenen Spahnes $f\,\square^{mm}$	Gewicht der pro Stunde abgelösten Spähne G^k	Nutzarbeit $N-N_0$ PS	Arbeitswerth für 1^k pro Stunde abgehobelte Spähne $\varepsilon = \frac{N-N_0}{G}$ PS
1	0,703	0,576	0,191	0,332
2	0,555	0,72	0,179	0,249
3	0,607	0,63	0,160	0,254
4	1,51	1,70	0,167	0,098
5	1,62	1,75	0,292	0,167
6	1,60	1,78	0,273	0,153
7	3,02	3,30	0,370	0,112
8	3,00	3,67	0,402	0,110
9	3,45	3,33	0,386	0,116
10	4,11	3,42	0,374	0,110
11	3,17	3,33	0,413	0,124
12	4,64	6,08	0,576	0,095

Man kann hieraus zunächst unter gleichmässiger Berücksichtigung aller Versuche als Durchschnittswerth für ε ableiten

$$\varepsilon = 0{,}160 \text{ PS};$$

jedoch lassen die Ergebnisse erkennen, dass der Werth ε um so kleiner wird, je grösser der Querschnitt des abgelösten Spahns ist und man kann dieselben daher benutzen, eine Beziehung zwischen ε und f aufzufinden. Würde man hierbei einen Ausdruck zu Grunde legen, welcher dem gesammten Vorgang beim Abhobeln der Spähne genau entspricht *), so erhielte man eine die

*) Vgl. Tresca über das Hobeln der Metalle im Polyt. Centralblatt 1872, S. 156; auch Dingler polyt. Journal Bd. 203, S. 348 aus Comptes rendus, tome LXXIII, p. 1307.

Nr. des Versuches	Dauer d. Versuches	Umdrehungen am Dynamometer	Umdrehungen der Vorgelegswelle	Spielzahl des Tisches	Geschwindigkeit des Tisches beim Schneiden	Schnitt-breite	Schnitt-höhe	Spahn-gewicht	Spahngewicht bei normaler Geschwindigkeit pro Sec.	Mittlere Federspannung S	Widerstand bei 1ᵐ Halbm. der Vorgelegswelle $\Phi = 0{,}0164\, S$.	Arbeitsaufwand bei normaler Umdrehung der Vorglgsw. ($n_1 = 170$) in Met.-Kil. pro Sec. $A = 17{,}8\, \Phi$	Arbeitsaufwand in Pferdest. $N = \frac{A}{75}$
	Min.	pro Min.	pro Min.	pro Min.	Mm. pro Sec.	Mm.	Mm.	Gramm	Gramm	Kil.			
1	4	120	170,4	1,575	54	0,95	0,74	38,5	0,16	(*D,b*) 119	1,952	34,75	0,463
2	4	108,3	153,8	2,0	49	0,75	0,74	43,5	0,20	116	1,902	33,86	0,451
3	4	114	161,9	1,53	51	0,82	0,74	40	0,175	111	1,820	32,40	0,432
4	4	95	134,9	1,525	43	0,82	1,84	90	0,172	113	1,853	32,98	0,439
5	2	89	126,4	1,50		Stahl abgestellt				70	1,148	20,43	0,272
6	4	115,6	164,2	1,83	52	0,88	1,84	112,5	0,485	145	2,378	42,33	0,564
7	1	118	167,6	1,88	53	0,80	2,00	116	0,491	140	2,296	40,87	0,545
8	2	127	180,3	2	57	1,63	1,85	116,5	0,917	165	2,706	48,17	0,642
9	4	116	164,7	1,88	52	0,73	4,11	237,5	1,022	173	2,837	50,50	0,674
10	2	124	176,1	1,88	56	0,84	4,11	114,8	0,925	169	2,772	49,34	0,658
11	3	123,3	175,1	1,67	55	1,00	4,11	176	0,950	166	2,722	48,45	0,646
12	3,33	125,5	178,2	1,95	56	0,77	4,11	193,5	0,924	176	2,886	51,37	0,685
13	2,17	121,2	172,1	1,87	54	1,13	4,11	222,5	1,690	218	3,575	63,64	0,848

praktische Benutzung ausschliessende Complication. Es muss daher ein einfacher algebraischer Ausdruck empirisch gewählt werden, der sich den gewonnenen Beobachtungs-Resultaten möglichst gut anschliesst; ein solcher ist

$$\varepsilon = \alpha + \frac{\beta}{f},$$

worin f den Querschnitt des abgehobelten Spahns, α und β constante (von Material und Stahlbeschaffenheit abhängige) Werthe bedeuten; die letztern zwei lassen sich leicht bestimmen, denn fasst man einerseits die Versuche Nr. 1—3 (bei sehr kleinem Spahnquerschnitt), andrerseits Nr. 8—13 (bei sehr grossem Spahnquerschnitt) zusammen, so erhält man als zusammengehörige Mittelwerthe von ε und f:

$$f = 0{,}622 \;\square^{mm} \quad \varepsilon = 0{,}278 \text{ PS}$$
$$f = 3{,}67 \;\;\text{„} \quad \varepsilon = 0{,}111 \text{ „ },$$

daher zur Bestimmung von α und β die beiden Gleichungen

$$0{,}278 = \alpha + \frac{\beta}{0{,}622}$$
$$0{,}111 = \alpha + \frac{\beta}{3{,}67}$$

sich darbieten, aus denen sich ergiebt

$$\alpha = 0{,}077, \quad \beta = 0{,}125,$$

daher der Arbeitsaufwand für stündliche Abhoblung von 1^k Gusseisenspähne vom Querschnitt $f \;\square^{mm}$ zu setzen ist

$$(41) \qquad \varepsilon = 0{,}077 + \frac{0{,}125}{f} \text{ PS.}$$

Hiernach ergiebt sich für den Spahnquerschnitt

$f =$	$\frac{1}{2}$	1	5	10	20 $\square^{mm}$ der zugehörige
Werth $\varepsilon =$	0,327	0,202	0,102	0,090	0,083 PS.

Es erübrigt noch, auf Fig. 11 der Taf. III hinzuweisen, wo die Diagramme zweier Versuche (Nr. 5 und 6, Leergang und Arbeitsgang) übereinander aufgetragen sind. Die oben unter Nr. 11 gemachten Bemerkungen finden auch hier ihre Bestätigung.

14. Hobelmaschine V

von Joh. Zimmermann.

Von dieser Maschine giebt Fig. 1 Taf. IV eine Vorderansicht, Fig. 2 eine Seitenansicht in $\frac{1}{10}$ der wirklichen Grösse; in Fig. 3 und 4 ist der Antriebmechanismus skizzirt, einschliesslich der Kurbelschwinge, welche in bekannter Art die Tischbewegung mit schnellem Rücklauf vermittelt. Nur die horizontale Versetzung des Stahls erfolgt automatisch und zwar durch Vermittlung der an dem Zahnrad 60 eingegossenen façonnirten Nut a, des Hebels $b\,c\,d$, der Schubstange $d\,e$, des Winkelhebels $c\,f\,g$, der Sperrklinke h und des Sperrrades i, das auf das Ende der Supportspindel $k\,k$ aufgesteckt ist.

Mit Rücksicht auf die in Fig. 3 eingeschriebenen Scheibendurchmesser und Zähnezahlen berechnen sich die drei den Stufenscheiben entsprechenden möglichen Werthe der minutlichen Spielzahl des Tisches

$$n_1 = 50 \cdot \frac{183}{511} \cdot \frac{12}{60} = 3{,}58$$
$$n_2 = 50 \cdot \frac{322}{380} \cdot \frac{12}{60} = 8{,}48$$
$$n_3 = 50 \cdot \frac{456}{253} \cdot \frac{12}{60} = 18{,}0$$

Während der Versuche betrug der Weg des Tisches 570; hierbei ergiebt sich aus den in Fig. 4 eingeschriebenen Dimensionen der Kurbelschwinge der dem halben Vorgang entsprechende Winkel $p\,o\,q = 114^0$, der dem halben Rückgang entsprechende $q\,o\,r = 66^0$. Bezeichnet man mit

s die Tischverschiebung
t die Zeit einer vollen Umdrehung
$v = \frac{2s}{t}$ die mittlere Tischgeschwindigkeit
t_1 die Zeit des Vorgangs
v_1 die mittlere Geschwindigkeit des Vorgangs
t_2 die Zeit des Rückgangs
v_2 die mittlere Geschwindigkeit des Rückgangs,

so ergiebt sich daher aus

$$t_1 : t = 114 : 180$$
$$t_1 = \frac{57}{90} \cdot t \text{ und } t_2 = \frac{33}{90} \cdot t, \text{ demnach}$$
$$v_1 = \frac{s}{t_1} = \frac{90}{57} \cdot \frac{s}{t} = \frac{45}{57} \cdot \frac{2s}{t} = 0{,}789 \cdot v$$
$$v_2 = \frac{s}{t_2} = \frac{45}{33} \cdot \frac{2s}{t} = 1{,}364 \cdot v \text{ und}$$
$$\frac{v_2}{v_1} = \frac{t_1}{t_2} = \frac{57}{33} = 1{,}73 \text{ oder } v_2 = 1{,}73 \,.\, v_1$$

Trotzdem dass hiernach die mittlere Geschwindigkeit des Rückgangs noch nicht das Doppelte von der des Vorgangs beträgt, erweist sich doch in Folge der grossen Ungleichförmigkeit der Tischbewegung, die diesem Mechanismus eigenthümlich ist, der Widerstand der Maschine während des Rücklaufs verhältnissmässig gross, wie aus den in Fig. 5 Taf. IV wiedergegebenen Diagrammen der Versuche Nr. 5 und 6 zu ersehen; die Curve L entspricht dem Leergang, die Curve A dem Arbeitsgang bei 0,17 □mm Spahnquerschnitt.

Von den zur Ausführung gelangten Versuchen beziehen sich Nr. 2 und 6 auf den Leergang, die übrigen auf den Arbeitsgang; bei Nr. 1 wurde ein gusseisernes Stück von 419 Schnittlänge, bei Nr. 3—5 ein solches von 504 Länge mittels eines Schruppstahls abgehobelt; derselbe hatte bei Nr. 1 einen Schneidwinkel von 75°, einen Anstellungswinkel von 10°, bei Nr. 3—5 hatten diese Winkel beziehentlich die Werthe 65° und 6°.

Die Versuchsresultate ergeben sich aus folgender Uebersicht:

Nr. des Versuchs	1	2	3	4	5	6
Dauer desselben Min.	3	1	3	3	3	1
Umdr. pro Min. am Dynamom. $n =$	47,3	50	51,7	53,3	38,3	51
Umdr. pro Min. der Vorgelegswelle $n_1 =$	50,8	53,8	55,6	57,3	41,2	54,8
Beobachtete Spielzahl des Tisches pro Min. =	3,67	4,25	4,08	7,58	6,83	9,00
Mittlere Schnittgeschwindigk. pro Sec. in Mm. $v_1 =$	55,1	63,8	61,2	114	103	135
Schnittbreite in Mm. =	0,73	—	0,53	0,55	0,54	—
Schnitthöhe in Mm. =	2,70	—	0,44	0,44	0,38	—
Gewicht der pro Sec. abgehobelten Spähne für normalen Gang in Gr. =	0,356	—	0,043	0,097	0,101	—
Mittlere Federspannung $S^k =$	(B, a) 160	80	90	160	(C, a) 200	150
Widerstand am Halbm. 1^m der Vorgelegswelle für $B, a : \Phi = 0,022 . S$ für $C, a : \Phi = 0,021 . S$	3,52	1,76	1,98	3,52	4,20	3,15
Arbeitsverbrauch für normalen Gang ($n_1 = 50$) Sec.-Met.-Kil. $A = 5,24 . \Phi$	18,4	9,22	10,4	18,4	22,0	16,5
Arbeitsverbrauch für normalen Gang ($n_1 = 50$) Pferdestärken $N = \frac{A}{75}$	0,245	0,123	0,138	0,245	0,293	0,220

Die Beziehung zwischen Spahngewicht und Nutzarbeit ergiebt sich hiernach wie folgt:

Nr. des Vers.	Gewicht der pro Stunde abgehobelten Spähne G^k	Nutzarbeit $N - N_0$ PS.	Arbeitswerth für ein stündliches Spahngewicht von 1^k $\varepsilon = \frac{N - N_0}{G}$ PS.
1.	1,28	0,122	0,0953
3.	0,155	0,015	0,0968
4.	0,349	0,025	0,0716
5.	0,364	0,073	0,201

Als Mittelwerth für ε ergiebt sich demnach bei Gusseisen

$$\varepsilon = 0,116;$$

der Spahnquerschnitt betrug im Durchschnitt

$$f = \frac{1,971 + 0,233 + 0,242 + 0,205}{4} = 0,663 \square^{mm}.$$

15. Shapingmaschine BG
von Joh. Zimmermann.

Repräsentant der grössten in Chemnitz gebauten Shapingmaschine; selbstthätig horizontal, vertikal und unter spitzem Winkel zu hobeln, mit zwei verstellbaren Tischen und Parallelschraubstock; vgl. Fig. 6 Taf. IV. Der schnelle Rücklauf des Stössels erfolgt vermittels eines auf der Antriebwelle sitzenden excentrischen Stirnrads r und eines halben dazu passenden Ellipsenrades R (20 : 20), wogegen für den Vorlauf ein volles und ein halbes Stirnrad von kreiscylindrischer Form und centrischer Anordnung (12 : 24) zur Wirkung kommen; ein volles Spiel des Stössels erfordert drei Umdrehungen der Antriebwelle, von denen zwei auf den Vorlauf, eine auf den Rücklauf kommt; der letztere erfolgt daher für jeden Stösselhub mit einer mittleren Geschwindigkeit gleich dem Doppelten der Schnittgeschwindigkeit *).

Für die auf der Antriebwelle vorhandenen 5 Stufenscheiben berechnen sich bei 65 Touren der Vorgelegswelle die correspondirenden Spielzahlen des Stössels pro Min. wie folgt:

$$n_1 = 65 \cdot \frac{265}{713} \cdot \frac{24}{26} \cdot \frac{1}{3} = 4{,}33$$

$$n_2 = 65 \cdot \frac{375}{690} \cdot \frac{24}{26} \cdot \frac{1}{3} = 7{,}27$$

$$n_3 = 65 \cdot \frac{485}{485} \cdot \frac{24}{26} \cdot \frac{1}{3} = 11{,}7$$

$$n_4 = 65 \cdot \frac{595}{370} \cdot \frac{24}{26} \cdot \frac{1}{3} = 18{,}7$$

$$n_5 = 65 \cdot \frac{705}{250} \cdot \frac{24}{26} \cdot \frac{1}{3} = 32{,}9$$

Die Schnittbreite (= Querversetzung des Stahls pro Stösselspiel) berechnet sich bei einem Zahn Schaltung zu

$$\beta = 3 \cdot \frac{20}{60} \cdot \frac{1}{32} \cdot 19 = 0{,}594^{mm},$$

daher bei zwei Zähnen Schaltung (wie bei den angestellten Versuchen beibehalten) zu

$$\beta = 2 \cdot 0{,}594 = 1{,}188^{mm}.$$

Die in den Versuchsresultaten verzeichneten Werthe der Schnittbreite, welche hiervon um kleine Beträge abweichen, wurden durch besondere Nachmessung am Arbeitsstück ermittelt.

Bei den zur Ausführung gelangten 10 Versuchen betrug der Stösselhub 295; die Versuche Nr. 5—7 bezogen sich auf den Leergang der Maschine bei den drei kleineren Werthen der Spielzahl des Stössels; die beiden grösseren

---

*) Dieser Mechanismus ist zuerst von Smith, Beacock und Tannett in Leeds für Stossmaschinen angewendet worden, vergl. den deutschen amtlichen Bericht über die internationale Industrie- und Kunstausstellung zu London i. J. 1862, IX. 1. Heft, S. 267.

Werthe (18,7 und 32,9) erwiesen sich zur praktischen Verwendung als zu gross. Bei den auf Arbeitsgang bezüglichen Versuchen wurde ein Schruppstahl verwendet, dessen Schneidwinkel 70° und dessen Anstellungswinkel $12^1/_2{}^0$ betrug; bei Nr. 1—4 wurde ein Schmiedeeisenstück von 271 Länge, bei Nr. 8 und 9 ein Gusseisenstück von 267 Länge behobelt. Die bei Vers. Nr. 3, 4 und 9 erhaltenen Spahnformen finden sich in den Fig. 8 und 10 Taf. IV. abgebildet.

Die Versuche führten zu folgenden Daten:

Nr. des Versuchs		1	2	3	4	5	6	7	8	9
Dauer desselben in Min.		1	2	1	1	1	1	1	2	2
Umdr. pro Min.	am Dynanom. $u =$	100	96,5	121,5	122	108	118	124	112,5	120
	der Vorgelegswelle $u_1 =$	56,5	54,5	68,6	68,9	61,0	66,7	70,1	63,6	67,8
Beobachtete Zahl der Stösselhübe =		10	10	12	13	11	7,5	4,5	7,5	4,75
Mittlere Schnittgeschwindigk.		74	74	88,5	96	—	—	—	55,3	35,0
Schnittbreite in mm		1,2	1,15	1,17	1,15	—	—	—	1,13	1,05
Schnitthöhe „ „		3,1	3,1	7	1	—	—	—	6,15	6,15
Spahngewicht.	total während der Vers. Gr.	92,5	70	140	50	—	—	—	185	115
	per Sec. für norm. Geschwk. der Vorgelegswelle Gr.	1,77	1,39	2,21	0,786	—	—	—	1,58	0,919
Mittlere Federspannung S^k (D,b)		185	205	310	135	70	50	40	135	95
Widerstand am Hebelarm 1m der Vorgelegswelle $\Phi = 0{,}0412.\ S$		7,62	8,45	12,77	5,56	2,88	2,06	1,65	5,56	3,91
Arbeitsverbrauch bei $u_1 = 65$ Umdr.d.Vorgelegswelle pro Min.	Sec.-Met.-Kil. $A = 6{,}81.\ \Phi$	51,9	57,5	87,0	37,9	19,6	14,0	11,2	37,9	26,7
	Pferdestärken $N = \frac{A}{75}$	0,69	0,77	1,16	0,51	0,26	0,19	0,15	0,51	0,36

Für den Leergang können daher den 5 verschiedenen Geschwindigkeiten entsprechend die folgenden Werthe angenommen werden, wenn der Stösselhub von 295 nicht viel abweicht:

$N_0 = 0{,}15$ 0,19 0,26 0,42 0,74 PS.

Die Beziehungen zwischen stündlichem Spahngewicht und Nutzbarkeit berechnen sich aus den vorstehenden Ergebnissen wie folgt:

Nr. des Vers.	Spahngewicht pro Stunde G^k	Nutzarbeit $(N-N_0)$ PS	Arbeitswerth für ein stündliches Spahngewicht von 1^k $\varepsilon\ \frac{N-N_0}{G}$	Material
1	6,37	0,43	0,0675	Schmiedeeisen
2	5,00	0,50	0,100	
3	7,96	0,897	0,113	
4	2,83	0,243	0,086	
8	5,69	0,318	0,056	Gusseisen
9	3,31	0,205	0,062	

Hieraus ergiebt sich als Mittelwerth des Verbrauchs an Nutzarbeit für 1^k Spähne

für Gusseisen $\varepsilon = 0{,}059$ PS bei $f = 6{,}70$ □^{mm} mittl. Spahnquerschnitt
für Schmiedeeisen $\varepsilon = 0{,}092$ „ „ $f = 4{,}16$ „ „ „

16. Shapingmaschine IA

von Joh. Zimmermann.

Ein Aufriss dieser kleinen Shapingmaschine ist in Fig. 1 Taf. VI skizzirt. Schnittbewegung wie Schaltbewegung sind dem Stahl zugetheilt. Der Rücklauf des Stössels erfolgt durch Vermittlung des unter Nr. 15 beschriebenen Mechanismus mit einer mittlern Geschwindigkeit gleich der doppelten Schnittgeschwindigkeit. Die Spielzahl des Stössels pro Minute berechnet sich für die normale Tourenzahl der Deckenvorgelegswelle $n_1 = 60$ den 4 Stufenscheibenpaaren entsprechend wie folgt:

$$n_1 = 60 \cdot \frac{317}{426} \cdot \frac{1}{3} = 15$$

$$n_2 = 60 \cdot \frac{351}{390} \cdot \frac{1}{3} = 18$$

$$n_3 = 60 \cdot \frac{390}{351} \cdot \frac{1}{3} = 22{,}2$$

$$n_4 = 60 \cdot \frac{426}{317} \cdot \frac{1}{3} = 27$$

Die Ganghöhe der Leitspindel für die Schaltbewegung ist $9{,}5^{mm}$, das Schaltrad hat 33 Zähne; wenn die Schaltklinke bei jedem Spiel einen Zahn schaltet, so berechnet sich die Querverschiebung des Stahls pro Schnitt (die Schnittbreite) zu

$$\beta_1 = 3 \cdot \frac{14}{42} \cdot \frac{1}{33} \cdot 9{,}5 = 0{,}288^{mm},$$

daher bei 2 Zähnen

$$\beta_2 = 2 \,.\, 0{,}288 = 0{,}576^{mm},$$

und bei 3 Zähnen

$$\beta_3 = 3 \,.\, 0{,}288 = 0{,}864^{mm}.$$

Nr. des Versuches	Dauer d. Versuches	Umdrehungen		Spielzahl des Hobelzahnes	Mittlere Schnittgeschwindigkeit desselben pro Sec.	Schnitt-breite	Schnitt-höhe	Spahngewicht		Mittlere Federspannung S	Widerstand am Halbm. 1m der Vorgelegswelle Kilogramm für B: $\Phi = 0{,}0216\,S$ für C: $\Phi = 0{,}0207\,S$	Arbeitsaufwand bei normalem Gang ($u_1 = 60$)	
		am Dynamometer	der Vorgelegswelle					total	pro Sec. für normalen Gang			Met.-Kil. $A = 6{,}29\,\Phi$	Pferdestärken $N = \frac{A}{75}$
	Min.	pro Min.	pro Min.	pro Min.	Millim.	Millim.	Millim.	Gramm	Gramm	Kil.			
1	3	56,7	61,8	15,3	45,9	0,57	1	11,5	0,062	(B, a) 70	1,512	9,51	0,127
2	1	60	65,4	17	51,0	Stahl ist abgestellt				40	0,864	5,43	0,072
3	4	56,3	61,4	15,3	58,5	0,59	2,5	55	0,224	90	1,944	12,23	0,163
4	3	48,3	52,6	13	49,7	0,56	5	104	0,659	135	2,916	18,34	0,245
5	2	46,0	50,1	12,5	46,4	0,56	4,8	65	0,650	115	2,484	15,62	0,208
6	1	51	55,6	14	53,6	Stahl ist abgestellt				40	0,864	5,43	0,072
7	1	49	53,4	23,5	72,2	0,55	2	16,5	0,309	120	2,592	16,30	0,217
8	3	43	46,9	21	57,8	0,57	2	45	0,320	135	2,916	18,34	0,245
9	1,25	56	61,0	27,2	74,8	0,59	2	25	0,341	120	2,592	16,30	0,217
10	1	54	58,9	27	74,3	Stahl ist abgestellt				60	1,296	8,15	0,109
11	2	53,5	58,3	14,5	39,9	0,59	4	37,5	0,320	(C, a) 115	2,381	14,98	0,200
12	1	54	58,9	18	49,5	0,33	4	25	0,424	125	2,588	16,28	0,217
13	1	53	57,8	17,5	48,2	Stahl ist abgestellt				50	1,035	6,51	0,087
14	1	53	57,8	21	57,8	0,81	4	27,5	0,476	160	3,312	20,83	0,277
15	1	54	58,9	22	45,8	Stahl ist abgestellt				60	1,242	7,81	0,104
16	2	53	57,8	26,5	72,9	0,55	4	67	0,580	200	4,140	26,04	0,347
17	1	51	55,6	25,5	70,1	Stahl ist abgestellt				73	1,500	9,45	0,125

Die in vorstehender Tabelle enthaltenen Werthe der Schnittbreite sind am Arbeitsstück direct beobachtet.

Von den an dieser Maschine angestellten Versuchen beziehen sich auf den Leergang Nr. 2, 6, 10, 13, 15 und 17; unter den übrigen bezog sich

Nr. 1 auf Bearbeitung eines Stahlstücks von 98 Länge (Stösselhub 120, Schneidwinkel des Stahls 65°, Anstellungswinkel 4°)

Nr. 3—5 auf die Bearbeitung eines Gusseisenstücks von 135 Länge (Stösselhub 153, Schneidwinkel 61°, Anstellungswinkel 8°)

Nr. 7—9, 11, 12, 14, 16 auf Bearbeitung eines Schmiedeeisenstücks von 95 Länge (Stösselhub 110, Schneidwinkel 61°, Anstellungswinkel 8°).

Die bei Vers. Nr. 4, 8, 12 und 16 erhaltenen Spahnformen zeigen die Fig. 8, 10 und 12 der Taf. IV.

Die Beobachtungsdaten selbst sind in vorstehender Tabelle übersichtlich zusammengestellt.

Berechnet man in der wiederholt angegebenen Art den Betrag der erforderlichen Nutzarbeit pro 1^k Spahngewicht in der Stunde, so ergiebt sich hiernach unter Beifügung des Spahnquerschnitts das Folgende:

Material	Versuchsnummer	Nutzarbeit $\varepsilon = \frac{N-N_0}{G}$ Pferdest.	Spahnquerschnitt f □mm
Stahl	1	0,246	0,57
Gusseisen	3	0,112	1,48
	4	0,073	2,80
	5	0,058	2,69
Schmiedeeisen	7	0,107	1,10
	8	0,128	1,14
	9	0,097	1,18
	11	0,111	2,36
	12	0,078	1,32
	14	0,101	3,24
	16	0,106	2,20

Als Mittelwerthe sind hiernach anzusehen:

Für Stahl $\varepsilon = 0,246$ Pferdest. bei 0,57 □mm Spahnquerschnitt
„ Gusseisen $\varepsilon = 0,081$ „ „ 2,32 „ „
„ Schmiedeeisen $\varepsilon = 0,104$ „ „ 1,79 „ „

Die specielle Abhängigkeit des Arbeitswerthes ε von der Grösse des Spahnquerschnitts zu ermitteln, ist bei dieser Maschine die Zahl der Versuche nicht gross genug.

17. Shapingmaschine FA

von Joh. Zimmermann.

Kleinstes Modell der Zimmermann'schen Shapingmaschinen. Vgl. Fig. 1 und 2 Taf. V. Die Schaltbewegung wird dem Arbeitsstück mitgetheilt. Die Zahl der Schnitte pro Minute berechnet sich für die normale Umdrehungszahl der Vorgelegswelle $n_1 = 100$ und für die drei vorhandenen Stufenscheibenpaare zu

$$n_1 = 100 \cdot \frac{160}{282} = 57$$

$$n_2 = 100 \cdot \frac{226}{226} = 100$$

$$n_3 = 100 \cdot \frac{282}{160} = 176;$$

die Schnittbreite beträgt bei Schaltung um einen Zahn

$$\beta = \frac{1}{18} \cdot 4{,}23 = 0{,}235^{\text{mm}}.$$

Als Mechanismus zur Stösselbewegung dient die Kurbelschleife, daher die mittlere Rücklaufsgeschwindigkeit gleich der mittleren Schnittgeschwindigkeit.

Auf den Leergang beziehen sich die Versuche Nr. 3 (langsamster Gang), Nr. 6 (mittlere Geschwindigkeit) und Nr. 11 (schnellster Gang); bei Vers. Nr. 1, 2, 4, 5 wurde ein Schmiedeeisenstück von 56 Länge bearbeitet (Stösselhub 68, Schneidwinkel 71°, Anstellungswinkel 3°), bei Nr. 7 und 8 ein Stück Gusseisen von 55 Länge (Stösselhub 57, Schneidwinkel 63°, Anstellungswinkel 8°), bei Nr. 9 und 10 ein Stück Rothguss von 67 Länge (Stösselhub 77, Schneidwinkel 63, Anstellungswinkel 8°). Die bei Nr. 10 erhaltene Spahnform zeigt Fig. 12 Taf. IV.

Die folgende Tabelle enthält alle übrigen auf die Versuche bezüglichen Daten:

Nr. des Versuchs	1	2	3	4	5	6	7	8	9	10	11
Dauer desselben in Minuten	3	2	1	1	1,5	1	3	2,75	1	0,67	1
Umdr. pro Min. am Dynamometer $n =$	63,3	61,3	62,5	69,5	77,7	78,5	76,2	65,8	71	67,5	65
Umdr. pro Min. der Vorgelegswelle $n_1 = 1{,}43 \cdot n =$	90,6	87,7	89,4	99,4	110	112	109	94,1	102	96,5	93,0
Zahl der Schnitte pro Min. =	56	52	40	57	109	112	63,7	54,5	60	57	158
Mittlere Schnittgeschwindgk. =	134	118	90,7	129	280	288	121	104	154	146	395
Schnittbreite in mm	0,246	0,278	—	0,300	0,301		0,300	0,203	0,283	0,578	—
Schnitthöhe „ „	1,75	1,75	—	3,0	1,3	—	2,0	4,0	2,5	2,5	—
Spahngewicht pro Sec. für $n_1 = 100$, *Gr.* =	0,153	0,176	—	0,444	0,318	—	0,212	0,452	0,386	0,776	—
Mittlere Federspannung S^k =	(A, a) 70	70	35	120	(B, a) 120	60	60	100	55	70	115
Widerstand am Halbmesser 1m der Vorgelegswelle für $A: \Phi = 0{,}018 \cdot S$ für $B: \Phi = 0{,}0166 \cdot S^k$	1,26	1,26	0,63	2,16	2,00	1,00	1,00	1,66	0,915	1,16	1,91
Arbeitsverbrauch für $n_1 = 100$: Sec.-Met.-Kil. $A = 10{,}48 \cdot \Phi$	13,2	13,2	6,60	22,6	20,9	10,5	10,5	17,4	9,59	12,2	20,0
Arbeitsverbrauch für $n_1 = 100$: Pferdestärken $N = \frac{A}{75}$	0,176	0,176	0,088	0,302	0,279	0.139	0.139	0,233	0,128	0,163	0,267

Die hieraus sich ergebenden Werthe für N_0 und ε sind in Tabelle I an der betreffenden Stelle enthalten. Nachzutragen möchte nur noch sein, dass der mittlere Spahnquerschnitt betrug bei Bearbeitung

der Bronze (ε = 0,028 PS) : f = 1,075 □^{mm}
des Gusseisens (ε = 0,083 PS) : f = 1,116 „
des Schmiedeeisens (ε = 0,134 PS) : f = 0,575 „

Den kleinen Werthen des Spahnquerschnitts entsprechen die bei dieser Maschine ziemlich hohen Werthe der Schnittgeschwindigkeit (104 — 280^{mm} pro Sec.).

Der Gebrauch der in Tabelle I angegebenen Formel zur Berechnung der Betriebskraft aus dem Spahngewicht ergiebt sich durch folgendes Beispiel.

Bei mittlerer Stösselzahl (100 p. M.) liefere die Maschine stündlich 1^k Gusseisenspähne, so ist N_0 = 0,139, ε = 0,134, G = 1, daher N = 0,139 + 0,134.1 = 0,273 PS.

18. Nuthstossmaschine PA

von Joh. Zimmermann.

Eine Skizze dieser Nuthstossmaschine findet sich auf Taf. VI, Fig. 2; der gesammte Antrieb ist durch Fig. 3 derselben Tafel dargestellt. Es ergiebt sich aus derselben, dass die Antriebwelle A 4 Stufenscheiben trägt; da jedoch von hier auf die Zwischenwelle die Bewegung sowohl durch das Räderpaar $\frac{26}{70}$, wie auch durch $\frac{48}{48}$ übertragen werden kann, so erhöht sich die Zahl der dem Stössel zu ertheilenden Geschwindigkeiten auf 2 . 4 = 8; charakteristisch ist, dass die Stösselwelle C von B aus ihre Bewegung erhält:

für den Niedergang des Stössels durch das centrische Stirnrad 12 auf B und das Halbrad 24 auf C,

für den Aufgang des Stössels durch das excentrische Rad 20 auf B und das halbe elliptische Rad 20 auf C.

Nach den in Fig. 3 Taf. VI eingeschriebenen Scheibendurchmessern und Zähnezahlen berechnen sich die 8 verschiedenen Spielzahlen des Stössels pro Min. wie folgt.

$$n_1 = 65 \cdot \frac{370}{708} \cdot \frac{26}{70} \cdot \frac{1}{3} = 4{,}2$$

$$n_2 = 65 \cdot \frac{488}{596} \cdot \frac{26}{70} \cdot \frac{1}{3} = 6{,}2$$

$$n_3 = 65 \cdot \frac{600}{484} \cdot \frac{26}{70} \cdot \frac{1}{3} = 10$$

$$n_4 = 65 \cdot \frac{710}{370} \cdot \frac{26}{70} \cdot \frac{1}{3} = 15{,}4$$

$$n_5 = 65 \cdot \frac{370}{708} \cdot \frac{48}{48} \cdot \frac{1}{3} = 11{,}3$$

$$n_6 = 65 \cdot \frac{488}{596} \cdot \frac{48}{48} \cdot \frac{1}{3} = 17{,}7$$

$$n_7 = 65 \cdot \frac{600}{484} \cdot \frac{48}{48} \cdot \frac{1}{3} = 26{,}9$$

$$n_8 = 65 \cdot \frac{710}{370} \cdot \frac{48}{48} \cdot \frac{1}{3} = 41{,}6$$

Während der Versuche wurden nur ebene Flächen gehobelt und es betrug die Querversetzung des Arbeitsstückes pro Spiel des Stössels, wenn am Schaltrad je ein Zahn angeholt wird,

$$\beta = \frac{1}{50} \cdot \frac{20}{30} \cdot \frac{82}{64} \cdot 12{,}7 = 0{,}21^{\text{mm}};$$

daher betrug bei den Versuchen, wo um je 4 Zähne geschaltet wurde, die Schnittbreite

$$4\beta = 0{,}84^{\text{mm}};$$

die directe Messung am Arbeitsstück ergab etwas abweichende Zahlen, was als eine Folge der Elasticität der Schaltungs- und Uebertragungsmechanismen anzusehen ist.

Von den zur Ausführung gelangten 16 Versuchen waren 10, nämlich Nr. 1—5, 7, 8, 11, 13 und 15 dem Studium des Leerganges gewidmet; um insbesondere den Theil der Betriebsarbeit zu erforschen, welchen der gesammte Antriebapparat verbraucht, hatte man bei Nr. 1—4 den Kurbelzapfen der Welle C (Fig. 3) bis in die Axe versetzt, so dass der Stösselhub 0 sich ergab; bei Nr. 5—12 betrug der Stösselhub 265, bei Nr. 13—16 110^{mm}; als Arbeitsstück war aufgespannt für Nr. 5—12 ein Gusseisenblock von 240 Höhe (Schneidwinkel des Stahls 60°, Anstellungswinkel 21°), für Nr. 13—16 ein Schmiedeeisenstück von 87 Höhe (Schneidwinkel des Stahls 76°, Anstellungswinkel 11°). Jeder Versuch währte eine Minute.

Die Diagramme zeigten eine sehr starke periodische Veränderlichkeit des Widerstands, vergl. Fig. 4—6 Tafel VI; die Perioden correspondiren zunächst mit der Umdrehungszahl der Welle B (Fig. 3) und sind gleichwerthig für den Fall Stösselhub = 0 (Fig. 4); giebt man jedoch dem Stössel einen gewissen Hub, so erhöht sich der Widerstand in denjenigen Perioden, welche mit dem (schnellen) Rückgang des Stössels correspondiren, d. h. in der 1., 4., 7. etc.; dieselben sind in Fig. 5 und 6 mit R bezeichnet.

Die Beobachtungsdaten sind in folgender Tabelle enthalten:

In Folge der grossen Zahl von Geschwindigkeits- und Stösselhubwechseln, die man bei Maschinen dieser Art anzuordnen hat, wird schon die Feststellung des Arbeitsverbrauchs für den Leergang eine weitläufige Sache. Die Versuche ergeben zunächst, dass man die beiden Geschwindigkeitsreihen, welche durch den Räderwechsel $\left(\frac{26}{70} \text{ oder } \frac{48}{48}\right)$ entstehen, getrennt zu behandeln, d. h. für jede eine besondere Formel aufzustellen hat; sodann folgt weiter, dass für den Stösselhub = 0 der Arbeitswerth des Leergangs sich sehr gut durch eine Formel von der Gestalt

$$N_0 = A \cdot n$$

darstellen lässt, worin n die minutliche Hubzahl des Stössels, A ein Coefficient, welcher

für die Radübertragung $\frac{26}{70}$ den Werth $A = 0{,}037$

„ „ „ $\frac{48}{48}$ „ „ $A = 0{,}016$ hat.

Der Zusatz, welchen der Arbeitsverbrauch durch einen gewissen Stösselhub

Nr. des Versuches	Umdrehungen pro Min. am Dynamometer n	Umdrehungen pro Min. der Vorgelegswelle $n_1 = 0,72\,n$	Spielzahl des Stössels pro Min.	Mittlere Schnittgeschwindigkeit des Stahls Mm. pro Sec.	Schnittbreite Millim.	Schnitthöhe Millim.	Spahngewicht Gramm	Spahngewicht bei normaler Geschwindigkeit Grm. pro Sec.	Mittlere Federspannung in Kil. S	Widerstand am Halbm. 1m der Vorgelegswelle in Kil. $\Phi = 0,0324\,S$	Arbeitsverbrauch für $n_1 = 65$ Umdrehungen pro Min. in Sec.-Met.-Kil. $A = 6,80\,\Phi$	Arbeitsverbrauch in Pferdestärken $N = \frac{A}{75}$
1	105	75,6	31	0	—	—	—	—	(D,b) 160	5,18	35,22	0,47
2	106	76,3	11,8	0	—	—	—	—	130	4,12	28,02	0,37
3	106	76,3	5	0	—	—	—	—	80	2,59	17,61	0,23
4	105	75,6	13,5	0	—	—	—	—	60	1,94	13,19	0,17
5	105	75,6	13	86,3	—	—	—	—	300	9,72	66,10	0,88
6	105	75,6	13	86,3	0,9	7,8	101,3	1,45	280	9,07	61,68	0,82
7	105	75,6	13	86,3	—	—	—	—	250	8,10	55,08	0,73
8	107,5	77,7	5	33,2	—	—	—	—	100	3,24	22,03	0,29
9	106,5	76,7	5	33,2	1,0	7,8	55,7	0,787	150	4,86	33,05	0,44
10	107	77,0	5	33,2	1,0	7,8	41,0	0,577	140	4,54	30,84	0,41
11	106	76,3	21	139	—	—	—	—	200	6,48	44,06	0,58
12	105,5	75,9	21	139	0,74	7,8	133,0	1,90	330	10,69	72,69	0,97
13	108	77,8	23	63,3	—	—	—	—	120	3,89	26,45	0,35
14	106,5	76,7	23	63,3	0,74	6,3	75,0	1,06	285	9,23	62,76	0,84
15	107,5	77,7	32	87,8	—	—	—	—	225	7,29	49,57	0,66
16	105	75,6	31	85,5	0,97	6,3	102,3	1,47	475	15,39	104,65	1,39

h^m erfährt, ist ferner nach Ausweis der Versuche durch ein Glied von der Form $B \cdot nh$ zutreffend darzustellen, der Versuch ein weiteres Glied von der Form $C \cdot n^2 h^2$ beizufügen, führte zu dem Werth $C = 0$, was auf eine befriedigende Wirkung des Schwungrads schliessen lässt. Der Coefficient B ist von dem Räderwechsel unabhängig; derselbe entspricht dem Reibungsbetrag des Stössels in seiner Führung; sein Werth ergiebt sich für die vorliegende Maschine zu

$$B = 0{,}064.$$

Demnach ist der Arbeitsverbrauch für den Leergang bei n Stösselhüben pro Minute und h^m Hub des Stössels durch eine der beiden folgenden Formeln darzustellen:

1. für die Radübersetzung 26 : 70

$$N_0 = 0{,}037 \cdot n + 0{,}064 \cdot nh \text{ PS,} \tag{42}$$

2. für die Radübersetzung 48 : 48

$$N_0 = 0{,}016 \cdot n + 0{,}064 \cdot nh \text{ PS.} \tag{43}$$

Berechnet man hiernach N_0 für die 8 normalen Stösselgeschwindigkeiten, sowie für die Hubhöhen des Stössels $h = 0$, $h = 0{,}265^m$ und $h = 0{,}380^m$ (grösster Hub), so gelangt man zu folgender completen Tabelle der Arbeitswerthe des Leergangs in Pferdestärken:

	Stösselhübe n pro Min.	Hubhöhe d. Stössels $h = 0$	$h = 0{,}265^m$	$h = 0{,}380^m$
Radübers. $\frac{26}{70}$	4,2	0,155	0,226	0,257
	6,2	0,229	0,334	0,380
	10,0	0,370	0,540	0,613
	15,4	0,570	0,832	0,944
Radübers. $\frac{48}{48}$	11,3	0,181	0,373	0,456
	17,7	0,283	0,584	0,713
	26,9	0,430	0,887	1,084
	41,6	0,666	1,373	1,677

Hiernach ist der Arbeitswerth für den Leergang dieser Stossmaschine zwischen den weiten Grenzen

0,155 und 1,677 PS

zu suchen; indess muss daran erinnert werden, dass wegen der innerhalb enger Grenzen zu haltenden Schnittgeschwindigkeit des Stahls diese Grenzen faktisch niemals erreicht werden können; nimmt man z. B. als mittlere Schnittgeschwindigkeit $0{,}1^m$ an, so ergiebt sich aus

$$\frac{0{,}1 + 0{,}2}{2} = \frac{2\,nh}{60}$$

für das Produkt nh der constante Werth

$$nh = 4{,}5,$$

welchem als Betrag der Stösselreibung der Werth

$$B \cdot nh = 0{,}064 \cdot 4{,}5 = 0{,}288 \text{ PS}$$

entspricht; da nun der Arbeitswerth für $h = 0$ in den Grenzen

$$0{,}155 \text{ und } 0{,}666 \text{ PS}$$

sich bewegt, so werden als äusserste faktisch zu erreichende Grenzen des gesammten Arbeitsverbrauchs für den Leergang die Zahlen

$$0{,}155 + 0{,}288 = 0{,}443 \text{ PS und}$$
$$0{,}666 + 0{,}288 = 0{,}954 \text{ „}$$

sich berechnen und wenn es gewünscht wird, dass dieser Arbeitsverbrauch für die vorliegende Maschine durch eine einzige Durchschnittszahl charakterisirt werde, so möchte sich hierzu der Werth

$$N_0 = 0{,}70 \text{ PS}$$

empfehlen.

Die Untersuchung über den Zusammenhang zwischen Gewicht der pro Stunde abgehobelten Spähne und dem Betrag der Nutzarbeit führt zu den Werthen

$\varepsilon = 0{,}056$ PS für Gusseisen bei 7,8 □^{mm} Spahnquerschnitt
$\varepsilon = 0{,}133$ „ „ Schmiedeeisen „ 5,5 „ „

Hierbei ist jedoch der Versuch Nr. 6 als nicht ganz zuverlässig ausser Berücksichtigung gelassen worden.

19. Nuthstossmaschine KO

von Joh. Zimmermann.

Repräsentant einer Verticalhobelmaschine von mittlerer Grösse; in der Einrichtung von Nr. 18 durch den Wegfall des Räderwechsels verschieden. Die Anordnung der Maschine ergiebt sich aus Fig. 7 Taf. VI, der Antrieb ist in Fig. 8 derselben Tafel skizzirt. Der schnelle Rücklauf geschieht durch den schon mehrfach erwähnten Ellipsenradmechanismus; charakteristisch ist bei dieser Maschine (wie auch bei der vorhergehenden) der am Gestell angegossene Steg L, in welchem die Kurbelscheibe des Stössels eine besondere Lagerung am Umfang findet *).

Nach den in Fig. 8 eingeschriebenen Scheibendurchmessern ergeben sich die 4 möglichen Hubzahlen des Stössels für die normale Tourenzahl der Vorgelegswelle $n_1 = 60$ wie folgt:

$$n_1 = 60 \cdot \frac{310}{488} \cdot \frac{1}{3} = 12{,}7$$
$$n_2 = 60 \cdot \frac{370}{429} \cdot \frac{1}{3} = 17{,}3$$
$$n_3 = 60 \cdot \frac{430}{368} \cdot \frac{1}{3} = 23{,}4$$
$$n_4 = 60 \cdot \frac{490}{306} \cdot \frac{1}{3} = 32{,}0$$

*) Zuerst ausgeführt von Smith, Beacock und Tannett in Leeds, vgl. die Berichte über die Londoner Industrie-Ausstellung von 1862.

Nr. des Versuches	Dauer d. Versuches	Umdrehungen am Dynamometer	Umdrehungen der Vorgelegswelle	Spielzahl des Stahls	Mittlere Geschwindigkeit desselben beim Niedergang	Schnittbreite	Schnitthöhe	Spahngewicht	Spahngewicht pro Sec. bei normaler Geschwindigkeit	Mittlere Federspannung S	Widerstand am Halbm. 1m der Vorgelegswelle $\Phi = 0,0322\, S$	Arbeitsaufwand bei normaler Umdrehungszahl der Vorgelegw. ($u = 60$) in Met.-Kilogr. pro Sec. $A = 6,29\, \Phi$	Arbeitsaufwand in Pferdestärken $N = \frac{A}{75}$
	Min.	pro Min.	pro Min.	pro Min.	Mm. pro Sec.	Mm.	Mm.	Gramm	Gramm	Kil.			
1	2	90	65,1	13,5	84,4	0,41	4	75	0,577	(*D.b*) 145	4,669	29,37	0,392
2	3	74	53,5	11	68,7	0,42	4	95	0,592	165	5,313	33,42	0,446
3	1	81	58,6	13	81,0	Der Stahl ist nicht angestellt				80	2,576	16,20	0,216
4	1	84	60,7	17	106					120	3,864	24,30	0,324
5	1	85	61,5	24	150					200	6,440	40,51	0,540
6	3	80,3	58,1	22,7	142	0,41	4,3	42,5	0,244	110	3,542	22,28	0,298
7	3	79	57,1	30	187	0,60	4,3	85	0,496	135	4,347	27,34	0,365
8	1	78	56,4	30	187	Der Stahl ist abgestellt				90	2,898	18,23	0,243
9	2	93,5	67,6	26,5	166	0,43	2,5	45	0,333	165	5,313	33,42	0,446
10	1	84	60,7	24	150	Der Stahl ist abgestellt				110	3,542	22,28	0,298

*) Zuerst angeführt von Smith, Beacock und Tannett in Leeds, vgl. die Berichte über die Londoner Industrie-Ausstellung von 1862.

Die Querverschiebung des Stahls (normal zur Symmetrieebene des Gestells) ergiebt sich pro Zahn des Schaltrades zu

$$\beta = \frac{1}{40} \cdot \frac{78}{50} \cdot 5,1 = 0,199^{mm}.$$

Bei den Versuchen erfolgte die Schaltung um 2 und 3 Zähne. Von den zur Ausführung gelangten 10 Versuchen bezogen sich auf den Leergang Nr. 3–5 (Stösselhub $h = 250$), Nr. 8 ($h = 94$) und Nr. 10 ($h = 118$); bei Nr. 1 und 2 wurde ein Gusseisenblock von 238 Höhe abgehobelt (Stösselhub 250, Schneidwinkel 70°, Anstellungswinkel 17°), bei Nr. 6 und 7 ein Gusseisenstück von 50,5 Höhe (Stösselhub 94, Stahlwinkel wie vorher), bei Nr. 9 ein Schmiedeeisenstück von 94 Höhe (Stösselhub 118, Schneidwinkel 68°, Anstellungswinkel 10°, Krümmungshalbmesser der Schneide 11mm).

Vorstehende Uebersicht enthält alle übrigen Daten.

Die Resultate für den Kraftverbrauch beim Leergang schliessen sich am besten einer Formel von der Gestalt

$$N_0 = A + B \, . \, nh \tag{44}$$

an, worin die Coefficienten A und B (wenn Stösselhub h in Metern eingeführt wird) die Werthe

$$A = 0,11 \text{ und } B = 0,069$$

haben. Hiernach würde für den grössten Stösselhub $h = 0,240^m$ der Arbeitsverbrauch des Leergangs sich berechnen zu

N_0 =	0,321	0,397	0,498	0,641	PS für
n =	12,7	17,3	23,4	32,0	Stösselhübe pro Min.

Verändert man bei verschiedenem h die Spielzahl n in solcher Art, dass eine mittlere Schnittgeschwindigkeit von $0,1^m$ resultirt, so würde $nh = 4,5$ zu setzen sein, also

$$N_0 = 0,11 + 0,069 \cdot 4,5 = 0,42 \text{ PS}$$

als zutreffender Mittelwerth der für den Leergang erforderlichen Betriebsarbeit sich ergeben.

Aus den im Arbeitsgang der Maschine vollführten Versuchen resultirt für die specifische Nutzarbeit

für Gusseisen $\varepsilon = 0,078$ PS bei 1,92 □mm Spahnquerschnitt
für Schmiedeeisen $\varepsilon = 0,124$ „ „ 1,08 „ „

20. Nuthstossmaschine MA

von Joh. Zimmermann.

Diese Maschine unterscheidet sich von der vorigen nur durch den Mechanismus zur Stösselbewegung, als welcher hier die normale Schubkurbel dient; die mittleren Geschwindigkeiten des Auf- und Niedergangs sind gleich gross. Die Maschine hat runden Tisch, selbstthätigen Kreuzsupport und Rundbewegung,

Nr. des Versuches	Dauer d. Versuches	Umdrehungen am Dynamometer	Umdrehungen der Vorgelegewelle	Spielzahl des Hobelzahns	Mittlere Geschwindigkeit desselben pro Sec.	Schnittbreite	Schnitthöhe	Spahngewicht total	Spahngewicht pro Sec. für normale Geschwindigkeit	Mittlere Federspannung S^*	Widerstand am Halbm. 1m der Vorgelegewelle $\Phi = 0{,}0209\ S$	Arbeitsverbrauch bei $n_1 = 60$ Umdrehungen der Vorgelegewelle Sec.-Met.-Kil. $A = 6{,}28\ \Phi$	Pferdest. $N = \frac{A}{75}$
	Min.	pro Min.	pro Min.	pro Min.	Millim.	Millim.	Millim.	Gramm	Gramm				
1	3	60,5	66,1	24,3	48,6	0,59	2,5	42,5	0,215	(B,b) 85	1,781	11,18	0,149
2	2	56,8	62,1	51,5	103	0,35	2,5	35	0,282	110	2,304	14,47	0,19
3	1	64,5	70,5	60	120	Stahl ist abgestellt				50	1,047	6,58	0,088
4	1	68,5	74,9	29	58					35	0,733	4,61	0,061
5	2	56,5	61,8	23	46	0,44	4,75	35	0,282	120	2,514	15,79	0,211
6	3	51,3	56,1	30,7	61,4	0,32	4,75	30	0,268	85	1,781	11,18	0,149
7	1	83,7	91,5	76	152	0,39	4,75	37,5	0,410	160	3,352	21,05	0,281
8	3	47,0	51,4	18,7	37,4	0,52	2	47,5	0,309	115	2,409	15,13	0,201
9	1	47,0	51,4	19	38	Stahl ist abgestellt				35	0,733	4,61	0,061
10	3	30,4	33,2	26	52	0,38	1	35	0,351	140	2,933	18,42	0,245
11	1	44,8	49,0	41,5	83	Stahl ist abgestellt				50	1,047	6,58	0,088
12	1	55,8	61,0	108	216					145	3,038	19,08	0,254

vgl. Fig. 3 und 4 Taf. V. Die Zahl der Stufenscheiben betrug an dem zu den Versuchen benutzten Exemplar 3 statt 4; die mittels derselben dem Stössel zu ertheilenden Hubzahlen pro Minute berechnen sich für $n_1 = 60$ Umdr. der Vorgelegswelle wie folgt:

$$n_1 = 60 \cdot \frac{168}{524} = 19,2$$

$$n_2 = 60 \cdot \frac{314}{390} = 48,3$$

$$n_3 = 60 \cdot \frac{458}{260} = 106$$

Die Querverschiebung des Arbeitsstücks (Schnittbreite) ergiebt sich bei Schaltung um einen Zahn zu

$$\beta = \frac{1}{34} \cdot \frac{66}{60}\, 4,23 = 0,164^{mm}.$$

Zur Ausführung gelangten 12 Versuche; bei Nr. 1—7 betrug der Stösselhub 60, bei Nr. 8—12 200^{mm}; der benutzte Stahl hatte einen Schneidwinkel von 75° und einen Anstellungswinkel von 16°; bei Nr. 1, 2, 5—7 wurde ein Gusseisenstück von 55 Höhe (Schnittlänge) behobelt, bei Nr. 8 und 10 ein solches von 108 Höhe; die übrigen Versuche bezogen sich auf den Leergang. Die bei Vers. Nr. 10 erhaltene Spahnform zeigt Fig. 10, Taf. IV.

Die Versuche führten zu vorstehenden Zahlen.

Die Ergebnisse für den Arbeitsverbrauch beim Leergang schliessen sich ziemlich gut an die Formel an

$$N_0 = 0,045 + 0,01 \,.\, nh \text{ PS}, \tag{45}$$

worin n die Stösselzahl pro Minute, h den Stösselhub in Metern bezeichnet. Für den grössten zulässigen Stösselhub $h = 0,2^m$ ergiebt sich daher

bei n =	19,2	48,3	106 Stösselhüben pro Min.
N_0 =	0,082	0,141	0,256 PS.

Unter gleichmässiger Berücksichtigung sämmtlicher Versuche für den Arbeitsgang ergiebt sich der specifische Verbrauch an Nutzarbeit (pro 1^k Gusseisenspähne in der Stunde) zu

$$\varepsilon = 0,115 \text{ PS bei } f = 1,32 \,\square^{mm} \text{ Spahnquerschnitt.}$$

21. Einfache Mutterhobelmaschine IG

von Joh. Zimmermann.

Specialmaschine zum Abhobeln der Seitenflächen von Schraubenköpfen und Muttern, daher mit einer besondern Vorrichtung zum concentrischen Einspannen cylindrischer Bolzen und zur genauen Drehung um Winkel von 60° und 90° versehen. Es werden immer zwei einander gegenüber liegende Seiten des Arbeitsstückes gleichzeitig gehobelt, daher der Stössel mit zwei Stählen ausgerüstet ist, vgl. Fig. 9 und 10 Tafel VI; dieselben lassen sich durch Drehung einer links- und rechtsgängigen Schraube S symmetrisch gegen die Mittelebene der Maschine versetzen.

Nach den in Fig. 10 eingeschriebenen Durchmessern der beiden Stufenscheiben ergeben sich die möglichen Spielzahlen des Stössels pro Minute für 130 Touren der Vorgelegswelle zu

$$n_1 = 130 \cdot \frac{326}{378} = 112$$

$$n_2 = 130 \cdot \frac{380}{320} = 155.$$

Die selbstthätige Versetzung des Arbeitsstückes pro Schnitt (Schnittbreite) beträgt in allen Fällen

$$\beta = \frac{1}{26} \cdot 4{,}23 = 0{,}164^{\text{mm}}.$$

Es wurden 8 Versuche ausgeführt; bei Nr. 1—3 wurden je zwei Seiten einer geschmiedeten sechsseitigen Mutter von 40 Höhe und 43 Dicke (Schlüsselweite) fertig bearbeitet, bei Nr. 6—8 ebenso je zwei Seitenflächen einer schmiedeeisernen Mutter von 36,5 Höhe und 67 Dicke; Versuch Nr. 4 und 5 beziehen sich auf den Leergang der Maschine. Die während der Versuche eingespannten Stähle hatten einen Schneidwinkel von 70° und einen Anstellungswinkel von 10°; Hub des Stössels für alle Versuche 40^{mm}.

Man gelangte zu folgenden Ergebnissen:

Nr. des Versuches	Dauer d. Versuches	Umdrehungen am Dynamometer	Umdrehungen der Vorgelegswelle	Spielzahl des Hobelzahns	Mittlere Geschwindigkeit dess. pro Sec	Schnittbreite	Schnitthöhe	Spangewicht total	Spangewicht pro Sec für norm. Geschw.	Mittlere Federspannung S	Widerstand am Halbm. 1m der Vorgelegswelle $P = 0{,}0161\,S$	Arbeitsaufwand bei normaler Geschwindigkeit ($n_1 = 130$) $A = 13{,}6\,P$	$N = \frac{A}{75}$
	Min	pro Min	pro Min	pro Min	Millim	Millim	Millim	Gram	Gramm	Kilogr	Kilogr	Met.-Kgr	Pferdest
1	1,75	107	125	106	141	0,16	2,26	26	0,257	ca. 110	1,771	24,09	0,324
2	2	105,5	123	104,5	139	0,14	2,35	27	0,238	90	1,449	19,71	0,263
3	1	115	135	154	205	0,19	2,18	25	0,401	170	2,737	37,22	0,496
4	1	106	124	148	197	Stähle sind abgestellt				130	2,093	28,46	0,380
5	1	109	128	109	145					90	1,449	19,71	0,263
6	2,75	106	124	107	143	0,14	3,51	32	0,203	110	1,771	24,09	0,324
7	2,5	119,6	140	120	160	0,13	3,45	31,5	0,195	125	2,013	27,37	0,365
8	2,25	125,8	147	125	167	0,14	3,29	30	0,196	135	2,174	29,56	0,394

Die Betriebsarbeit, welche der Leergang erfordert, lässt sich hiernach durch die Formel

(46) $$N_0 = 0{,}06 \,.\, nh \text{ PS}$$

darstellen; für den grössten zulässigen Stösselhub $h = 0{,}09^{\text{m}}$ würde demnach

bei $n = 112$ $\quad n = 155$ Stösselhüben pro Min.

$N_0 = 0{,}605$ $\quad N_0 = 0{,}837$ PS

sich ergeben; diese hohen Werthe erklären sich vollständig durch die grosse Spielzahl des Stössels; die mittlere Geschwindigkeit desselben würde sich nämlich für die beiden vorliegenden Fälle zu

$$v = 336 \text{ und } v = 465^{mm}$$

ergeben, also bedeutend grösser, als sonst bei Hobelmaschinen üblich.

Die specifische Nutzarbeit berechnet sich aus Vers. Nr. 1—3 (Nr. 2 erscheint unsicher) zu

$$\varepsilon = 0{,}073 \text{ PS bei } 0{,}388 \square^{mm} \text{ Spahnquerschnitt,}$$

aus Vers. Nr. 6—8 zu

$$\varepsilon = 0{,}138 \text{ PS bei } 0{,}467 \square^{mm} \text{ Spahnquerschnitt.}$$

Hiernach wird es wahrscheinlich, dass bei Schmiedeeisen der Arbeitswerth ε mit wachsendem Spahnquerschnitt zunimmt, statt wie beim Gusseisen (vergl. Nr. 13) abzunehmen; die Erklärung für diese abweichende Erscheinung wird in dem Umstand zu suchen sein, dass die Schmiedeeisenspähne nicht in kurze Stücken brechen, wie die Spähne des Gusseisens, sondern sich unter der Wirkung des keilförmig gestalteten Stahls stetig abbiegen und erst nach Vollendung des ganzen Schnitts in ring- oder schraubengangförmigen Stücken ablösen; es mag daher die aus dem Biegungswiderstand des Spahns (der mit der zweiten Potenz der Spahndicke wächst) hervorgehende Reibung zwischen Stahl und Spahn hier von vorherrschendem Einfluss sein, wogegen beim Gusseisen diese Reibung in Folge der wiederholten Spahnbrüche sich periodisch auf Null vermindert und daher in ihrem Totalbetrag gegen die übrigen Quellen des Arbeitsverbrauchs mehr zurücktritt. Zur Feststellung eines Abhängigkeitsgesetzes zwischen f und ε ist die Zahl der vorliegenden Versuche zu gering; als Durchschnittswerth wird bis auf weiteres anzuzehen sein:

$$\varepsilon = 0{,}106 \text{ PS für } f = 0{,}428 \square^{mm}.$$

Bezüglich der Leistungsfähigkeit dieser Maschine mag angeführt werden, dass ein geübter Knabe in einer Stunde bequem 6 Stück Muttern für Schrauben von 1″ engl. Durchmesser fertig hobeln kann, wogegen ein flinker Schlosser eine Stunde zur Vollendung einer einzigen solchen Mutter durch Feilen verbraucht.

22. Abziehmaschine (Schlicht-Hobelmaschine) Nr. 1

von Rich. Hartmann*).

Holzhobelmaschine mit feststehendem breiten Messer (Doppeleisen), vergl. die Skizze Fig. 7 Tafel IV; dient zur Glättung harter Hölzer bis zur Politurfähigkeit, wie auch zur Herstellung dünner Holzspähne von grosser Länge und Breite, z. B. für die Zwecke der Schachtelfabrikation.

Das Arbeitsstück a wird zwischen die platten gusseisernen Speisewalzen b_1 b_2 eingeschoben, die sich im Sinne des in Fig. 7 aufgetragenen Pfeiles drehen und von denen die Oberwalze mittels einer Schraubenstellung beweglich ist; ein zweites Walzenpaar c_1 c_2 wirkt in gleichem Sinne transportirend auf das Arbeits-

*) Construction von B. D. Whitney, vergl. den österreichischen Bericht über die Pariser Weltausstellung i. J. 1867, II. Band, S. 248.

Nr. des Versuches	Dauer d. Versuches Min.	Umdrehungen pro Min. am Dynam. n	der Antriebwelle $n_1 = 1{,}19\,n$	der Vorschiebwalzen $n_2 = \frac{3}{4}\,n_1$	Arbeit der Maschine; Bezeichnung des gehobelten Holzes	Beobachteter Vorschub pro Sec. Millim.	Breite des abgehobelten Holzspahns in Millim.	Dicke des abgehobelten Holzspahns in Millim.	Spahn-Vol. pro Sec. für normalen Gang in Kb^cm	Federspannung in Kilogr. S	Widerstand am Halbm. 1^m d. Antriebwelle in Kil. $\Phi = \{0{,}0361\,S;\ 0{,}0352\,S$	Arbeitsaufwand für $n_1 = 150$ Umdr. d. Antriebwelle p. M.: Met.-Kil. pro Sec. $A = 15{,}7$	Pferdest. $N = \frac{A}{75}$	Spahn-Vol. pro Pferdekraft u. Stunde in Kb^m
1	1	130,4	155,3	116,5	Leergang	—	—	—	—	(C,b) 15	0,542	8,509	0,113	—
2	1/4	116	138,0	103,5	„	—	—	—	—	20	0,722	11,335	0,151	—
3	1/3	124,5	148,2	111,2	Mahagoni gehobelt	131	105	0,14	1,95	80	2,888	45,342	0,605	0,015
4	1/3	129	153,5	115,1	Erle „	232	100	0,15	3,39	130	4,693	73,680	0,982	0,014
5	1/4	134	159,5	119,6	Mahagoni „	175	105	0,28	4,83	180	6,498	102,019	1,360	0,014
6	1/3	120	142,8	107,1	Erle „	232	100	0,23	5,61	225	8,123	127,531	1,700	0,013
7	1/4	120	142,8	107,1	Mahagoni „	127	95	0,25	3,18	220	7,220	113.354	1,511	0,0083
8	5/12	132	157,1	117,8	„ „	183	101	0,27	4,77	265	9,567	150,202	2,003	0,0092
9	5/12	115	136,9	102,7	Erle	186	100	0,29	5,90	265	9,567	150,202	2,003	0,011
10	3/4	136	161,8	121,4	Mahag. u. Erle abwechs.	157	102	0,27	4,00	260	9,386	147,360	1,965	0,0079
11	3/4	127	151,1	113,4	„ „ „	157	102	0,33	5,25	225	8,123	127,531	1,700	0,012
12	3/4	127	151,1	113,4	„ „ „	157	102	0,29	4,61	210	7,581	119,022	1,587	0,012
13	7/12	123	146,4	109,8	Eiche gehobelt	200	99	0,31	6,31	(D,b) 375	13,200	207,240	2,763	0,0087
14	1/2	134	159,5	119,6	Rothbuche „	211	89	0,27	4,75	275	9,680	151,976	2,026	0,0091
15	7/12	127,7	152	114	Eiche „	200	99	0,27	5,28	225	7,920	124,344	1,658	0,013
16	5/12	127	151,1	113,4	Rothbuche „	253	89	0,34	7,62	115(?)	4,048	63,554	0,847	0,038
17	1/2	132	157,1	117,8	Eiche „	233	99	0,36	7,95	410	14,432	226,582	3,021	0,0099
18	1/2	130	154,7	116	Rothbuche „	211	89	0,34	6,19	350	12,320	193,424	2,579	0,0091
19	1/2	128	152,3	114,2	„ „	211	89	0,26	4,82	460	16,192	254,214	3,390	0,0053
20	1/2	122	145,2	108,9	Fichte „	101	61	0,74	4,72	345	12,144	190,661	2,542	0,0071
21	1/3	123	146,4	109,8	„ „	152	61	0,86	7,51	400	14,080	221,056	2,947	0,0073
22	1/1	126	149,9	112,4	„ „	202	61	0,86	10,6	475	16,720	262,504	3,500	0,011
23	1/2	128	152,3	114,2	Leergang	—	—	—	—	20	0,704	11,053	0,147	—

stück; zwischen beiden Walzenpaaren ist ein gusseiserner Messerkasten *d* an den Gestellwänden verschraubt, in welchem das breite fein geschliffene Messer *e* verstellbar befestigt ist; damit das zu hobelnde Bret nicht am Arbeitspunkt sich durchbiege, wird eine gusseiserne, auf der Unterfläche polirte Platte *f* von der in der Skizze ersichtlichen Querschnittsform mittels Schrauben genau angestellt. Die Maschine liefert bei guter Beschaffenheit der Messerschneide und aus astfreiem Holz schöne zusammenhängende Spähne von Länge und Breite des eingebrachten Bretstücks, welche nach unten in der Richtung des punktirten Pfeils *g* austreten.

Die Maschine war nicht in regelmässiger Benutzung; der Speiseapparat wirkte unvollkommen, da sich ein starkes und leider sehr veränderliches Gleiten des Arbeitsstücks in den Zuführwalzen (durchschnittlich 74%) ergab; der Uebelstand war durch den Mangel eines elastischen Zwischenkörpers zwischen Schraubenstellung und Oberwalzen zu erklären, würde auch wohl durch Riffelung der Speisewalzen oder angemessene Gewichtsbelastung an Stelle der Schraubenstellung zu beseitigen sein.

Bei den Versuchen wurden eine grössere Zahl gehobelte Bretstücken von regelmässiger Gestalt und gleicher Dicke unmittelbar hinter einander zugeführt und die Schnitthöhe durch Messung der Bretstärke vor und nach dem Durchgang ermittelt. Die Versuche Nr. 1, 2 und 23 bezogen sich auf den Leergang der Maschine.

Die Versuche führten zu vorstehenden Daten.

Wenn man hiernach für die untersuchten Hölzer ermittelt, welcher Betrag an Nutzarbeit aufzuwenden ist, um pro Stunde 1 Kubikmeter Holz in Spähne zu verwandeln, so erhält man zunächst:

für Erle	$\varepsilon = 78{,}8$	PS
Mahagoni	$\varepsilon = 86{,}2$	„
Eiche	$\varepsilon = 95{,}2$	„
Rothbuche	$\varepsilon = 110$	„
Fichte	$\varepsilon = 118$	„

im ungefähren Durchschnitt für alle Hölzer etwa $\varepsilon = 100$; hierzu ist jedoch anzumerken, dass die Spahndicke wahrscheinlich einen fühlbaren Einfluss auf den Werth ε hat, denn die Versuche 20—22 (Fichtenholz), die zufällig bei einer viel grösseren Spahndicke als die übrigen ausgeführt wurden, hätten sonst nicht für Fichte einen Werth von ε ergeben können, grösser als für Eiche und Rothbuche. Fasst man die Ergebnisse aller Versuche zusammen, die sich auf Erle, Fichte, Mahagoni (weiche Hölzer) beziehen und ordnet dieselben nach der Spahndicke in 3 Gruppen, für deren jede man das arithmetische Mittel von δ und ε berechnet, so erhält man folgende zusammengehörige Werthe

$\delta = 0{,}145$ mm	$\varepsilon = 69{,}0$ PS
$\delta = 0{,}290$ „	$\varepsilon = 91{,}7$ „
$\delta = 0{,}820$ „	$\varepsilon = 124$ „ ,

also Zunahme des Arbeitswerthes mit der Spahndicke. Die hier geltende Beziehung lässt sich annähernd durch die Formel

$$\varepsilon = 64 + 78 \cdot \delta \tag{47}$$

darstellen, die für **weiche Hölzer** bis auf weiteres zu brauchen sein wird; für **harte Hölzer** (Eiche und Rothbuche) ergeben sich ebenso als zusammenhängende Durchschnittswerthe

$$\delta = 0{,}302^{mm} \qquad \varepsilon = 109 \text{ PS}$$

und kann bis auf weiteres zur Berechnung des specifischen Arbeitswerthes aus der Spahndicke δ^{mm} die Formel benutzt werden

$$\varepsilon = 80 + 96 \cdot \delta \tag{48}$$

Hiernach würde an Nutzarbeit erforderlich sein, um stündlich 1 Kb^m Holz in Spähne zu verwandeln

	für die Spahndicke δ =		
	$\frac{1}{10}$	$\frac{1}{2}$	1^{mm}
bei weichen Hölzern	71,8	103	142 PS
„ harten „	89,6	128	176 „

Diese Werthe sind beträchtlich höher als die entsprechenden für die Sägemaschinen berechneten; so ergab sich der Arbeitswerth für ein stündliches Kb^m Spähne für die unter Nr. 5 besprochene Gattersäge bei Fichtenholz zu 21,8—52,7 PS, bei der Kreissäge *ED* (Nr. 8) für weiche Hölzer zu 35,7 PS, für harte Hölzer zu $\frac{1}{0{,}014}$ = 71,4 PS. Der Unterschied wird durch die unvollkommene Art der Zuführung wie durch die Beschaffenheit des Spahns, der hier ungetheilt, dort in viele kleine Elemente zerlegt ist, zu erklären sein.

Die Vergleichung stellt sich günstiger, wenn man den Betrag der aufgewendeten Nutzarbeit $N-N_0$ auf die in der Stunde hergestellte Schnittfläche F bezieht, wie es in dem Falle angezeigt sein wird, wenn man die auf dieser Maschine hergestellten Spähne nicht als Abfall betrachten, sondern als eigentliches weiter zu verwendendes Fabrikat ansehen will; diese Spähne können z. B. als Fournüre, sowie als Material zur Fabrikation dünnwandiger Schachteln verwendet werden. Führt man die Rechnung für die drei Holzarten Erle, Fichte, Eiche durch, so erhält man Folgendes:

Holzart	Nr. des Vers.	Spahndicke δ^{mm}	Schnittfläche pro Stde. für normale Geschwk. d. Masch. $F\square^m$	Nutzarbeit $N-N_0$ PS.	Arbeitsverbrauch für 1 $\square^m$ stündl. Schnittfläche in PS $\varepsilon = \frac{N-N_0}{F}$
Erle	4	0,15	87,1	0,84	0,0096
	6	0,23	87,8	1,56	0,0178
	9	0,29	73,1	1,86	0,0254
Eiche	13	0,31	73,2	2,62	0,0358
	15	0,27	70,4	1,52	0,0216
	17	0,36	79,4	2,88	0,0363
Fichte	20	0,74	23,0	2,40	0,104
	21	0,86	31,4	2,81	0,0895
	22	0,86	44,1	3,36	0,0757

Hiernach ist im Durchschnitt der auf die stündliche Schnittfläche von 1 $\square^m$ bezogene specifische Arbeitswerth

für Erlenholz

bei $\delta = 0{,}22^{mm}$ mittlerer Spahndicke $\varepsilon = 0{,}0176$ PS.

für Eichenholz

bei $\delta = 0{,}34^{mm}$ „ „ $\varepsilon = 0{,}0312$ „

für Fichtenholz

bei $\delta = 0{,}82^{mm}$ „ „ $\varepsilon = 0{,}0897$ „

Diese Zahlen lassen das Abhobeln ganz dünner Holzblätter im Vergleich zum Absägen als vortheilhaft in kraftökonomischer Beziehung erscheinen, da z. B. bei der Bandsäge *CD* (Nr. 6) sich derselbe Werth

für Eichenholz zu $\varepsilon = 0{,}0662$ bis $0{,}107$ PS,
für Fichtenholz „ $\varepsilon = 0{,}0475$ bis $0{,}0611$ „ ,

bei der Schwartensäge *GH* (Nr. 5)

für Fichtenholz zu $\varepsilon = 0{,}087$ bis $0{,}211$ PS

ergeben hat.

Nach dem Vorstehenden würde sich die Betriebsarbeit der vorliegenden Holzziehbank auch aus der stündlichen Schnittfläche *F* nach der Formel

$$N = N_0 + \varepsilon \cdot F \tag{49}$$

berechnen lassen, worin

$N_0 = 0{,}14$ PS und ohne Rücksicht auf die Holzsorte
$\varepsilon = 0{,}1 \cdot \delta$

zu setzen ist, unter δ die Spahndicke in Millim. verstanden.

Beispiel. $F = 100 \square^m$, $\delta = 0{,}5^{mm}$, daher $\varepsilon = 0{,}05$ und
$N = 0{,}14 + 0{,}05 \cdot 100 = 5{,}14$ PS.

23. Holzstemmmaschine MK

von Joh. Zimmermann.

Von dieser Maschine, die gleichzeitig als Bohrmaschine und als Langlochbohrmaschine verwendbar ist, zeigen die Figuren 5 und 6 Taf. V die nähere Einrichtung. Die Bohrspindel *a* kann mittels eines Knopfes *b* in dem Spindelstock *cc* unbeweglich gemacht und von der Antriebwelle *d* aus durch einen Schubkurbelmechanismus in geradlinige Hin- und Herbewegung versetzt werden, so dass ein mit dem Bohrer *e* vorgebohrtes Loch, nachdem derselbe durch das Stemmeisen *f* Fig. 7 ersetzt worden, rechtzeitig ausgestemmt werden kann; die schrittweise Versetzung des Arbeitsstücks erfolgt hierbei durch den Arbeiter mittels Drehung entweder der Kurbel *g*, die auf eine im Gestell gelagerte Leitspindel aufgesteckt ist oder des Handrads *h*, an dessen Welle ein Zahnstangengetriebe sitzt.

Es wurden an dieser Maschine nur 6 Versuche ausgeführt und zwar Nr. 1 und 6 für den Leergang, die übrigen für den Arbeitsgang; hier wurde ein 30^{mm}

weites, 38mm tiefes in einem Erlenholzbret vorgebohrtes Loch rechtwinklig ausgestossen.

Folgendes sind die Beobachtungszahlen:

Nr. des Versuches	Dauer d. Versuches Min.	Umdrehungen pro Min. am Dynamometer n	der Vorgelegewelle $n_1 = 1,17\,n$	der Kurbelscheibe (beob.)	Länge (der Späne in Millim.)	Breite	Dicke	Federspannung in Kilogr. S	Widerstand am Halbm. 1m der Vorgelegewelle $\Phi = 0,0194\,S$ Kilogr.	Arbeitsaufwand für $n_1 = 85$ Umdrehungen pro Min. Met.-Kil. pro Sec. $A = 8,90\,\Phi$	Pferdest. $N = \frac{A}{75}$
1	1	73	85,41	86	—	—	—	(C,a) 150	2,910	25,899	0,345
2	1/2	74	86,58	86	38	30	1,74	180	3,492	31,079	0,414
3	1/2	72	84,24	86	38	30	1,77	190	3,686	32,805	0,437
4	1/2	74	86,58	86	38	30	1,86	198	3,841	34,185	0,456
5	1/2	72	84,24	84	38	30	2,86	215	4,171	37,122	0,495
6	1	73	85,41	86	—	—	—	150	2,910	25,899	0,345

Die hieraus abzuleitenden Durchschnittswerthe sind in der Uebersichtstabelle I vollständig enthalten.

Schlussbemerkungen über die Betriebsarbeit der Hobelmaschinen.

Wie die vorstehenden Versuche ergeben haben, ist die Betriebsarbeit für den Leergang bei den Hobelmaschinen innerhalb weiter Grenzen veränderlich, entsprechend ihrer verschiedenen Grösse und Complication. Die Aufstellung einer allgemein giltigen und hinreichend einfachen Formel ist hier zur Zeit noch nicht möglich. Dieselbe würde als wesentlich beeinflussende Elemente enthalten müssen

bei den Horizontalhobelmaschinen mit bewegtem Tisch:

das Gewicht des Tisches und Arbeitsstücks
die Verschiebung des Tisches,
das Verhältniss der Rücklaufs- zur Vorlaufs-Geschwindigkeit;

bei den Feil- und Nuthstossmaschinen:

das Gewicht des Stössels,
den Stösselhub,
das Verhältniss der mittleren Geschwindigkeit des Rücklaufs zum Vorlauf des Stössels.

In allen Fällen erweist sich aber der Einfluss des speciell angewendeten Bewegungsmechanismus so gross, dass noch immer eine ganze Gruppe von Formeln zu Stande kommen würde. Es erscheint daher für jetzt nur der eine Weg offen, bei Entscheidung einer die Leergangsarbeit der Hobelmaschinen betreffenden Frage diejenige der hier untersuchten Maschinen auszuwählen, welche der zur Abschätzung vorliegenden nach Einrichtung und Grösse am nächsten steht und nach Befinden die Versuchsresultate mit Rücksicht auf die noch vorhandenen Abweichungen zu corrigiren.

Zur Erlangung eines ganz ungefähren Näherungswerthes kann man sich wohl auch des von Hart*) vorgeschlagenen Weges bedienen, wonach zuerst (aus Spahnquerschnitt und Geschwindigkeit) die Nutzarbeit N_1 berechnet und hierauf die gesammte Betriebsarbeit

(50) $$N = (1 + m)\, N_1$$

gesetzt wird, wobei m ein zwischen 0,5 und 1,0 liegender Coefficient ist; es würde hiernach die Leergangsarbeit

(51) $$N_0 = m N_1$$

sein und die Beziehung zwischen m und dem in der vorliegenden Untersuchung eingeführten Coefficienten $\mu = \frac{N_1}{N}$ (Wirkungsgrad) sich ergeben aus

$$\mu = \frac{N_1}{N} = \frac{N_1}{(1 + m)\, N_1} = \frac{1}{1 + m} \text{ zu}$$

(52) $$m = \frac{1}{\mu} - 1.$$

Berechnet man aus den Ergebnissen der 11 an Metallhobelmaschinen ausgeführten Versuchsreihen den Durchschnittswerth der für μ ermittelten Zahlen (die innerhalb der Grenzen 0,24 und 0,776 fallen), so ergiebt sich

$$\mu = 0{,}553,$$

daher

$$m = 1{,}81 - 1 = 0{,}81.$$

Bemerkenswerth ist hierbei, dass die verschiedene Grösse der Maschine nicht in so entschiedenem Maasse auf die Werthe von μ und m Einfluss hat, wie Hart a. a. O. annimmt, da z. B. für die grosse Grubenhobelmaschine D (Versuchsreihe Nr. 11) $\mu = 0{,}517$ und für die kleinste Horizontalhobelmaschine V (Nr. 14) $\mu = 0{,}520$ sich ergab, während nach Hart für jene $m = 0{,}5$, also $\mu = 0{,}667$, für diese $m = 1$, also $\mu = 0{,}50$ anzunehmen wäre; es erscheint daher richtiger, die Unterscheidung der Grösse der Maschine an dieser Stelle fallen zu lassen und für überschlägige Rechnungen sich in allen Fällen eines und desselben Werthes für m ($= 0{,}81$) zu bedienen.

Zur Berechnung des an der Schneide des Hobelzahns verzehrten Arbeitsmoments (der Nutzarbeit), einschliesslich der sogenannten zusätzlichen Reibung empfiehlt es sich am meisten, die Beziehung zwischen Spahngewicht pro Stunde (bei den Holzhobelmaschinen Spahnvolumen pro Stunde) und Nutzarbeit zu benutzen, weil sich im gegebenen Falle, sei es durch directe Beobachtung oder durch Berechnung aus Spahnquerschnitt und Schnittgeschwindigkeit Gewicht und Volumen der abgehobelten Späne immer leicht angeben lassen.

*) J. Hart, die Werkzeugmaschinen für den Maschinenbau zur Metall- und Holzbetreibung. 2. Aufl., S. 60 (Heidelberg 1872).

Handelt es sich um einen zu ungefähren Bestimmungen brauchbaren Mittelwerth für jedes zu den Versuchen verwendete Material, hergeleitet aus den Mittelwerthen aller Versuchsreihen, so bieten sich für Hobelmaschinen die folgenden Zahlen für $\varepsilon = \frac{N - N_0}{G}$ $\left(\text{oder } \frac{N - N_0}{V}\right)$:

Material	Mittlerer Spahnquerschnitt f □mm	Nutzarbeit ε für 1k oder 1 Kbm Spähne pro Stunde	Zahl der Versuchsreihen
Bronze	1,08	0,028	1
Gusseisen	4,58	0,113	11
Schmiedeeisen	2,00	0,114	6
Stahl	0,57	0,246	1
Holz	69,1	96,0	2

Mit Hülfe dieser Mittelzahlen kann die Berechnung der Nutzarbeit N_1 nach der Formel

$$N_1 = \varepsilon \cdot G \text{ oder } N_1 = \varepsilon \cdot V$$

in einfachster Weise erfolgen.

Die Versuche liessen jedoch erkennen, dass jener Coefficient ε ausser von der Schnittgeschwindigkeit und von der Form des Stahls*) in erkennbarem Maasse von der absoluten Grösse des Spahnquerschnitts, beziehentlich der Schnittgeschwindigkeit abhängig ist und zwar wird es wahrscheinlich, dass bei jenen Materialien (Gusseisen), deren Spähne in kurzen Intervallen abbrechen, der Arbeitswerth ε bei zunehmendem Spahnquerschnitt abnimmt, bei solchen Materialien aber (Schmiedeeisen, Holz), deren Spähne sich zu langen Spiralen oder Locken zusammenwickeln, mit dem Spahnquerschnitt oder doch mit der Schnitthöhe wächst. Leider sind Stahl und Bronze in einer gut geführten Maschinenfabrik zu gesuchte und sorglich bewachte Artikel, als dass für diese, die Frage zur Entscheidung zu bringen, hinreichend viele Versuche hätten angestellt werden können; auch für Schmiedeeisen ist die Zahl der Versuche zur sicheren Herleitung des Zusammenhangs zu gering oder es sind doch die Grenzen, innerhalb deren der Spahnquerschnitt verändert wurde (0,39 bis 5,51 □mm) zu eng, um aus den Resultaten eine Gesetzmässigkeit erkennen zu lassen; für Holz werden die unter Nr. 22 hergeleiteten Formeln (47) und (48)

$$\varepsilon = 64 + 78\,\delta \text{ für weiches und}$$
$$\varepsilon = 80 + 96\,\delta \text{ für hartes,}$$

bis nach Durchführung ausgedehnterer Versuche benutzt werden können; für Gusseisen allein war die Zahl der Versuchsreihen (11) und der Einzelversuche (48) gross genug, um mittels graphischer Auftragung der zusammengehörigen Werthe von f und ε die Aufsuchung einer passenden Formel zu unternehmen, wenn auch der Umstand, dass zu diesen 48 Versuchen 10 verschiedene Gusseisenstücken verwendet werden mussten, deren Härte nicht gleich gross war, die Uebereinstimmung der Resultate beträchtlich abmindern musste. Ordnet man die Durch-

*) Vgl. die Untersuchungen des Marine-Ingenieur Jössel, Polytechnisches Centralblatt 31. Jahrg. (1865) S. 353; Zeitschrift d. Vereins deutscher Ingenieure 1866, S. 197 aus Bull. de la société d'encouragement 1864, Oct.

schnittsergebnisse der 11 Versuchsreihen nach der Grösse des Spahnquerschnitts f, so gelangt man zu folgender Uebersicht:

Nr. der Versuchsreihe	Zahl der Versuche	Spahnquerschnitt f □mm	Arbeitswerth ε für 1k Spähne pro Stunde
13	3	0,622	0,278
14	4	0,663	0,116
17	2	1,12	0,083
20	7	1,32	0,115
19	4	1,92	0,078
16	3	2,32	0,081
13	6	3,67	0,111
11	3	4,02	0,133
15	2	6,70	0,059
18	8	7,80	0,056
12	6	20,2	0,0368

Dass der Werth ε sich bei wachsendem f vermindert, ist hiernach ausser Zweifel, denn ordnet man die Resultate in Gruppen, so findet sich für

f unter 1 □mm im Durchschnitt $\varepsilon = 0,197$ PS
$f = 1$ b. 5 „ „ „ $\varepsilon = 0,100$ „
$f = 5$ b. 10 „ „ „ $\varepsilon = 0,0575$ „
$f = 20,2$ „ „ „ $\varepsilon = 0,0368$ „ ;

es würde jedoch über das Gesetz der Abhängigkeit zwischen f und ε aus diesen auf ganz verschiedene Gusseisenproben bezüglichen Zahlen keine Folgerung gezogen werden können; da jedoch die an der Hobelmaschine R ausgeführte Versuchsreihe Nr. 13, bei welcher ein und dasselbe Gusstück bearbeitet wurde, die Functionsform

$$\varepsilon = A + \frac{B}{f}$$

als zulässig sich erwiesen hatte, so wird disselbe auch bei der Zusammenfassung aller Ergebnisse zu Grunde zu legen sein und es ergiebt sich, dass alsdann die Coefficienten A und B folgende wahrscheinlichste Werthe erhalten:

$$A = 0,034 \text{ und } B = 0,13.$$

Man kann daher im Durchschnitt für graues Gusseisen den specifischen Arbeitswerth für 1k Spähne pro Stunde nach der Formel

$$\varepsilon = 0,034 + \frac{0,13}{f} \tag{53}$$

für $f = \frac{1}{2}$ 1 5 10 20 □mm ansetzen zu
$\varepsilon = 0,294$ 0,164 0,050 0,047 0,041 PS.

Beispiel. Eine Hobelmaschine erfordert für den Leergang 0,3 PS; es wird beobachtet, dass sie bei einem Spahnquerschnitt von 5 □mm stündlich 4,4 Kilogr. Gusseisen in Spähne verwandelt, so ist ihre totale Betriebskraft im Arbeitsgang

$$N = N_0 + \varepsilon \cdot G = 0,3 + 0,050 \cdot 4,4 = 0,3 + 0,22 = 0,52 \text{ PS}.$$

Die faktische Schnittgeschwindigkeit hat sich bei den Versuchen in ziemlich weiten Grenzen bewegt; berücksichtigt man nur diejenigen Werthe, bei denen das abgehobelte Spahngewicht pro Stunde am grössten war (s. Tabelle I), so waren diese Grenzen

für Gusseisen 49 und 152 (Mittelwerth 78^{mm})
für Schmiedeeisen 89 und 205 (Mittelwerth 147^{mm})
für Bronze 146
für Holz 202.

D. Bohrmaschinen.

24. Horizontalbohrmaschine SA.

Die Anordnung dieser Bohrmaschine für Metalle ergiebt sich aus den Figuren 1 und 2, Tafel VIII; der Antrieb ist in Fig. 3 skizzirt. Nach den hier eingeschriebenen Scheibendurchmessern und Zähnezahlen ergeben sich die 8 möglichen Tourenzahlen der Bohrspindel pro Minute wie folgt:

$$n_1 = 100 \cdot \frac{290}{182} = 160 \qquad n_2 = 100 \cdot \frac{235}{240} = 97{,}9$$

$$n_3 = 100 \cdot \frac{179}{296} = 60{,}5 \qquad n_4 = 100 \cdot \frac{127}{352} = 36{,}1$$

$$n_5 = n_1 \cdot \frac{20}{60} \cdot \frac{20}{60} = 17{,}8 \qquad n_6 = n_2 \cdot \frac{20}{60} \cdot \frac{20}{60} = 10{,}9$$

$$n_7 = n_3 \cdot \frac{20}{60} \cdot \frac{20}{60} = 6{,}72 \qquad n_8 = n_4 \cdot \frac{20}{60} \cdot \frac{20}{60} = 4{,}01$$

Die Zuschiebung z pro Umdrehung des Bohrers berechnet sich für die drei hierzu vorhandenen Stufenscheibenpaare zu

$$z_1 = \frac{24}{52} \cdot \frac{109}{269} \cdot \frac{1}{11} \cdot \frac{16}{29} \cdot 6{,}35 = 0{,}0596^{mm}$$

$$z_2 = \frac{24}{52} \cdot \frac{189}{180} \cdot \frac{1}{11} \cdot \frac{16}{29} \cdot 6{,}35 = 0{,}154 \text{ „}$$

$$z_3 = \frac{24}{52} \cdot \frac{261}{110} \cdot \frac{1}{11} \cdot \frac{16}{29} \cdot 6{,}35 = 0{,}349 \text{ „}$$

Der letztere Werth wurde bei den Versuchen, als zu gross, nicht verwendet.

Die Zahl der an dieser Maschine ausgeführten Versuche betrug 29. Hiervon bezogen sich Nr. 9—12 und Nr. 29 auf den Leergang bei 5 verschiedenen Geschwindigkeiten der Bohrspindel.

Bei Nr. 1—8 wurde ein Loch von 24 Durchmesser mittels eines gewöhnlichen Spitzbohrers (s. Fig. 8, Taf. VII) in Schmiedeeisen aus dem Vollen gebohrt unter Zuführung von Oel; die Schneiden des Bohrers bildeten einen Winkel von 113°, waren unter 81° zugeschärft und unter 22° gegen die Schnittfläche angestellt; das Loch erreichte während dieser Versuche (in $12^1/_2$ Min.) eine Tiefe von 36,3^{mm} und es brach im Laufe des Vers. Nr. 8 der Bohrer durch

Nr. des Versuches	Dauer d. Versuches	Umdrehungen pro Min.			Umfangsgeschwindigkeit des Bohrers	Zuschiebg. pro Umdrehung des Bohrers	Federspannung S	Widerstand am Halbm. 1m der Vorgelegswelle $\Phi = \begin{cases}0{,}0167\,S\\0{,}0159\,S\end{cases}$	Arbeitsverbrauch bei $u_1 = 100$ Umdr.	
		am Dynamometer u	d. Vorgelegswelle u_1	der Bohrspindel u_2					in Sec.-Met.-Kil. $A = 10{,}5\,\Phi$	in Pferdest. $N = \frac{A}{75}$
	Min.				Mm. p. S.	Millim.				
1	1	80	114	109	137	0,060	(B,a)250	4,18	43,8	0,584
2	1	70,5	100	96	121	0,062	265	4,43	46,5	0,620
3	1	68	96,6	94	118	0,064	260	4,34	45,6	0,608
4	1	70	99,4	60,3	76	0,066	160	2,67	28,1	0,374
5	1	73	104	61	77	0,066	180	3,01	31,6	0,421
6	1	70	99,4	60	75	0,067	170	2,84	29,8	0,397
7	2	65,5	93,0	32,8	41	0,076	150	2,51	26,3	0,351
8	4,5	70	99,4	32,4	41	0,103	130	2,17	22,8	0,304
9	1	76	108	39	—	—	70	0,835	8,77	0,117
10	1	76	108	107	—	—	65	1,08	11,4	0,151
11	1	83	118	184	—	—	110	1,84	19,3	0,257
12	1	85	121	69,5	—	—	50	0,835	8,77	0,117
13	1	85	121	38	100	0,079	140	2,34	24,6	0,327
14	1	83	118	40,5	106	0,074	145	2,42	25,4	0,339
15	1	75	107	60	157	0,058	215	3,59	37,7	0,503
16	1	83	118	48	126	0,083	240	4,01	42,1	0,561
17	0,5	76	108	59	155	0,140	400	6,68	70,1	0,935
18	0,5	106	151	50	131	0,140	(C,a)450	7,16	75,1	1,00
19	2	86	122	191	164	0,062	320	5,09	53,4	0,712
20	1,1	73,6	105	156	134	0,056	315	5,01	52,6	0,701
21	1	58	82,4	120	103	0,067	320	5,09	53,4	0,712
22	0,8	56,3	79,9	119	102	0,058	400	6,36	66,8	0,890
23	1	66	93,7	146	123	0,058	390	6,20	65,1	0,868
24	1	72,5	103	156	131	0,064	440	7,00	73,5	0,979
25	1	70	99,4	140	118	0,071	210	3,34	35,1	0,467
26	1	71	101	139	117	0,072	210	3,34	35,1	0,467
27	1	74	105	100	126	0,070	110	1,75	18,4	0,245
28	1	70	99,4	56	70	0,063	80	1,27	13,4	0,178
29	1	72	102	11	—	—	50	0,795	8,35	0,111

das Arbeitsstück durch; bei zunehmender Tiefe des Loches war die Umdrehungszahl des Bohrers schrittweise vermindert worden von 97,9 bei Nr. 1—3 auf 60,5 bei Nr. 4—6 auf 36,1 bei Nr. 8 (bezogen auf normale Geschwindigkeit der Vorgelegswelle).

Bei Vers. Nr. 13—18 wurde das so hergestellte Loch mittels Bohrstange und Messer (s. Fig. 10, Taf. VII) von 24 auf 50 erweitert; der Schneidwinkel des Messers betrug 84,5°, der Anstellungswinkel 17,5°; bei Nr. 17 wurde der Treibriemen der Maschine, weil er rutschte, neu gespannt; bei Nr. 18 fiel derselbe in Folge zu grossen Widerstandes ab (man hatte bei 17 und 18 die Zuschiebung des Bohrers von 0,06 auf 0,15^{mm} Umdr. erhöht).

Bei Vers. Nr. 19 und 20 wurde in dasselbe Arbeitsstück mit einem kleineren Spitzbohrer (Winkel der Schneiden 109°, Zuschärfungswinkel 80°, Anstellungswinkel 24°) ein Loch von 16,5 aus dem Vollen gebohrt; leider brach dieser Bohrer bei Vers. Nr. 20 plötzlich ab.

Vers. Nr. 21 und 22 bezogen sich auf einen Centrumbohrer von 16,5 Durchmesser (s. Fig. 9, Taf. VII), dessen Schneiden unter 84° zugeschärft und unter 14,5° angestellt waren; Material Schmiedeeisen; Schmiermittel Oel.

Bei Nr. 23—24 wurde mit einem Spitzbohrer von 16 Durchmesser in Gusseisen (trocken) gebohrt; Winkel der Schneiden 115°, Zuschärfungswinkel 93°, Anstellungswinkel 9°; ein gleichgrosser Centrumbohrer arbeitete in demselben Gussstück bei Nr. 25 und 26; Zuschärfungswinkel 82°, Anstellungswinkel 18°.

Bei Nr. 27 und 28 wurde die in Gusseisen hergestellte Bohrung mittels des bei 1—12 angewendeten Spitzbohrers von 16 auf 24 erweitert.

Die bei diesen Versuchen gewonnenen Zahlenwerthe sind in umstehender Tabelle zusammengestellt.

Mit Hülfe einer graphischen Darstellung der auf den Leergang bezüglichen Versuchsresultate ergiebt sich, dass die für denselben erforderliche Betriebskraft näherungsweise durch die folgenden Formeln dargestellt werden kann, in denen u_2 die minutliche Umdrehungszahl der Bohrspindel bedeutet:

a) ohne Rädervorgelege

(54) $$N_0 = 0{,}062 + 0{,}0012 \, . \, u \text{ PS}$$

b) mit Rädervorgelege

(55) $$N_0 = 0{,}10 + 0{,}0012 \, . \, u \text{ PS};$$

hiernach ist für die Vorgelegswelle allein ein Arbeitswerth = 0,062 PS und für das Rädervorgelege ein (mittlerer) Arbeitsverbrauch von 0,10—0,062 = 0,038 PS zu rechnen und ergeben sich für die 8 möglichen Geschwindigkeiten der Bohrspindel die folgenden zugehörigen Arbeitswerthe

ohne Rädervorgelege		mit Rädervorgelege	
Umdr. d. Bohrspindel pro Min. u_2	Betrkr. d. Leergangs N_0	Umdr. d. Bohrspindel pro Min. u_2	Betrkr. d. Leergangs N_0
160	0,254	17,8	0,121
97,9	0,179	10,9	0,113
60,5	0,135	6,72	0,108
36,1	0,105	4,01	0,105

Als arithmetisches Mittel dieser 8 Werthe ergiebt sich die Zahl

$$N_0 = 0,140 \text{ PS.}$$

Für die Vergleichung zwischen Produktion und Arbeitsverbrauch der Maschine empfiehlt es sich aus praktischen Gründen die ersten nicht nach dem Gewicht der ausgebohrten Spähne, sondern nach dem Volumen der gebohrten Löcher (berechnet aus Zahl, Durchmesser und Tiefe derselben) zu beurtheilen und den Betrag an Nutzarbeit zu berechnen (ε), welcher einem stündlich ausgebohrten Metallvolumen von 1 Kbzm entspricht; so ergeben sich z. B. für die Versuche Nr. 1—7 die folgenden zusammengehörigen Werthe von V, $N-N_0$ und $\varepsilon = \frac{N-N_0}{V}$:

Nr. des Vers.	Stündlich ausgebohrtes Metallvolumen V Kbzm	Verbrauch an Nutzarbeit in Pferdest. $N-N_0$	Specifischer Arbeitswerth (pro 1 Kbzm in d. Stde.) $\varepsilon = \frac{N-N_0}{V}$ PS
1	155	0,433	0,00279
2	163	0,469	0,00288
3	172	0,457	0,00267
4	109	0,257	0,00236
5	105	0,304	0,00290
6	109	0,280	0,00257
7	73	0,234	0,00321

Als Mittelwerth für ε ergiebt sich hieraus für das Bohren in Schmiedeeisen aus dem Vollen mit einem Spitzbohrer von 24 Durchmesser

$$\varepsilon = 0,00277 \text{ PS},$$

ebenso aus Vers. Nr. 19 und 20 für einen Bohrer von 16,5 Durchmesser

$$\varepsilon = 0,00329 \text{ PS}.$$

Der Arbeitswerth ε vergrössert sich also beträchtlich mit abnehmendem Bohrlochdurchmesser, was vorzüglich dem Umstand zuzuschreiben sein wird, dass die (bei Schmiedeeisen in gewissem Grade sperrigen) Spähne an den Wandungen des Bohrlochs einen Reibungswiderstand finden; der demselben entsprechende Betrag des specifischen Arbeitswerthes kann dem Quotienten aus Umfang und Querschnitt des Bohrlochs proportional gesetzt werden (denn je grösser der Umfang, um so mehr Reibungsweg und je grösser der Querschnitt, um so mehr Gelegenheit für die Spähne, durch gegenseitiges Verschlingen von den Wänden fern zu bleiben), so dass der Gesammtwerth von ε (Arbeitsverbrauch für die Spahnbildung + Arbeitsverbrauch durch Reibung) mittels einer Formel von der Gestalt

$$\varepsilon = A + \frac{B}{d}$$

darzustellen sein wird, worin d den Bohrlochdurchmesser in Mm. bedeutet. Der hierin vorkommende Coefficient A entspricht demjenigen Werthe von ε, der sich für $d = \infty$, d. h. in dem Falle ergiebt, wenn man den Bohrer unter solchen Umständen wirken lässt, dass die Spähne frei abfallen können, ohne sich an den Bohrlochwänden zu reiben. Dies ist z. B. der Fall bei Erweiterung eines vorgebohrten Loches mit Bohrstange und Messer, also bei den Vers. Nr. 13—17; für diese ergeben sich folgende Werthe:

Nr. des Vers.	Arbeitswerth ε pro 1 Kbcm Schmiedeeisen	
13	0,00098	Einfache Zuschiebung
14	0,00101	Einfache Zuschiebung
15	0,00124	Einfache Zuschiebung
16	0,00139	Einfache Zuschiebung
17	0,00119	Doppelte Zuschiebung.

Auch hier macht sich, wie man sieht, der erwähnte Reibungswiderstand mit zunehmender Bohrlochtiefe geltend; berücksichtigt man jedoch nur die ersten Versuche, innerhalb deren das Loch nur bis 6,5mm Tiefe erweitert wurde, so kann der hieraus entspringende Arbeitsaufwand als nicht vorhanden angesehen werden, so dass man berechtigt ist, für das betreffende Material (Schmiedeeisen)

$$\varepsilon = 0{,}001,$$

also auch den in obiger Formel vorkommenden Coefficienten

$$A = 0{,}001$$

zu setzen. Man hat daher zur Bestimmung von B die beiden Gleichungen

$$0{,}00277 = 0{,}001 + \frac{B}{24}$$

$$0{,}00329 = 0{,}001 + \frac{B}{16{,}5},$$

aus denen sich für B berechnet

$$B = 0{,}0425 \text{ und } B = 0{,}0378,$$

so dass für weiteren Gebrauch der Mittelwerth

$$B = 0{,}040$$

zu verwenden sein wird. Für den Zusammenhang zwischen Bohrlochdurchmesser d (in Millim.) und Arbeitswerth ε (in Pferdest.) wird daher bei Schmiedeeisen und für kleine Bohrlochtiefen die Formel

$$\varepsilon = 0{,}001 + \frac{0{,}04}{d} \tag{56}$$

benutzt werden können. Berechnet man hieraus den Werth ε für verschiedene Bohrlochdurchmesser und fügt (zur Vergleichung mit früheren und späteren Resultaten) die auf die Gewichtseinheit bezogenen Werthe der Nutzarbeit hinzu *), so erhält man folgende Uebersicht, giltig für Bohren aus dem Vollen in Schmiedeeisen, unter Verwendung des gewöhnlichen Spitzbohrers und bei Oelschmierung:

Bohrlochdurchm. d in Mm.	Specifischer Arbeitswerth in Pferdest.	
	pro 1 Kbcm in der Stunde	pro 1k in der Stunde
5	0,009	1,20
10	0,005	0,667
25	0,0026	0,347
50	0,0018	0,241
∞	0,0010	0,133

*) Das Gewicht von 1 Kbcm Schmiedeeisen zu 7,5g gerechnet.

Die Zahlen der letzten Columne lassen eine Vergleichung mit dem bei den Hobelmaschinen für Schmiedeeisen gefundenen Resultate zu; dort ergab sich bei $f = 2\square^{mm}$ Spahnquerschnitt für Schmiedeeisen der specifische Arbeitswerth, auf die Gewichtseinheit bezogen, zu

$$\varepsilon = 0,114 \text{ PS};$$

hier nähern sich die Werthe ε für zunehmenden Bohrlochdurchmesser der Grenze

$$\varepsilon = 0,133 \text{ PS},$$

wobei anzumerken, dass bei den Versuchen Nr. 13 und 14, die diese Zahl geliefert haben, der Spahnquerschnitt nahe $1\square^{mm}$ betrug (Spahnbreite 13, Spahndicke 0,076).

Von Interesse kann es auch sein, mit den vorstehenden auf Spitzbohrer und Schmiedeeisen bezüglichen Resultaten diejenigen anderer Beobachter zu vergleichen. Es liegen zwei ausführlichere Untersuchungen über den Arbeitsverbrauch beim Bohren der Metalle vor, die von Clarinval *) und die von Heim **). Bei den erstern fehlt leider eine Angabe über die für den Leergang der benutzten Bohrmaschine erforderliche Betriebskraft, so dass hier nachträglich eine Abschätzung des betreffenden von allen Versuchsresultaten abzuziehenden Betrags versucht werden muss. Es ergiebt sich mit Sicherheit, dass die von Clarinval benutzte Bohrmaschine (geb. von Dickoff in Bar-le-Duc) von einfachster Construction war, dass sie nicht mit Rädervorgelege, jedoch mit 3 paar Stufenscheiben ausgerüstet war und die normale Umdrehungszahl der Bohrspindel pro Minute betrug

220	bei	$3-10^{mm}$	Bohrlochweite
148	„	10—20 „	„
104	„	20—35 „	„

Nach Analogie mit den hier mitgetheilten Versuchen wird die für den Leergang erforderliche Betriebsarbeit näherungsweise zutreffend nach der Formel

$$(57) \qquad N_0 = 0,05 + 0,00023 \,.\, u \text{ PS}$$

zu berechnen, also für

u =	220	148	104 Umdr. pro Min.
N_0 =	0,10	0,084	0,074 PS

zu setzen sein.

Aus den von Clarinval mitgetheilten Beobachtungsdaten berechnet sich nun leicht die auf ein stündlich abgebohrtes Metallvolumen von 1 Kbzm. kommende totale Betriebsarbeit ε', aus welcher die entsprechende Nutzleistung mittels einer einfachen aus der Gleichung

---

*) M. Clarinval, Expériences sur les machines à percer les métaux, Paris 1859. Auszüge finden sich in der Zeitschrift des österr. Ingenieur- und Architekten-Vereins 1862, Heft VII und VIII, im Civil-Ingenieur (Bornemann), Literatur- und Notizblatt 1860, S. 68, im polyt. Centralblatt 1868, S. 1630.

**) Zeitschrift des Vereins deutscher Ingenieure, Bd. 12, S. 243 und 450, polyt. Centralblatt 1868, S. 1665.

$$\varepsilon' = \frac{N}{V} = \frac{N_0 + \varepsilon \cdot V}{V}$$

sich ergebenden Formel

(58) $$\varepsilon = \varepsilon' - \frac{N_0}{V}$$

zu berechnen ist. Setzt man die Zuschiebung des Bohrers pro Umdrehung der Bohrspindel, die in den Grenzen $\frac{1}{30}$ bis $\frac{1}{11}$ Mm. sich bewegt, im Durchschnitt für alle Versuche zu $\frac{1}{15}$ Mm., so kann das stündliche Spahnvolumen V aus

$$V = \frac{\pi}{4} \cdot d^2 \cdot \frac{1}{15} \cdot \frac{n \cdot 60}{1000} \text{ Kbzm}$$

leicht berechnet werden und es ergeben sich für die drei Geschwindigkeiten der Clarinval'schen Bohrmaschine die folgenden Reductionsformeln:

(59) Für $n = 220$ und $N_0 = 0{,}10\ : \varepsilon = \varepsilon' - \frac{0{,}145}{d^2}$.

(60) „ $n = 148$ „ $N_0 = 0{,}084 : \varepsilon = \varepsilon' - \frac{0{,}180}{d^2}$

(61) „ $n = 104$ „ $N_0 = 0{,}074 : \varepsilon = \varepsilon' - \frac{0{,}226}{d^2}$.

Von diesen Formeln kommt zunächst nur die erste zur Benutzung, da Clarinval mit dem Spitzbohrer (foret à langue d'aspic) in Schmiedeeisen nur Löcher von 3—7,5 mm Weite gebohrt hat, vergl. S. 84 des Originalberichts. Als Schmiermittel diente Oel, die Zuschiebung betrug 1 mm pro Min.; die Zahlen für den Arbeitsverbrauch wachsen mit der Tiefe der Bohrung; benutzen wir zur Vergleichung mit dem vorliegenden Fall die Werthe für die Tiefe von 15 mm, so erhalten wir für die folgenden Zahlen:

Durchmesser der Bohrung	Totaler Arbeitsverbrauch in Sec.-Met.-Kil.	Berechneter Werth des specifischen Arbeitsverbrauchs in Pferdest. pro 1 Kbzm ε'	ε
3	2,4	0,0752	0,0591
5,5	3,5	0,0328	0,0280
7,5	2,3	0,0116	0,0000

Zur Vergleichung kommen in Betracht die Zahlen der letzten Reihe. Die oben für (weiches) Schmiedeeisen aus den Chemnitzer Versuchen abgeleitete Formel (56)

$$\varepsilon = 0{,}001 + \frac{0{,}04}{d}$$

würde ergeben

für $d = 3$	$d = 5{,}5$	$d = 7{,}5$
$\varepsilon = 0{,}0143$	$\varepsilon = 0{,}0083$	$\varepsilon = 0{,}0063$ PS,

wovon die Clarinval'schen Werthe betragen das

4,1	3,4	1,4 fache.

Es geht hieraus hervor, dass — abgesehen von der Härteverschiedenheit der in beiden Versuchsreihen benutzten Schmiedeeisenproben — der specifische Arbeitswerth für ganz kleine Bohrlochdurchmesser wohl noch erheblich grösser ist, als es die erwähnte (für $d = 16{,}5$ bis 24 gültige) Formel ausdrückt.

Unter den von Heim ausgeführten Versuchen findet sich ein solcher für einen Spitzbohrer von $d = 24$ Durchmesser, zum Bohren in (weichem und homogenem) Wasseralfinger Feinkorneisen; Zuschiebung $z = 0{,}12^{mm}$, Umdrehungszahl des Bohrers $u = 100$ pro Min.; Verbrauch an Nutzarbeit $a = 26{,}8$ Sec.-Met.-Kil., woraus sich

$$\varepsilon = 0{,}00183 \text{ PS}$$

berechnet, also weniger als für einen gleich grossen Bohrer bei den Chemnitzer Versuchen, bei denen

$$\varepsilon = 0{,}00277 \text{ PS}$$

gefunden wurde. Die Ergebnisse der letzteren fallen sonach rücksichtlich des Arbeitswerthes ε zwischen die von Clarinval und Heim erhaltenen, soweit sie sich auf den gewöhnlichen Spitzbohrer und Schmiedeeisen beziehen; das zu den vorliegenden Versuchen benutzte Schmiedeeisen mag also härter gewesen sein, als das von Heim benutzte und weicher als das bei Clarinval, wenn nicht etwa die schwer zu definirende Beschaffenheit (Schärfe) der Bohrerschneiden den gefundenen Unterschied mitbedingt.

Zur Entscheidung der Frage über den kraftökonomischen Vortheil der Centrumbohrer gegen die Spitzbohrer sind die hier mitgetheilten Versuche nicht zahlreich genug; bei Schmiedeeisen (Vers. Nr. 19—22) erwiesen sich die letztern, bei Gusseisen (Vers. Nr. 23—26) die erstern vortheilhafter. Für die Frage des Werthes verschiedener Bohrer scheinen die Versuche von Heim zuverlässig und entscheidend, nach denen für $d = 24$, $z = 0{,}12$ und $u = 100$ die untersuchten vier Bohrer in arbeitsökonomischer Beziehung in folgender Reihe stehen:

Bezeichnung des Bohrers	Nutzarbeit in Sec.-Met.-Kil.	Specifischer Arbeitswerth ε, bezogen auf 1 Kb^{cm} in Bohrspähne verwandeltes Schmiedeeisen	auf 1^k in Bohrspähne verwandeltes Schmiedeeisen
Vorschneidender Kanonenbohrer	20	0,00137	0,183
Kernbohrer	21,3	0,00146	0,195
Gespitzter Kanonenbohrer	25,6	0,00175	0,234
Spitzbohrer	26,8	0,00183	0,244.

Bei Clarinval findet sich eine Versuchsreihe mit Centrumbohrern (forets à téton) auf weichem Schmiedeeisen von Abbainville, welche hiermit vergleichbar scheint und aus der sich für $d = 25$, $z = 0{,}01$, $u = 104$ die entsprechenden Werthe von ε zu

0,00188 0,251

berechnen lassen, wonach zwischen Spitzbohrer und Centrumbohrer kein grosser Unterschied zu bestehen scheint.

Für hartes Schmiedeeisen (fer très-dur de Montigny) findet sich bei Clarinval auf S. 77 eine Zusammenstellung von Versuchsresultaten, erhalten mit dem Centrumbohrer und mit Seifenwasser als Schmiermittel, reducirt auf 1^{mm} Zuschiebung pro Min.; wählt man die auf 45 Lochtiefe bezüglichen Zahlen aus, so berechnet sich in der oben angedeuteten Art für

$d =$	8	10	15	25	35	44^{mm}
$\varepsilon =$	0,0055	0,00408	0,00209	0,00185	0,00206	0,00193,

wonach sich die Formel

(62) $$\varepsilon = 0{,}00114 + \frac{0{,}035}{d}$$

zur Berechnung von ε herleiten lässt. Dieselbe ergiebt für $d = \infty$ den die Härte des benutzten Schmiedeeisens charakterisirenden Werth

$\varepsilon = 0{,}00114$ PS pro 1 Kbzm oder
$\varepsilon = 0{,}152$ PS pro 1 k abgebohrtes Schmiedeisen.

Für das Bohren in Gusseisen ergaben die hier dargestellten Versuche

Nr. 23 und 24 für Spitzbohrer bei $d = 16$, $\varepsilon = 0{,}00589$ (?)
„ 25 „ 26 „ Centrumbohrer bei $d = 16$, $\varepsilon = 0{,}00177$
„ 27 für Bohrstange und Messer bei $d = 24$, $\varepsilon = 0{,}000658$
} pro 1 Kbzm.

Aus Clarinval's Versuchen (S. 84) ergiebt sich für weiches Gusseisen bei 30 mm Lochtiefe

für den Spitzbohrer	bei $d = 5{,}5$	$\varepsilon = 0{,}00459$	pro 1 Kbzm.
	„ $d = 7{,}5$	$\varepsilon = 0{,}00189$	
für den Centrumbohrer	„ $d = 8$	$\varepsilon = 0{,}000700$	
	„ $d = 15$	$\varepsilon = 0{,}000581$	
	„ $d = 35$	$\varepsilon = 0{,}000645$	

Die letzteren auf den Centrumbohrer bezüglichen Daten, welche die weitesten Grenzen für d umfassen, lassen sich durch die Näherungsformel

(63) $$\varepsilon = 0{,}000575 + \frac{0{,}001}{d}$$

darstellen, welche für $d = \infty$

$\varepsilon = 0{,}000575$ PS pro 1 Kbzm
$\varepsilon = 0{,}0799$ PS pro 1 k
} abgebohrtes Gusseisen

ergiebt. Der aus der Reibung der Spähne im Bohrloch entspringende Theil des specifischen Arbeitswerthes ist sonach für Gusseisen erheblich kleiner, als für Schmiedeeisen, wie sich aus der folgenden Vergleichung für Centrumbohrer in hartem Schmiedeeisen und weichem Gusseisen noch deutlicher ersehen lässt:

	Bohrlochdurchmesser $d =$	5	10	20	40	∞
Arbeitswerth für 1 Kbzm stündlich abgebohrtes	hartes Schmiedeeisen $\varepsilon =$	0,00814	0,00464	0,00289	0,00202	0,00114
	weiches Gusseisen $\varepsilon =$	0,000775	0,000675	0,000625	0,00060	0,000575
Verhältniss, in welchem der letzte zum ersten Werthe steht		1 : 10,5	1 : 6,87	1 : 4,62	1 : 3,87	1 : 1,98.

Hieraus ist der Einfluss der grössern Länge und sperrigen Beschaffenheit der Schmiedeeisenbohrspähne im Gegensatz zu der bröcklichen Beschaffenheit der Gusseisenspähne sehr deutlich zu erkennen.

Ueber den Einfluss der Bohrlochtiefe auf den Arbeitswerth ε lässt sich aus den vorliegenden Versuchen kein zuverlässiges Resultat herleiten, da sämmtliche Versuche nur bei geringer Lochtiefe ausgeführt sind.

25. Kleine Cylinderbohrmaschine I Nr. 2

von Rich. Hartmann.

Die Anordnung dieser Cylinderbohrmaschine mit horizontaler Spindel ist in Fig. 4 Taf. VIII in $\frac{1}{20}$ skizzirt. Der Stirnräderantrieb 14 : 70 ist bei den neueren Ausführungen in einen Schraubenradantrieb umgewandelt worden. Die Zuschiebung des Bohrkopfs pro Umdr. desselben betrug bei den Versuchen

$$\varepsilon = \frac{30}{15}\left(1 - \frac{30}{32}\right) \cdot 6{,}4 = 0{,}80^{\text{mm}}.$$

Der Bohrkopf war mit einem einzigen Messer ausgerüstet, dessen Schneidwinkel 80°, der Anstellungswinkel 10° betrug; Schneide gerundet nach 4^{mm} Krümmungshalbmesser.

Von den Versuchen bezog sich Nr. 5 auf den Leergang; bei Nr. 1—4 wurde die Gusshaut von 3—4^{mm} Dicke ausgebohrt (erster Durchgang des Bohrkopfs), bei Nr. 6 und 7 geschlichtet (zweiter Durchgang des Bohrkopfs, Schnitthöhe ca. $^1/_2$ Mm.).

Die Versuche führten zu folgenden Ergebnissen:

Nr. d. Vers.		1	2	3	4	5	6	7
Dauer des Vers. in Min.		4	4	4	5	4	4	3
Umdrehungen pro Min.	am Dynam. n =	20	19,8	22,5	18,4	17	17	17,7
	d. Antriebswelle n_1 =	16,5	14	18	15,2	14	13,5	14,3
	d. Bohrspindel n_2 =	3,3	2,8	3,6	3,0	2,8	2,7	2,86
Umfangsgeschwindigkeit des Bohrkopfs pro Sec.		74,1	63,0	81,0	68,5	63,0	61,6	64,4
Federspannung S^{k}	(C,b)	310	320	330	335	11	50	48
Widerstand am Halbm. 1^{m} der Antriebwelle $\Phi = 0{,}0295 \,.\, S$		9,15	9,44	9,74	9,88	0,324	1,48	1,42
Arbeitsverbrauch	in Sec.-Met.-Kil. $A = 1{,}57 \,.\, \Phi$	14,4	14,8	15,3	15,5	0,509	2,32	2,22
	in Pferdest. $N = \frac{A}{75}$	0,191	0,198	0,204	0,207	0,0067	0,031	0,030.

Für die ersten 4 Versuche waren die ausgebohrten Spähne gesammelt und gewogen worden; es ergab sich das Spahngewicht pro Sec. zu 0,74^{g}, daher pro Stunde zu

$$G = 2{,}664^{\text{k}}.$$

Die mittlere Nutzleistung für dieselben Versuche war

$$N - N_0 = 0{,}200 \text{ PS},$$

daher der specifische Arbeitswerth pro 1^{k} Spähne in der Stunde

$$\varepsilon = \frac{0{,}200}{2{,}664} = 0{,}0725 \text{ PS bei } f = 2{,}80\,\square^{\text{mm}} \text{ Spahnquerschnitt.}$$

Dieser Werth stimmt nahe mit den bei den Hobelmaschinen erhaltenen Endresultaten, denn setzt man in der dort gefundenen Formel (53)

$$\varepsilon = 0{,}034 + \frac{0{,}13}{f}$$

$f = 2{,}80$ ein, so folgt

$$\varepsilon = 0{,}080\,.$$

26. Radialbohrmaschine RG

von Joh. Zimmermann.

Von dieser Bohrmaschine zeigt Fig. 5 Taf. VIII eine Skizze in $\frac{1}{20}$; Fig. 6 giebt den Antriebapparat mit eingeschriebenen Zähnezahlen und Maassen. Hiernach berechnet sich für $n_1 = 100$ Umdr. d. Vorgelegswelle pro Min. die minutliche Umdrehungszahl der Bohrspindel n_2 wie folgt:

Ohne Rädervorgelege	Mit Rädervorgelege
$100 \cdot \frac{311}{123} \cdot \frac{20}{30} = 169$	$169 \cdot \frac{20}{60} \cdot \frac{20}{60} = 18{,}8$
$100 \cdot \frac{250}{187} \cdot \frac{20}{30} = 89{,}1$	$89{,}1 \cdot \frac{20}{60} \cdot \frac{20}{60} = 9{,}90$
$100 \cdot \frac{187}{250} \cdot \frac{20}{30} = 49{,}8$	$49{,}8 \cdot \frac{20}{60} \cdot \frac{20}{60} = 5{,}53$
$100 \cdot \frac{123}{311} \cdot \frac{20}{30} = 26{,}4$	$26{,}4 \cdot \frac{20}{60} \cdot \frac{20}{60} = 2{,}93.$

Die Zuschiebung des Bohrers pro Umdr. für den Fall, dass die Schaltradklinke je um einen Zahn schiebt, ergiebt sich zu

$$z = \frac{1}{50} \cdot \frac{15}{70} \cdot 12{,}7 = 0{,}054^{\text{mm}}.$$

Mit diesem berechneten Werth der Zuschiebung trifft der am Arbeitsstück selbst beobachtete selten überein, was durch die grosse Länge und die Elasticität des Arms zu erklären sein möchte: Es ist unmöglich, bei Anfang eines Versuchs den Bohrer gerad so scharf anzustellen, dass in diesem Arm und dem ganzen Gestell ganz dieselbe Spannung herrscht, wie am Ende des Versuchs.

Die Versuchsreihe hatte hauptsächlich den Zweck, zuverlässige Werthe für den Arbeitsverbrauch beim Leergang zu ermitteln, da diese Maschine als Repräsentant der courantesten — mittelgrossen — Radialbohrmaschinen gilt. Hierauf beziehen sich die Vers. Nr. 11—16. Jedoch wurde die Gelegenheit benutzt, an einem gerade aufgespannten gusseisernen Lagerblock mittels Spitzbohrer einige Löcher aus dem Vollen zu bohren; bei Nr. 1—2 war die Breite des Bohrers 12,5, der Winkel zwischen den Schneiden 118°, Zuschärfungswinkel 82°, Anstellungswinkel 12°; bei Vers. Nr. 3—10 hatte der Bohrer 10,5 Breite, 106° Schneidenwinkel, 84° Zuschärfungswinkel und 11,5° Anstellungswinkel. Die Umdrehungszahlen der Bohrspindel wurden direct beobachtet. Nachstehende Uebersicht enthält die Beobachtungsdaten:

Aus Bohrlochdurchmesser und Zuschiebung lässt sich (für $n_1 = 100$) das bei den Vers. Nr. 1—10 pro Stunde abgebohrte Metall-Volumen berechnen und durch Vergleichung mit dem entsprechenden Verbrauch an Nutzarbeit ergiebt

Nr. des Versuches	Dauer d. Versuches Min.	Umdrehungen pro Min. am Dynamometer u	der Vorgelegswelle $u_1 = 1,165\ u$	der Bohrspindel u_2	Umfangsgeschwindigkeit des Bohrers in Mm. pro Sec.	Zuschiebung des Bohrers pro Umdrehung	Federspannung S^k	Widerstand am Halbm. 1m der Vorgelegswelle $\Phi = 0,0197\ S$	Arbeitsverbrauch in Sec.-Met.-Kil. $A = 10,5\ \Phi$	in Pferdest. $N = \frac{A}{75}$
1	0,5	82	96,7	152	99,6	0,088	(B, b) 195	3,84	40,3	0,538
2	2	80	93,2	146	95,6	0,077	197	3,88	40,8	0,543
3	2	89,5	104	166	92,7	0,088	203	4,00	42,0	0,560
4	2	92,8	108	95,5	53,5	0,056	106	2,09	21,9	0,292
5	2	91,5	107	94,5	52,9	0,062	105	2,07	21,7	0,289
6	2	93,3	109	55	30,8	0,056	66	1,30	13,7	0,182
7	2	86,5	101	51,5	28,8	0,058	63	1,24	13,0	0,174
8	2	86,8	101	27,9	15,6	0,054	45	0,887	9,31	0,124
9	2	89,5	104	28,9	16,2	0,052	49	0,965	10,1	0,135
10	1	76	88,5	144	80,6	0,063	196	3,86	40,5	0,540
11	1	77	89,7	145	—	—	163	3,21	33,7	0,449
12	1	83	96,7	86	—	—	86	1,69	17,8	0,237
13	1	83	96,7	49,5	—	—	56	1,10	11,6	0,154
14	1	84,5	98,4	27	—	—	46	0,906	9,51	0,127
15	1	86,5	101	2,8	—	—	39	0,768	8,06	0,107
16	1	88	103	18,5	—	—	63	1,24	13,0	0,174

sich sodann der für Gusseisen und Spitzbohrer charakteristische Arbeitswerth $\varepsilon = \frac{N - N_0}{V}$; lässt man hierbei die Vers. Nr. 8 u. 9 wegen der unsicheren Bestimmung von V ausser Acht, so erhält man

für Vers. Nr.	1	2	3	4	5	6	7	10
das stündl. Spahnvol. V in Kb^{cm} (für u_1 = 100)	101	82,4	78,8	28,8	31,6	16,7	16,2	48,6
den Arbeitsverbrauch ε in PS pro 1 Kb^{cm} in der Stunde	0,000877	0,00114	0,00141	0,00189	0,00165	0,00168	0,00124	0,00187

Als Mittelwerthe sind daher zu brauchen

für $d = 12,5$ | $d = 10,7$
$\varepsilon = 0,00101$ | $\varepsilon = 0,00162$
bei $f = 0,25$ | $f = 0,086$ □^{mm} Spahnquerschnitt.

Diese Werthe sind etwas höher als die von Clarinval für den Centrumbohrer gefundenen (vergl. Nr. 24).

Die auf den Leergang bezüglichen Resultate lassen sich annähernd durch folgende zwei Formeln darstellen:

Ohne Rädervorgelege

$$N_0 = 0,06 + 0,0022 \,.\, u_2 \tag{64}$$

Mit Rädervorgelege

$$N_0 = 0,095 + 0,0042 \,.\, u_2 \tag{65}$$

Hiernach berechnet sich folgende Uebersicht:

Ohne Rädervorgelege		Mit Rädervorgelege	
u_1	N_0	u_2	N_0
169	0,432	18,8	0,174
89,1	0,256	9,90	0,137
49,8	0,170	5,53	0,118
26,4	0,118	2,93	0,107

Als Gesammtdurchschnittswerth für N_0 würde sich hiernach die Zahl

$$N_0 = 0,189 \text{ PS}$$

ergeben.

Als constructive Eigenthümlichkeit dieser Radialbohrmaschine, die übrigens ganz Whitworth nachgebildet ist, wird hervorgehoben, „dass das zu horizontaler Verstellung des Support nöthige Schwungrad an dem Bohrspindel-Support selbst angebracht ist, wodurch es dem Arbeiter leicht wird, den Bohrer rasch und genau auf den Punkt zu stellen, wo er bohren will, indem er denselben gut sehen kann."

27. Grosse Radialbohrmaschine A Nr. 0

von Rich. Hartmann.

Grösstes Modell der in Chemnitz gebauten Radialbohrmaschinen. Die Gesammtanordnung ist in Fig. 7 Tafel VIII, der Antrieb in Fig. 8 derselben

Tafel skizzirt. Nach den hier eingeschriebenen Zähnezahlen und Scheibengrössen berechnen sich für $u_1 = 120$ Umdr. d. Vorgelegswelle pro Minute die Werthe der dem Bohrer zu ertheilenden minutlichen Umdrehungszahlen wie folgt:

Ohne Rädervorgelege	Mit Rädervorgelege
$120 \cdot \frac{550}{250} \cdot \frac{18}{22} \cdot \frac{13}{21} = 134$	$134 \cdot \frac{20}{56} \cdot \frac{20}{56} = 17,1$
$120 \cdot \frac{450}{350} \cdot \frac{18}{22} \cdot \frac{13}{21} = 78,2$	$78,2 \cdot \frac{20}{56} \cdot \frac{20}{56} = 10,0$
$120 \cdot \frac{350}{450} \cdot \frac{18}{22} \cdot \frac{13}{21} = 47,3$	$47,3 \cdot \frac{20}{56} \cdot \frac{20}{56} = 6,05$
$120 \cdot \frac{250}{550} \cdot \frac{18}{22} \cdot \frac{13}{21} = 27,6$	$27,6 \cdot \frac{20}{56} \cdot \frac{20}{56} = 3,54.$

Die Zuschiebung des Bohrers pro Umdr. desselben und pro Zahn des Schaltrads berechnet sich zu

$$z = \frac{55}{65} \cdot \frac{1}{80} \cdot \frac{1}{54} \cdot 144 \cdot \pi = 0,105^{mm}.$$

Die faktische Zuschiebung, wie sie bei den Versuchen durch directe Messung am Arbeitsstück ermittelt wurde, ergab sich in der Regel merklich kleiner (durchschnittlich um 20 %), obgleich der Zuschiebungsapparat weder Frictionskupplung noch Riementrieb enthält. Die Ursache dieser Erscheinung muss in der Art, wie der beim Bohren auftretende Widerstand sich mit der wirksamen Betriebskraft ins Gleichgewicht setzt, gesucht werden: Zuerst wird sich beim Angriff des Bohrers derselbe dichter in den Bohrkopf und dieser dichter in die Bohrspindel eindrücken, worauf der ganze Arm — unter Eintritt elastischer Biegung — eine geringe Hebung erfährt, wozu noch der Einfluss der elastischen Verdrehung der im Schaltapparat enthaltenen Wellen hinzutritt. Die hieraus entspringende Differenz zwischen Rechnung und Beobachtung wird nur bei sehr grossen ohne Unterbrechung vollendeten Bohrlochtiefen verschwindend klein werden, deren Herbeiführung bei den Versuchen desshalb nicht möglich war, weil die Bohrmaschine nur kurze Zeit der Benutzung entzogen werden durfte. Leider muss die erwähnte Erscheinung auch die Zuverlässigkeit der für V und s ermittelten Werthe einigermaassen beeinträchtigen.

Die Ergebnisse der an dieser Bohrmaschine ausgeführten 54 Versuche sind in nachstehender Tabelle übersichtlich zusammengestellt.

Insoweit sich die Ergebnisse dieser Versuche auf den Leergang beziehen, lassen sie sich mit befriedigender Annäherung durch die Formel

(66) $$N_0 = 0,12 + 0,005 \cdot u_2 \text{ PS}$$

darstellen, worin u_2 die minutliche Umdrehungszahl der Bohrspindel bedeutet. Es kann daher für normale Geschwindigkeit der Vorgelegswelle ($u_1 = 120$) N_0 einen der folgenden 8 Werthe annehmen:

Für u_2 =	3,54	6,05	10,0	17,1	27,6	47,3	78,2	134 Umdr.
ist N_0 =	0,138	0,150	0,170	0,206	0,258	0,357	0,511	0,789 PS.

Im grossen Durchschnitt würde daher für die Betriebskraft dieser Bohrmaschine

$$N_0 = 0,322 \text{ PS}$$

anzusetzen sein.

LI. Grosse Radialbohrmaschine A Nr. 0.

Nr. des Versuches	Dauer d. Versuches Min.	Umdrehungen pro Min. am Dynamometer n	Umdrehungen pro Min. der Vorgelegswelle $n_1 = \frac{2}{3} n$	Umdrehungen pro Min. der Bohrspindel n_2	Durchmesser des Bohrers m/m	Umfangsgeschw.-keit des Bohrers m/m pro Sec.	Schaltung pro Min. m/m	Spahndicke m/m	Federspannung in Kilogr. S	Widerstand am Halbm. 1m der Vorgelegswelle $\Phi = 0{,}0339\,S$	Arbeitsaufwand bei $n_1 = 120$ Umdreh. pro Min. Met.-Kil. pro Sec. $A = 12{,}56\,\Phi$	Arbeitsaufwand bei $n_1 = 120$ Umdreh. pro Min. Pferdest. $N = \frac{A}{75}$	Bemerkungen
1	1	172,5	115	38	50	99	4	0,0526	(C,a) 110	3,73	46,8	0,624	Gusseisen
2	1	160	106,7	35	Der Bohrer hat nicht gefasst				52	1,76	22,1	0,295	
3	1	175,8	117,2	35	50	92	4	0,0571	109	3,70	46,4	0,619	
4	1	167	111,3	36	50	94	4	0,0556	120	4,07	51,1	0,681	
5	1	199	132,7	42,5	50	111	4,5	0,0530	148	4,02	50,5	0,673	
6	1	201,5	134,3	42,5	50	111	4,5	0,0530	139	4,71	59,2	0,789	
7	1	176,3	117,5	39					25	0,848	10,6	0,142	
8	1	166,3	110,9	36	Leergang				27	0,915	11,5	0,153	Leergang
9	1	179	119,3	5,25					15	0,509	6,39	0,085	
10	1	169	112,7	4,5	Leergang mit Rädervorgelege				37	1,25	15,7	0,210	
11	1	144,3	96,2	10,75	50	28,3	1,5	0,0698	107	3,63	45,5	0,607	
12	1	150	100	10	50	26,2	1,5	0,0750	119	4,03	50,7	0,676	Schmiedeeisen, mit Oel
13	1	143,5	95,7	9,5	50	24,9	2	0,105	111	3,76	47,3	0,630	
14	1	150	100	9,75	50	25,5	1	0,0513	112	3,80	47,7	0,636	
15	1	170	113,3	11,25	50	29,6	2,5	0,111	122	4,14	51,9	0,693	
16	1	172	114,7	11,75	50	30,9	1	0,0426	95	3,22	40,5	0,539	
17	1	195,3	130,2	13	50	34,1	1,5	0,0579	110	3,73	46,8	0,624	Stahl, mit Oel
18	1	169,5	113	11	50	29,1	1	0,0454	108	3,66	46,0	0,613	
19	1	172	114,7	37	Leergang ohne Rädervorgelege				49	1,66	20,9	0,278	
20	1	169	112,7	37	30	58,1	6,1	0,0825	83	2,81	35,3	0,471	Stahl, mit Oel
21	1	168,5	112,3	37	30	58,1	2,3	0,0311	70	2,37	29,8	0,397	
22	1	179,3	119,5	38	30	59,7	3	0,0395	98	3,32	41,7	0,556	

23	1	125	83,3	28	30	44,0	2,5	0,0447	88	2,98	37,5	0,500	Gusseisen
24	½	131	87,3	28	30	44,0	3,6	0,0643	80	2,71	34,1	0,454	
25	1	132	88	29	30	45,5	2,7	0,0465	78	2,64	33,2	0,443	
26	1	134	89,3	29	30	45,5	2,7	0,0465	68	2,31	28,9	0,386	
27	1	179	119,3	38,5	30	60,4	3,2	0,0416	80	2,71	34,1	0,454	Schmiedeeisen, mit Oel
28	1	177	118	38,5	30	60,4	3,2	0,0416	135	4,58	57,5	0,766	
29	1	165	110	36	30	56,5	3,0	0,0417	143	4,85	60,9	0,812	
30	1	146	97,3	32	30	50,2	3,5	0,0547	99	3,36	42,2	0,562	Bronze, trocken
31	1	134	89,3	30	30	47,1	3	0,050	110	3,73	46,8	0,624	
32	1	154	102,7	33	30	51,8	3,5	0,0531	101	3,42	43,0	0,573	
33	1	154	102,7	34	30	53,4	2,8	0,0412	124	4,20	52,8	0,704	Kupfer, mit Oel
34	1	165,5	110,3	37	30	58,1	3,1	0,0419	102	3,46	43,4	0,579	
35	1	157	104,7	32	30	50,2	2,7	0,0422	103	3,49	43,9	0,585	
36	1	155,5	103,7	34	Leergang ohne Rädervorgelege				67	2,27	28,5	0,380	Leergang
37	1	147	98,0	33					116	2,93	49,4	0,658	
38	1	159	106	68					95	3,22	40,5	0,539	
39	1	151	100,7	110					125	4,24	53,2	0,710	
40	1	147	98	105					138	4,68	58,8	0,783	
41	1	149	99,3	107					140	4,75	59,6	0,795	
42	1	15[illegible]5	102,3	110	10	57,5	9,2	0,0418	139	4,71	59,2	0,789	Spitzbohrer auf Schmiedeeisen
43	1	151	100,7	109	10	57,0	9,1	0,0417	159	5,39	67,7	0,903	
44	1	150,5	100,3	108	10	56,5	9,0	0,0417	140	4,75	59,6	0,795	Desgl. auf Gusseisen
45	1	156	104	111	10	58,1	9,3	0,0417	138	4,68	58,8	0,783	
46	1	153	102	10[illegible]	10	56,5	9,0	0,0417	178	6,03	75,8	1,010	Desgl. auf Stahl
47	1	154,5	103	111	10	58,1	9,3	0,0417	177	6,00	75,4	1,005	
48	1	156	104	113	[illegible]0	59,1	9,4	0,0417	120	4,07	51,1	0,681	Bronze
49	1	161	107,3	118	1[illegible]	61,7	9,8	0,0417	120	4,07	51,1	0,681	
50	1	169	112,7	121	10	[illegible]3	10,1	0,0417	110	3,73	46,8	0,624	Weissmetall, trocken
51	1	170,8	113,9	122	10	6[illegible]	10,2	0,0417	128	4,34	54,5	0,727	
52	1	164,5	109,7	36	10	63,8	[illegible],0	0,0417	59	2,00	25,1	0,335	Weissmetall o. Oel
53	1	166	110,7	37	30	56,5	[illegible]	0,0417	52	1,76	22,1	0,295	Desgl. mit Oel
54	1	163	108,7	36	30	58,1	3,1	[illegible]elege	47	1,59	20,0	0,267	Leergang

Leergang ohne Rädervor[illegible]

Zu den Versuchen über den Arbeitsgang waren durchgängig Spitzbohrer verwendet worden, von der in Fig. 4, Taf. VII dargestellten Form; die Bohrlochtiefe blieb unter 50mm. Berechnet man aus Zuschiebung z, Durchmesser d und Umdrehungszahl n_2 des Bohrers das (auf $n_1 = 120$ reducirte und auf die Stunde bezogene) Volumen V des in Spähne verwandelten Materials in Kubikzentimeter und den zugehörigen Werth der Nutzarbeit $N-N_0$, so ergeben sich die folgenden Durchschnittswerthe für den specifischen Arbeitsbetrag $\varepsilon = \frac{N-N_0}{V}$:

1. für den Spitzbohrer von 50 Breite

bei Gusseisen, trocken (Spahnquerschnitt $f = 1{,}35$ □mm) $\varepsilon = 0{,}00108$
„ Schmiedeeisen, mit Oel geschmiert ($f = 2{,}06$ □mm) $\varepsilon = 0{,}00201$
„ Stahl, desgl. ($f = 1{,}21$ □mm) $\varepsilon = 0{,}00308$,

2. für den Spitzbohrer von 30 Breite

bei Weissmetall, mit Oel geschmiert ($f = 0{,}63$ □mm) $\varepsilon = 0{,}0002$
„ „ , trocken ($f = 0{,}63$ □mm) $\varepsilon = 0{,}00048$
„ Gusseisen, trocken ($f = 0{,}76$ □mm) $\varepsilon = 0{,}00107$
„ Bronze, trocken ($f = 0{,}79$ □mm) $\varepsilon = 0{,}00125$
„ Stahl, mit Oel geschmiert ($f = 0{,}77$ □mm) $\varepsilon = 0{,}00150$
„ Kupfer, desgl. ($f = 0{,}63$ □mm) $\varepsilon = 0{,}00186$
„ Schmiedeeisen, desgl. ($f = 0{,}63$ □mm) $\varepsilon = 0{,}00312$

Die hier verwendete Bronze bestand aus 80 Kupfer, 8 Zink, 8 Zinn und 4 Blei. Der Arbeitswerth ε hat sich höher ergeben, als die von Clarinval *) mit dem Centrumbohrer und einer reinen Geschützbronze (11 Zinn und 100 Kupfer) erhaltenen Werthe, die sich für 45 Lochtiefe durch die Formel

$$\varepsilon = 0{,}000806 + \frac{0{,}000212}{d}\ \text{PS} \tag{67}$$

zusammenfassen lassen.

Aus den mit schmäleren Bohrern angestellten Versuchen ist die Herleitung des Werthes ε wegen der unsicheren Bestimmung von V im vorliegenden Falle unterlassen worden.

28. Langlochbohrmaschine LK

von Joh. Zimmermann.

Das Arbeitsstück ist auf einem mit Kreuzsupport versehenen Tisch eingespannt und erhält keinerlei Bewegung, daher die Bohrspindel sämmtliche erforderliche Bewegungen empfängt: Rotation, verticale und horizontale Zuschiebung. Fig. 9, Taf. VIII zeigt die ungefähre Anordnung der Maschine, in Fig. 10 ist der Antrieb der Bohrspindel skizzirt. Die Hin- und Herschiebung des Bohrspindelsupports geschieht durch einen Schubkurbelmechanismus, dessen Antrieb durch ein mit elliptischem Stirnrad eingreifendes Kreisexcenter-Rad erfolgt, so

*) Expériences sur les machines à percer les métaux, S. 110.

dass die Ungleichförmigkeit der Bewegung einigermaassen vermindert wird. *)

Nach den in Fig. 10 eingeschriebenen Scheibengrössen und Zähnezahlen berechnen sich für die normale Tourenzahl der Vorgelegswelle $n_1 = 150$ pro Minute die Umdrehungszahlen pro Minute, welche der Bohrspindel ertheilt werden können, wie folgt:

$$150 \cdot \frac{320}{127} \cdot \frac{19}{30} \cdot = 239$$
$$150 \cdot \frac{256}{190} \cdot \frac{19}{30} \cdot = 128$$
$$150 \cdot \frac{191}{255} \cdot \frac{19}{30} \cdot = 71{,}2$$
$$150 \cdot \frac{127}{320} \cdot \frac{19}{30} \cdot = 37{,}7$$

Die Spielzahl n des Bohrspindelsupports lässt sich mit Hülfe von 4 paar Stufenscheiben verändern, so dass für jeden Werth von n_2 vier Werthe von n möglich sind, deren Grösse sich nach den vorliegenden Dimensionen und Zähnezahlen wie folgt berechnet:

$$n_1 = n_2 \cdot \frac{261}{105} \cdot \frac{26}{86} \cdot \frac{1}{51} \cdot \frac{21}{42} = 0{,}00694 \; . \; n_2$$
$$n_2 = n_2 \cdot \frac{207}{157} \cdot \frac{26}{86} \cdot \frac{1}{51} \cdot \frac{21}{42} = 0{,}00368 \; . \; n_2$$
$$n_3 = n_2 \cdot \frac{157}{207} \cdot \frac{26}{86} \cdot \frac{1}{51} \cdot \frac{21}{42} = 0{,}00211 \; . \; n_2$$
$$n_4 = n_2 \cdot \frac{105}{261} \cdot \frac{26}{86} \cdot \frac{1}{51} \cdot \frac{21}{42} = 0{,}00112 \; . \; n_2$$

Die hiernach möglichen 16 Werthe der minutlichen Spielzahl des Bohrspindelsupports sind in folgender Zusammenstellung verzeichnet:

	n_1	n_2	n_3	n_4
$n_2 = 239$	1,66	0,880	0,504	0,268
$n_2 = 128$	0,888	0,471	0,270	0,143
$n_2 = 71{,}2$	0,494	0,262	0,150	0,080
$n_2 = 37{,}7$	0,262	0,139	0,080	0,042

Die verticale Zuschiebung des Bohrers bei jedem Richtungswechsel der Horizontalbewegung (Schnitthöhe) wurde am Arbeitsstück direct gemessen; dieselbe bewegte sich in den Grenzen 0,63 und 1,5 mm; die Schnittbreite war im Vergleich hierzu sehr klein $\left(\frac{1}{300} \text{ bis } \frac{1}{10}{}^{\text{mm}}\right)$, was die Entstehung höchst feinen Bohrmehls veranlasste.

Bei den Versuchen wurden verschiedene Bohrer zur Anwendung gebracht, die in der folgenden tabellarischen Zusammenstellung der Resultate näher bezeichnet sind; der gewöhnliche Zweizahnbohrer ist in Fig. 6, Taf. VII in wirklicher Grösse dargestellt, der Schraubenbohrer in Fig. 5, der Kronenbohrer in Fig. 1; diese Bohrer zeigten an den Schneiden die im Folgenden verzeichneten Winkel:

*) Dieser Apparat ist seit der Londoner Ausstellung 1862 durch Sharp Stewart & Co. bekannt, vergl. Annales du Conservatoire des arts et métiers 1862, S. 748, Tafel 15.

Nr. des Versuches	Dauer d. Versuches Min.	Umdrehungen am Dynamometer p. M. n	Umdrehungen der Vorgelegswelle p. M. n_1	Umdrehungen des Bohrers p. M. n_2	Bezeichnung des Bohrers und des Materials	Umfangsgeschw.-keit des Bohrers m/m pro Sec.	Verticale Zuschiebung des Bohrers pro Min. m/m	Schnitthöhe m/m	Federspannung S	Widerstand am Halbm. 1m der Vorgelegswelle $\Phi = 0{,}0161\,S$	Betriebskr. bei norm. Umdrehungszahl der Vorgel.-welle ($n_1 = 150$) in Met.-Kil. pro Sec. $A = 15{,}7\,\Phi$	Betriebskr. … in Pferdest. $N = \frac{A}{75}$	Bemerkungen
1	1	105,5	150,2	228	Zweizahnbohrer von 11 m/m Durchmesser in Gusseisen ein Langloch von 22 m/m bohrend	131	1,5	1,5	(B,b) 130	2,093	32,86	0,438	
2	1	99	141,0	218		126	1,0	1,0	145	2,335	36,66	0,489	
3	2	99	141,0	214,5		124	1,0	1,0	140	2,254	35,39	0,472	
4	2	104	148,1	217		125	0,75	0,75	140	2,254	35,39	0,472	
5	2	110	156,6	227		131	0,75	0,75	140	2,254	35,39	0,472	
6	1	99	141,0	192	Leergang der Maschine	—	—	—	130	2,093	32,86	0,438	
7	3	98,2	139,8	35,7	Schraubenbohrer von 44,6 m/m Durchm. in Gusseisen ein Langloch von 44 m/m bohrend	83,5	0,66	1,27	75	1,208	18,97	0,253	
8	3	101,5	144,5	37,0		86,6	0,66	1,27	65	1,047	16,43	0,219	
9	3	116	165,2	42,7		99,9	0,50	0,96	75	1,208	18,97	0,253	
10	3	101	143,8	35,3		82,6	0,50	0,96	75	1,208	18,97	0,253	Treibriemen der Bohrm. rutscht
11	2	101,5	144,5	37,0	Leergang der Maschine	—	—	—	45	0,725	11,38	0,152	
12	3	103,8	147,8	37,0	Kronenbohrer von 50,5 m/m Durchm. bohrt in Gusseisen ein Langloch von 80 m/m L.	98,1	0,50	0,96	130	2,093	32,86	0,438	
13	3	103,2	147,0	37,1		98,3	0,50	0,96	120	1,932	30,33	0,404	
14	3	104,3	148,5	37,0		98,1	0,33	0,63	130	2,093	32,86	0,438	
15	3	105,3	149,9	38,0	Kronenb. v. 50,5 m/m Durch. mit 56 feinen Zähnen am Umfang bohrt in Gusseisen ein Langloch von 80 m/m	100,7	0,44	0,85	85	1,369	21,49	0,286	
16	3	98,3	140,0	35,7		94,6	0,44	0,85	80	1,288	20,22	0,270	
17	3	101,5	144,5	30,7		81,4	0,44	0,85	90	1,449	22,75	0,303	
18	3	101,7	144,8	37,7	Zweizahnbohrer von 47 m/m Durch. bohrt i. Schmiedeeisen ein Langl. v. 45 m/m	89,0	0,50	0,96	70	1,127	17,70	0,236	
19	2	109	155,2	44,5		105,0	0,70	1,35	75	1,208	18,97	0,253	
20	3	118,7	169,0	42,8		101,0	0,67	1,29	80	1,288	20,22	0,270	
21	1	100	142,4	36	Leergang der Maschine	—	—	—	45	0,725	11,38	0,152	

Nr. der Versuche	Bezeichnung des Bohrers	Schneidwinkel	Anstellungswinkel
1—5	Zweizahnbohrer	96°	5,5°
7—10	Schraubenbohrer	75°	16°
12—14	Kronenbohrer	85°	5°
15—17	Desgl.	85°	6°
18—20	Zweizahnbohrer	40°	16°

Die in vorstehender Tabelle angeführte Länge der Langlöcher bezieht sich auf den gleichbreiten (rechteckigen) Theil des Horizontalschnitts.

Die für den Leergang dieser Bohrmaschine gefundenen Werthe sind mit grosser Annäherung durch die Formel

(68) $$N_0 = 0{,}10 + 0{,}0014 \cdot u_2 \text{ PS}$$

darzustellen, so dass für

$$\begin{array}{lllll} u_2 = & 37{,}7 & 71{,}2 & 128 & 239 \\ N_0 = & 0{,}153 & 0{,}200 & 0{,}279 & 0{,}435 \text{ PS} \end{array}$$

sich berechnet und als Durchschnittswerth hieraus

$$N_0 = 0{,}267 \text{ PS}$$

anzunehmen ist, wovon auf die Vorgelegswelle 0,10 PS kommt.

Für den Zusammenhang zwischen abgebohrtem Volumen und Nutzarbeit berechnen sich folgende Werthe:

Nr. des Vers.	Spahnvolumen pro Sec. ($u_1 = 150$) in Kb^{mm}.	Nutzarbeit in Pferdest. $N - N_0$.	Abgebohrtes Spahnvolumen pro Pferdest. u. pro Stunde in Kb^{cm}	Material und Bohrerform. Breite und Länge der Löcher.
1 und 2	7,21	0,463	1038	Gusseisen, Zweizahnbohrer $d = 11$, $l = 22$
3	5,98	0,472	633	
4 und 5	4,16	0,472	440	
7 und 8	40,9	0,241	1660	Gusseisen, Schraubenbohrer $d = 44{,}6$ $l = 44$
9 und 10	27,7	0,253	987	
12 und 13	51,2	0,421	685	Gusseisen, Kronenbohrer $d = 50{,}5$ $l = 80$
14	33,5	0,438	422	
15—17	45,1	0,286	1210	
18	33,2	0,236	1420	Schmiedeeisen, Zweizahnbohrer $d = 47$ $l = 45$.
19 und 20	40,7	0,260	1360	

Als Mittelwerth der in der letzten Columne enthaltenen Zahlen und deren Reciproke finden sich daher

für Gusseisen

Zweizahnbohrer $v = 704$ Kb^{cm}, $\varepsilon = \frac{1}{v} = 0{,}00142$ PS

Schraubenbohrer $v = 1323$ Kb^{cm}, $\varepsilon = \frac{1}{v} = 0{,}000657$ PS.

Kronenbohrer $v = 772$ Kb^{cm}, $\varepsilon = \frac{1}{v} = 0{,}00130$ PS.

für Schmiedeeisen

Zweizahnbohrer $v = 1390$ Kb^{cm}, $\varepsilon = \frac{1}{v} = 0{,}00072$ PS.

Die Resultate sprechen zu Gunsten des Schraubenbohrers; jedoch ist die Zahl der Beobachtungen zu klein, um hiermit die Frage als entschieden betrachten zu können, zumal die Beschaffenheit der Schneide jedenfalls von grossem Einfluss sein wird. Ohne weitere Rücksichtnahme auf die Construction des Bohrers wird man daher bis auf Weiteres folgende Werthe für ε brauchen können:

bei Gusseisen

ε = 0,00112 PS pro 1 Kb^{cm} in d. Stunde oder ε = 0,156 PS pro 1^{k}

bei Schmiedeeisen

ε = 0,00072 PS pro 1 Kb^{cm} in d. Stunde oder ε = 0,096 PS pro 1^{k}.

Von der Feinheit der bei dieser Maschine erzeugten Spähne erhält man eine Vorstellung, wenn man für die verschiedenen Bohrer aus der Horizontalzuschiebung z_1 pro Umdr. und Zähnezahl des Bohrers n' die Schnittbreite

$$\beta = \frac{z_1}{n'}$$

berechnet und hieraus durch Multiplication mit der beobachteten Schnitthöhe δ den Spahnquerschnitt

$$f = \beta \, . \, \delta .$$

Man erhält alsdann

für Vers. Nr.	Schnittbreite β^{mm}	Schnitthöhe δ^{mm}	Spahnquerschnitt f □^{mm}	
1—5	0,0232	1,00	0,0232	
7—10	0,0493	1,12	0,0552	Im Durchschnitt
12—14	0,0256	0,85	0,0218	f = 0,0317 = $\frac{1}{32}$ □^{mm}.
15—17	0,0032	0,85	0,0027	
18—20	0,0896	0,62	0,0556	

Wenn trotz der hiernach stattfindenden feinen Zertheilung des Materials, mit welcher die glatte Beschaffenheit der Wandungen der gebohrten Langlöcher zusammenhängt, der specifische Arbeitswerth für die Volumenseinheit in Spähne verwandelten Materials nicht höher sich ergiebt, als bei den Bohrmaschinen für Rundlöcher, so mag dies dem Umstand zuzuschreiben sein, dass die abgelösten Spähne frei ausweichen können, ohne sich an den Bohrlochwänden zu reiben.

Ueber die Leistungsfähigkeit dieser Maschine giebt der Preiscourant der Fabrik folgende Notiz: Zur Ausbohrung einer Nuth von 94 Länge, 12 Breite, 24 Tiefe (zu deren Ausarbeitung mit Meisel und Feile 6 Stunden Arbeitszeit erforderlich) arbeitet die Maschine eine Stunde, ebenso für eine Nuth von 142 Länge, 24 Breite, 142 Tiefe 5 Stunden (statt 42 Stunden Arbeitszeit eines geübten Schlossers); das stündlich ausgebohrte Volumen würde im ersten Fall V = 27,1 Kb^{cm}, im zweiten V = 96,8 Kb^{cm} betragen; bei den Versuchen fand sich (ohne Rücksicht auf normale Stillstände) der grösste Werth von V = 184.

29. Kleine Wandbohrmaschine für Holz II Nr. 1
von Rich. Hartmann.

Die Anordnung dieser Bohrmaschine ist in Fig. 12 und 13 skizzirt; die Zuschiebung des Bohrers geschieht von Hand, mittels Drehung des Spillenrads

Nr. des Versuches	Dauer des Versuches	Umdrehungen pro Min. am Dynamometer u	der Vorgelegewelle $n_1 = 1{,}69\,u$	der Bohrspindel $n_2 = 3{,}68\,n_1$	Grosse und Beschaffenheit des Bohrers, Bezeichnung des gebohrten Holzes	Tiefe des gebohrten Loches in mm	Federspannung in Kilogr. S	Widerstand am Halbm. 1m der Vorgelegswelle $Q = 0{,}0142\,S$	Arbeitsaufwand für $n_1 = 250$ Umdrehungen der Vorgelegswelle in Met.-Kil. pro Sec. $A = 26{,}17$	in Pferdest. $N = \frac{A}{75}$	Bemerkungen.
	Min.										
1	1/2	136	230	846	Centrumbohrer v. 101mm in Weissbuchenholz	8	(C,b) 451	6[illegible]	167,593	2,235	Bohrer kohlt das Holz u. greift unregelmässig.
2	1/2	142	240	883	Centrumbohrer v. 50mm in Weissbuchenholz	23	230	3,266	85,471	1,139	
3	1/2	148	250	920	Desgl. in Erle	35	168	2,386	62,442	0,833	
4	1/4	148	250	920	Desgl. in Fichte	76	180	2,556	66,891	0,892	
5	5/12	148	250	920	Desgl. Desgl.	116	225	3,195	83,613	1,115	
6	1/3	153	259	953	Leergang der Bohrspindel	—	57	0,809	21,172	0,282	
7	1/4	144	243	894	Centrumbohrer v. 101mm in Fichte	46	375	5,325	139,355	1,858	
8	1/4	152	257	946	Desgl. in Erle	15,5	350	4,970	130,065	1,734	Unvollkommene Wirkung des Bohrers.
9	1/4	144	243	894	Centrumbohrer v. 16,6mm in Weissbuche	42,5	214	3,039	79,531	1,060	
10	1/4	140	237	872	Desgl. in Erle	78	193	2,741	71,733	0,956	
11	1/3	140	237	872	Desgl. in Fichte	104	150	2,130	55,712	0,743	
12	1/4	136	230	846	Schraubenbohrer v. 35,2mm in Weissbuche	35	110	1,562	40,878	0,545	
13	1/4	152	257	946	Desgl. in Erle	110	116	1,647	43,102	0,575	
14	1/4	134	226	832	Desgl. Desgl.	67	135	1,917	50,168	0,669	
15	1/4	148	250	920	Desgl. in Fichte	148	210	2,982	78,039	1,040	
16	1/3	147	248	913	Schraubenbohrer v. 16,5mm in Weissbuche	51,5	161	2,286	59,825	0,798	
17	1/6	129	218	802	Desgl. in Erle	8[illegible]	94	1,335	34,937	0,466	
18	1/4	140	237	872	Desgl. Desgl.	115	133	1,889	49,435	0,659	
19	1/6	99	167	615	Desgl. in Fichte	102	95	1,349	35,303	0,471	
20	1/2	140	237	872	Leergang	—	50	0,710	18,581	0,248	

a, auf dessen Axe zwei Getriebe sitzen, im Eingriff mit den Zahnstangen bb; dieselben sind am oberen Ende durch ein Querstück c verbunden, welches auch die Bohrstange d fasst und durch Gegengewicht nach oben gezogen wird; das Ausheben des Bohrers aus dem Bohrloch erfolgt durch dieses Gegengewicht sehr schnell, wenn man das Handrad a freilässt.

Bei den Versuchen wurden in Weissbuche, Erle, Fichte Rundlöcher von verschiedener Weite mittels Centrumbohrer (s. Fig. 2 Taf. VII) und Schraubenbohrer (s. Fig. 3 Taf. VII) gebohrt. Das Detail der Versuche ergiebt sich aus umstehender Tafel.

Für den Leergang der Maschine einschliesslich Vorgelegswelle ergiebt sich sonach

$$N_0 = 0{,}265 \text{ PS.}$$

Die Beziehung zwischen Productionsquantum und Arbeitsverbrauch ergiebt sich aus folgender Uebersicht:

Nr. des Vers.	Spahnvolumen in Kb^{cm} pro Sec. (für $n_1 = 250$)	Spahnvolumen pro Pferdest. und Stunde in Kb^{cm}	Material, Lochweite, Bohrer		
1	2,32	4300	Weissbuche	101	Centrumbohrer
2	1,57	6470	„	50	
3	2,29	14500	Erle	„	
4	2,48	14200	Fichte	„	
5	9,11	38600	„	„	
7	25,3	57300	„	101	
8	8,05	19700	Erle	101	
9	0,629	2850	Weissbuche	16,6	
10	1,18	6150	Erle	„	
11	1,97	14800	Fichte	„	
12	2,47	31800	Weissbuche	35,2	Schraubenbohrer
13	6,94	80600	Erle	„	
14	4,81	42900	„	„	
15	9,60	44600	Fichte	„	
16	1,11	7490	Weissbuche	16,5	
17	2,11	3780	Erle	„	
18	1,72	1570	„	„	
19	3,26	5700	Fichte	„	

Die vorstehenden Ergebnisse lassen sich übersichtlicher in folgende Tabelle vereinigen, welche das pro Stunde und durch eine Pferdestärke Nutzarbeit durchschnittlich abgebohrte Holzvolumen in Kubik-Zentimeter angiebt:

		Weissbuche	Erle	Fichte
Centrumbohrer	$d = 101$	4300	19700	57300
	$d = 50$	6470	14500	26400
	$d = 16{,}6$	2850	6150	14800
Schraubenbohrer	$d = 35{,}2$	31800	61800	44600
	$d = 16{,}5$	7500	26800	57000

Berechnet man hieraus die arithmetischen Mittel der drei Verticalreihen, so erhält man Zahlen, deren reciproke Werthe der Härte der untersuchten Hölzer entsprechen; man findet so, dass sich die Härte (genauer: der specifische Arbeitsverbrauch beim Abbohren gleicher Volumina) verhält bei

Fichte : Erle : Weissbuche = 1,00 : 1,55 : 3,78.

Dieselben Resultate lassen sich aber auch dazu verwenden, die Leistungsfähigkeit der Centrumbohrer und Schraubenbohrer zu vergleichen. Durch Interpolation findet man leicht bei $d = 35,2$ für die 3 Hölzer:

für Centrumbohrer $v =$ 4800 11000 21200
für Schraubenbohrer $v =$ 31800 61800 44600.

Die Werthe der letzten Reihe sind
6,63 5,62 2,10 mal
so gross wie die der ersten, daher im Durchschnitt der Schraubenbohrer sich 4,78 mal so vortheilhaft in kraft-ökonomischer Hinsicht erweist, als der Centrumbohrer.

Beim Bohren der Löcher von 16,5 Weite ergeben sich ebenso die Zahlen
für Centrumbohrer $v =$ 2850 6150 14800
für Schraubenbohrer $v =$ 7500 26800 57000, von denen die der letzten Reihe 2,63 4,36 3,85 mal, d. h. im Durchschnitt 3,61 mal so gross sind, als die der ersten. Der Vortheil der Schraubenbohrer gegenüber den Centrumbohrern erscheint daher beim Bohren des Holzes, wo allerdings auf eine rasche und regelmässige Herausförderung der Spähne alles ankommt, ganz ausser Zweifel.

Bezeichnet man mit ε den Verbrauch an Nutzarbeit in Pferdestärken, erforderlich zur Abbohrung von 1 Kb^m Holz in der Stunde, so lassen sich für den Centrumbohrer aus den gewonnenen Resultaten die folgenden Formeln berechnen, in denen d die Lochweite in Mm. bedeutet:

(69) Für Fichte: $$\varepsilon = 7,6 + \frac{1000}{d}$$

(70) Für Erle: $$\varepsilon = 28,8 + \frac{2170}{d}$$

(71) Für Weissbuche: $$\varepsilon = 210 + \frac{2280}{d}$$

Für die Schraubenbohrer ist die Zahl der Beobachtungen nicht gross genug, um mit Sicherheit solche Formeln herleiten zu können; nach dem Obigen erscheint es jedoch bis auf Weiteres rathsam, die für den Centrumbohrer gefundenen Werthe mit $\frac{1}{4,2} = 0,238$ zu multipliciren. Man hat also z. B. für $d = 40$

	beim Centrumbohrer	beim Schraubenbohrer
für Fichte	32,6	7,76
„ Erle	83,1	19,8
„ Weissbuche	267	63,5

Hätte man nun beobachtet, dass bei $d = 40$ mit dem Schraubenbohrer in der Stunde aus Erlenholz ein Volumen $V = 0,05$ Kb^m ausgebohrt werden kann, so würde der Arbeitsverbrauch zu

$$N = N_0 + \varepsilon \, . \, V = 0,265 + 19,8 \, . \, 0,05 = 1,255 \text{ PS}$$

sich ergeben.

Die Zuschiebung des Bohrers geschieht bei dieser Maschine von der Hand eines Arbeiters; es kann von Interesse sein, aus den Beobachtungsdaten die Grösse dieser Zuschiebung z pro Umdrehung des Bohrers und hieraus weiter den Spahnquerschnitt f abzuleiten; bei der Berechnung des letztern ist daran zu denken, dass der Centrumbohrer mit einer Schneide, der Schraubenbohrer mit zwei Schneiden arbeitet. Die Rechnung ergiebt folgende Werthe:

	Fichte		Erle		Weissbuche	
	z	f	z	f	z	f
Für den Centrumbohrer						
d = 16,6	0,57	4,72	0,34	2,83	0,18	1,52
d = 50	0,32	8,10	0,078	1,96	0,050	1,26
d = 101	0,20	10,3	0,065	3,30	0,018	0,889
Für den Schraubenbohrer						
d = 16,5	0,62	2,56	0,588	2,43	0,34	1,40
d = 35,2	0,65	5,69	0,36	3,16	0,15	1,32.

Im Durchschnitt hatten also die Spähne einen Querschnitt von

6,26 □mm bei Fichte
2,73 „ „ Erle
1,28 „ „ Weissbuche.

In Erwägung, dass der Arbeiter die Zuschiebung bei allen Versuchen mit nahezu gleicher Kraft vollführte, kann man auch in diesen Zahlen einen (relativen) Ausdruck für die Härte der verwendeten Hölzer erkennen, wonach sich verhält die Härte von

Fichte : Erle : Weissbuche = 1 : 2,14 : 4,91

was einigermaassen mit dem oben aus dem specifischen Arbeitswerth abgeleiteten Verhältniss übereinstimmt.

30. Holzlanglochbohrmaschine IE

von Joh. Zimmermann.

Die Anordnung dieser Bohrmaschine ist aus den Fig. 14 und 15 Taf. VII zu ersehen. Das Arbeitsstück liegt fest auf dem Tisch T; die Bohrspindel erhält von einem doppelten Deckenvorgelege aus die Rotation, ausserdem durch den Arbeiter mittels Handrad H die Zuschiebung in der Richtung der Bohreraxe und mittels Kurbel K die Zuschiebung in der hierzu normalen Richtung (Langlochbohrung). Vertauscht man den Bohrer B mit dem Stemmer S (s. Fig. 14), so kann man leicht (nach Feststellung der Bohrspindelhülse mit dem Knopf K') die runden Enden des gebohrten Langloches, ohne das Holz auszuspannen, eckig nachstemmen, unter Gebrauch des Handrads H.

Von den beiden parallelen Deckenvorgelegswellen hat die zweite (mit den treibenden Stufenscheiben versehene) eine normale Umdrehungszahl von 950 pro Min. Hiernach berechnen sich mit Rücksicht auf die Durchmesser der Stufenscheiben die minutlichen Umdrehungszahlen n_2 der Bohrspindel wie folgt:

$$950 \cdot \frac{208}{128} = 1540$$

$$950 \cdot \frac{171}{165} = 1007$$

$$950 \cdot \frac{137}{199} = 654$$

$$950 \cdot \frac{99}{234} = 402$$

Bei den Versuchen wurden Bohrer von einer *S*förmigen Querschnittsgestalt (*S*-Bohrer) verwendet, vergl. Fig. 7 und 11 der Tafel VII, die zwar ausdrücklich für die Langlochbohrmaschine construirt sind, aber auch zur Herstellung von Rundlöchern sich ziemlich gut eignen, wie durch die Versuche Nr. 15, 17 und 18 erwiesen wurde.

Von den zur Ausführung gelangten Versuchen bezogen sich

Nr. 1, 2 und 10 auf den Leergang der ersten Vorgelegswelle;

Nr. 3, 8, 11, 14, 16 und 20 auf den Leergang der Bohrspindel bei beziehentlich 1540, 1540, 1540, 1007, 1007 und 406 Umdr. pro Min.;

Nr. 4—6 auf die Herstellung eines Langloches von 24,5 Breite, 68 Länge und 76 Tiefe in Erlenholz mittels des *S*-Bohrers;

Nr. 7 desgl. bei 106 Länge und 65 Tiefe;

Nr. 9 auf die Herstellung eines Langloches von 24,5 Breite, 70 Länge, 143 Tiefe in Weissbuchenholz, *S*-Bohrer;

Nr. 12 und 13 auf die Herstellung eines Rundlochs von 41 Weite mit dem Schraubenbohrer in Weissbuche bei Nr. 12, in Fichte bei Nr. 13;

Nr. 15 und 17 auf die Herstellung eines Rundloches von 100 Weite aus dem Vollen in Fichtenholz mit dem *S*-Bohrer;

Nr. 18 desgl. in Weissbuche nach Vorbohrung eines Loches von $15^1/_2$.

Nr. 19 auf Herstellung eines Langloches von 100 Breite, 70 Länge, 34 Tiefe in Weissbuchenholz.

Bei den *S*-Bohrern hatten die Endschneiden (*mn* in Fig. 11, Taf. VII) einen Schneidwinkel von 58° und einen Anstellungswinkel von 10°, die Umfangsschneiden (*pm* in Fig. 11) einen Zuschärfungswinkel von 22°, einen Anstellungswinkel von 15°. Der Schraubenbohrer zeigte an den Endschneiden 30° Zuschärfung und 18° Anstellung; die Ganghöhe betrug (bei 37 Durchmesser) 47; derselbe war mit einer vorangehenden dreiseitig pyramidalen Spitze von 14 Länge 8 Basisdurchmesser ausgerüstet. Das übrige Detail der Versuche enthält die nachstehende Tabelle.

Hiernach ergiebt sich für den Leergang der Maschine die Betriebskraft

$$N_0 = 0{,}9 + 0{,}00065 \cdot n_2 \tag{72}$$

wovon auf

die erste Vorgelegswelle 0,76 PS
die zweite „ 0,14 „

kommen. Da die erste Vorgelegswelle zufällig von einer unverhältnissmässigen Grösse (gleichzeitig für den Antrieb anderer Holzbearbeitungsmaschinen bestimmt) ist, so erscheint es correct, den Arbeitsverbrauch für diese herabzusetzen; nimmt man unter Berücksichtigung der anderweiten Beobachtungen für die Betriebs-

Nr. des Versuches	Dauer d. Versuches Min	Umdrehungen pro Minute am Dynamometer u	der 2. Vorgelegswelle $u_1 = 5{,}15\,u$	der Bohrspindel u_2	Durchmesser des Bohrers m/m	Umfangsgeschwindigkeit des Bohrers in Met.	Zahl der Spiele des Bohrers	Tiefe des gebohrten Loches m/m	Federspannung in Kilogr. S	Widerstand bei 1m Halbm. der Vorgelegswelle $\Phi = \begin{cases} 0{,}00445\,S \\ 0{,}00463\,S \\ 0{,}00452\,S \end{cases}$	Arbeitsaufwand bei $u_1 = 950$ Umdrehungen der 2. Vorgelegswelle in Met.-Kil. pro Sec. $A = 99{,}4\,\Phi$	in Pferdest. $N = \frac{A}{75}$
1	1	186	958	Leergang der ersten Vorgelegswelle					(B, b) 110	0,490	48,7	0,65
2	1	189	973	do.			do.		(C, b) 130	0,602	59,8	0,80
3	1	186	958	Leergang der Bohrspindel					330	1,53	152,1	2,03
4	1	119	613	999	24,5	1,28	?	76	315	1,46	145,1	1,93
5	1	184	948	1545	24,5	1,98	?	76	270	1,25	124,3	1,66
6	$^2/_3$	187,5	966	1575	24,5	2,02	5	?	290	1,34	133,2	1,78
7	$^2/_3$	181,5	935	1524	24,5	1,96	5	65	295	1,37	136,2	1,82
8	1	196	1009	Leergang der Bohrspindel					270	1,25	124,3	1,66
9	$^{11}/_{12}$	195	1004	1637	24,5	2,10	4	143	315	1,46	145,1	1,93
10	1	187	963	Leergang der ersten Vorgelegswelle					135	0,625	62,1	0,83
11	1	185	953	Leergang der Bohrspindel					265	1,23	122,3	1,63
12	$^1/_2$	182	937	1527	41	2,30	—	68	465	2,15	213,7	2,85
13	$^1/_2$	186	958	1562	41	2,27	—	130	380	1,76	174,9	2,33
14	1	185	953	Leergang der Bohrspindel			—	—	310	1,44	143,1	1,91
15	$^1/_2$	186	953	1010	100	5,29	—	37	610	2,82	280,3	3,74
16	1	187	963	Leergang der Bohrspindel			—	—	(D, b) 250	1,13	112,3	1,50
17	1	186	958	1015	100	5,29	—	64,5	450	2,03	201,8	2,69
18	$^3/_4$	172,5	888	941	100	4,97	—	49	460	2,08	206,8	2,76
19	1	185	953	1010	100	5,29	10	34	450	2,03	112,3	2,69
20	1	187,5	966	Leergang der Bohrspindel für langsamsten Gang					180	0,814	80,9	1,08

kraft jener ersten Vorgelegswelle 0,26 PS, so wird

(73) $$N_0 = 0{,}4 + 0{,}00065 \,.\, n_2$$

daher für

$n_2 =$	402	654	1007	1540	Umdr. pro Min.
$N_0 =$	0,661	0,825	1,055	1,401	PS.

Als Durchschnittswerth für den Leergang dieser Maschine wird daher

$$N_0 = 0{,}986 \text{ PS}$$

anzusetzen sein.

Um eine Beziehung zwischen Spahnvolumen und Nutzarbeit aus den Beobachtungsdaten herzuleiten, muss zunächst aus Breite d, Länge l und Tiefe t die Raumgrösse L der hergestellten Lang- und Rundlöcher berechnet werden nach der Formel

(74) $$L = t\left(ld + \frac{\pi}{4} d^2\right)$$

und hieraus mit Rücksicht auf die Dauer der Versuche das pro Secunde ausgebohrte Holzvolumen v; man erhält so folgende Werthe:

Nr. des Vers.	d^{mm}	l^{mm}	t^{mm}	L Kb^{cm}	Spahnvolumen pro Sec. v Kb^{cm}	Bohrer und Holzart	
4	24,5	68	76	162	4,19	S-Bohrer	Erle
9	24,5	70	156	341	5,38	„	Weissbuche
12	41	0	136	179	3,03	Schraubenbohrer	„
13	41	0	260	343	5,67	„	Fichte
15	100	0	74	581	9,65	S-Bohrer	„
17	100	0	64,5	506	8,36	„	„
18	100	0	65,3	513	9,14	„	Weissbuche
19	100	70	34	505	8,39	„	„

Bezieht man weiter die Zahlen der letzten Columne auf den gleichzeitigen Verbrauch an Nutzarbeit, so findet man

			Holzvolumen pro Pferdestärke und Stunde in Kub.-Met.	Nutzarbeit pro 1 Kb^m abgebohrtes Holz in der Stunde
Erle	S-Bohrer	Langloch (Nr. 4)	0,0558	18,0
Fichte	S-Bohrer	Rundloch (Nr. 15 und 17)	0,0201	49,8
Fichte	Schraubenbohrer	Rundloch (Nr. 13)	0,0292	34,3
Weissbuche	S-Bohrer	Rundloch (Nr. 18)	0,0261	38,3
Weissbuche	S-Bohrer	Langloch (Nr. 9 und 19)	0,0485	20,6
Weissbuche	Schraubenbohrer	Rundloch (Nr. 12)	0,0089	113

Für die grosse Zahl von Faktoren, welche auf die Betriebskraft dieser Maschine einwirken, erscheint die Zahl der ausgeführten Versuche nicht zureichend; lässt man die auf Schraubenbohrer und Rundlöcher bezüglichen Ergebnisse ausser Betracht, so ist als specifischer Arbeitswerth für 1 Kb^m abgebohrtes Holz pro Stunde bis auf weiteres zu benutzen

$$\varepsilon = \frac{18{,}0 + 20{,}6}{2} = 19{,}3 \text{ PS.}$$

welcher Werth in die Formel

$$N = N_0 + \varepsilon \, . \, V$$

einzusetzen ist.

Der von dem bedienenden Arbeiter abhängige Spahnquerschnitt beim Langlochbohrer ergiebt sich wie folgt:

Vers. Nr. 7 (Erlenholz): Schnitthöhe $\delta = 6{,}5$, Schnittbreite 0,5, daher Spahnquerschnitt $f = 3{,}25$ □^{mm};

Vers. Nr. 19 (Weissbuchenholz): Schnitthöhe $\delta = 0{,}17$, Schnittbreite $\beta = 0{,}7$, daher Spahnquerschnitt $f = 0{,}12$ □^{mm}.

Bezüglich der Leistungsfähigkeit dieser Maschine enthält der Preiscourant der Fabrik folgende Notiz:

Ein Loch von 300 Länge, 50 Weite und 180 Tiefe wurde in 6 Minuten gebohrt und nachgestemmt, ebenso in 4 Minuten ein Loch von 150 Länge, 25 Weite und 100 Tiefe. Rechnet man in beiden Fällen 1 Minute für das Ein- und Ausspannen, so ergiebt sich das stündlich in Spähne zu verwandelnde Holzvolumen im ersten Fall zu $V = 0{,}023$ Kb^{m}, im zweiten Fall zu $V = 0{,}0045$ Kb^{m}.

Schlussbemerkungen die Betriebsarbeit der Bohrmaschinen betr.

Die Betriebsarbeit für den Leergang ist bei den Bohrmaschinen in viel engeren Grenzen veränderlich und durchschnittlich von geringerem Betrag als bei den Hobelmaschinen. Wenn es auch für das Bedürfniss der Praxis nicht angezeigt ist, Formeln herzuleiten, welche alle einwirkenden Faktoren (Gewichte, Dimensionen und Geschwindigkeiten der rotirenden Theile) vollständig berücksichtigen, so geben doch die gewonnenen Resultate hinreichende Unterlagen, um durch einfache Formeln, die für die Durchschnittsgrösse der üblichen Bohrmaschinen zunächst Geltung haben, den Einfluss des am stärksten einwirkenden und in den weitesten Grenzen veränderlichen Faktors — der Umdrehungszahl von Vorgelegswelle n_1 und Bohrspindel n_2 — zum Ausdruck zu bringen.

Mit Uebergehung der Cylinderbohrmaschinen, deren Arbeitsverbrauch beim Leergang in Folge der kleinen Tourenzahl der Bohrspindel von einer vernachlässigbaren Geringfügigkeit ist, hat man nämlich

für Bohrmaschinen ohne Zahnräder-Antrieb

(75) $$N_0 = 0{,}0006 \, . \, n_1 + 0{,}0005 \, . \, n_2$$

für Bohrmaschinen mit Räderbetrieb der Bohrspindel

(76) $$N_0 = 0{,}0006 \, . \, n_1 + 0{,}001 \, . \, n_2$$

für Radialbohrmaschinen ohne Rädervorgelege

(77) $$N_0 = 0{,}0006 \, . \, n_1 + 0{,}004 \, . \, n_2$$

desgl. mit Rädervorgelege

(78) $$N_0 = 0{,}04 + 0{,}0006 \, . \, n_1 + 0{,}004 \, . \, n_2$$

Beispiel. Bei einer Radialbohrmaschine mit Rädervorgelege sei die minutliche Tourenzahl der Vorgelegswelle $n_1 = 120$, der Bohrspindel $n_2 = 130$, so ist die für den Leergang erforderliche Betriebsarbeit

$$N_0 = 0{,}04 + 0{,}0006 \,.\, 120 + 0{,}004 \,.\, 130 = 0{,}632 \text{ PS.}$$

Die Berechnung der Nutzarbeit geschieht auch hier am vortheilhaftesten aus dem Quantum des pro Stunde in Spähne verwandelten Materials; jedoch empfiehlt es sich nur bei den Cylinderbohrmaschinen, dieses Quantum nach dem Gewicht einzuführen; für alle übrigen Bohrmaschinen erscheint es praktisch rathsamer, dasselbe in Volumenseinheiten darzustellen, weil hier die Aufsammlung der feinen (oft mit Oel oder Seifenwasser benetzten) Spähne Schwierigkeiten macht, wogegen aus Zahl, Weite und Tiefe der stündlich hergestellten Bohrlöcher die Bestimmung des abgebohrten Materialquantums eine einfache Sache ist, gleichviel ob es sich um eine im Projekt oder in der Ausführung vorliegende Bohrmaschine handelt.

Für die Cylinderbohrmaschinen kommt nur das Gusseisen in Betracht und es kann hier die schon bei den Hobelmaschinen ermittelte Beziehung (53)

$$\varepsilon = 0{,}034 + \frac{0{,}13}{f} \text{ PS}$$

zwischen Spahnquerschnitt f in □^{mm} und Arbeitsverbrauch ε pro 1^{k} Spahngewicht in der Stunde beibehalten werden.

Beim Bohren aus dem Vollen ist der Spahnquerschnitt f nur in engen Grenzen veränderlich (0,03 bis 1,35 □^{mm} beim Bohren der Metalle, 0,12 bis 0,26 □^{mm} beim Bohren des Holzes), daher der Einfluss desselben zurücktritt gegen den, welcher der Reibung der Bohrspähne an den Bohrlochwänden entspricht; dieser ist aber ausser mit der Natur des Materials mit der Bohrlochweite d veränderlich und es erscheint genügend, nur diesen ausdrücklich in Rechnung zu ziehen. Dabei ist es nicht erforderlich, die Langlochbohrmaschinen von den Rundlochbohrmaschinen zu trennen. Die Versuche sind nur für Gusseisen, Schmiedeeisen, Fichtenholz, Erlenholz und Weissbuchenholz hinreichend zahlreich, um zutreffende Formeln aus ihnen herleiten zu können, und zwar können bis auf weiteres folgende Beziehungen benutzt werden:

für Gusseisen, Spitzbohrer, trocken, $d = 10-50^{mm}$, bis 50 Lochtiefe

(79) $$\varepsilon = 0{,}001 + \frac{0{,}001}{d} \text{ PS,}$$

für Schmiedeeisen, Spitzbohrer, mit Oel, $d = 10-50^{mm}$, bis 50 Lochtiefe

(80) $\varepsilon = 0{,}001 + \frac{0{,}04}{d}$ PS pro 1 Kb^{cm} stündlich abgebohrtes Materialvolumen,

für Fichtenholz, Centrumbohrer, $d = 10-100^{mm}$, bis 150 Lochtiefe

(81) $$\varepsilon = 7{,}6 + \frac{1000}{d} \text{ PS,}$$

für Erlenholz, Centrumbohrer, $d = 10-100$, bis 150 Lochtiefe

(82) $$\varepsilon = 28{,}8 + \frac{2170}{d} \text{ PS,}$$

für Weissbuchenholz, Centrumbohrer, $d = 10-100$, bis 150 Lochtiefe,

(83) $\varepsilon = 210 + \frac{2280}{d}$ PS pro 1 Kb^{m} stündlich abgebohrtes Materialvolumen.

Beispiel. Eine Holzbohrmaschine, deren Leergang 0,22 PS erfordert, bohrt in Weissbuchenholz Löcher von $d = 50^{mm}$ Weite und verwandelt dabei stündlich ein Volumen $V = 0{,}02$ Kb^{m} in Spähne, so ist der specifische

Arbeitswerth

$$\varepsilon = 210 + \frac{2280}{50} = 255,6 \text{ PS und}$$

$$N = N_0 + \varepsilon \,.\, V = 0,22 + 255,6 \,.\, 0,02 = 5,33 \text{ PS.}$$

Die Umfangsgeschwindigkeit der Bohrer bewegte sich bei denjenigen Versuchen, durch welche die höchste Arbeitsleistung erzielt wurde,

bei den Metallbohrmaschinen zwischen 68 und 155^{mm} (durchschnittlich 100)

bei den Holzbohrmaschinen zwischen 4,73 und 5,29^{m} (durchschnittlich 5).

Beabsichtigt man für ungefähre Abschätzung der für Bohrmaschinen erforderlichen Betriebsarbeit das von Hart*) vorgeschlagene Näherungsverfahren anzuwenden, so lassen sich aus den Versuchsresultaten die hierzu erforderlichen Coefficienten a und m berechnen. Nach Formel (3) auf S. 63 des Hart'schen Buches würde nämlich unser Werth

$$\varepsilon = \frac{\frac{1}{2} a \cdot \frac{d}{2} \delta \cdot K \cdot v \,.\, 1000}{75 \cdot \frac{\pi}{4} d\, 2\, \delta \cdot 3600 \cdot \frac{v \cdot 1000}{\pi d}} = \frac{a\, K}{270000}$$

zu setzen sein, woraus

$$a = \frac{270000 \,.\, \varepsilon}{K}$$

sich ergiebt. Nimmt man nun als mittleren Bohrlochdurchmesser $d = 30$ an, so würde

für Gusseisen $\varepsilon = 0,001$
für Schmiedeeisen $\varepsilon = 0,0026$

einzusetzen sein; den Coefficienten der absoluten Festigkeit für jenes zu $k = 15$, für dieses zu $k = 40^k$ angenommen, berechnet sich

für Gusseisen $a = \frac{270000 \cdot 0,001}{15} = 18$

für Schmiedeeisen $a = \frac{270000 \cdot 0,0026}{40} = 16,$

daher im Mittel für Metallbohrmaschinen

$$a = 17$$

(statt 3, wie Hart annimmt) zu setzen sein würde.

Zur Berechnung des andern Coefficienten m ist zu beachten, dass nach den vorliegenden Versuchen der Wirkungsgrad durchschnittlich

für alle einfacheren Bohrmaschinen $\mu = 0,832$
für die Radialbohrmaschinen $\mu = 0,593$

gesetzt werden kann, daher (nach der oben gegebenen Herleitung) der von Hart eingeführte Coefficient

$$m = \frac{1}{0,832} - 1 = 0,20 \text{ beziehentlich}$$

$$m = \frac{1}{0,593} - 1 = 0,69$$

(statt 0,5 bis 1,0) anzunehmen ist.

*) Die Werkzeugmaschinen, 2. Aufl. S. 62.

Das Hart'sche Verfahren zur Berechnung der totalen Betriebsarbeit von Bohrmaschinen (für Metalle) würde daher nun folgende Form erhalten. Bezeichnet

K die absolute Festigkeit des Materials in Kil. pro $\square^{mm}$
d die Lochweite } in Millim.
δ die Zuschiebung pro Umdr. } in Millim.
v die Umfangsgeschwindigkeit pro Sec. in Metern,

so ist für alle einfacheren Bohrmaschinen

(84) $N = \frac{1}{75} \cdot \frac{1}{2} (1 + 0{,}20) \cdot 17 \cdot \frac{d}{2} \cdot \delta K v = 0{,}044 \cdot d \delta K v$ PS,

für Radialbohrmaschinen

(85) $N = \frac{1}{75} \cdot \frac{1}{2} (1 + 0{,}69) \cdot 17 \cdot \frac{d}{2} \cdot \delta K v = 0{,}062 \cdot d \delta K v$ PS.

Daher für das von Hart gegebene Beispiel

$d = 25{,}4^{mm}$, $\delta = \frac{1}{5}^{mm}$, $K = 50^{k}$, $v = 0{,}075^{m}$.
$N = 0{,}83$ PS beziehentlich $N = 1{,}18$ PS (statt 0,33 PS) sich ergiebt.

Die von Hart gewählten Coefficienten geben hiernach zu kleine Werthe für N.

E. Fräsmaschinen.

31. Kleine Fräsmaschine C Nr. 5

von Rich. Hartmann.

Repräsentant der kleinsten Metall-Fräsmaschinen, zur Bearbeitung ebener Endflächen bestimmt, besteht aus einem kurzen Bett mit einem horizontal und vertical verstellbaren Aufspanntisch, aus einem Spindelstock mit selbstthätiger Längenbewegung und Einrichtung zum transversalen Einstellen und einem Fräskopf mit eingesetzten Messern; vergl. die Skizze Fig. 1 und 2 Taf. IX.

Für $n_1 = 130$ Touren der Vorgelegswelle berechnet sich die mittels der beiden Läufe der Stufenscheiben dem Fräskopf zu ertheilende Umdrehungszahl pro Min. wie folgt:

$$130 \cdot \frac{250}{300} \cdot \frac{1}{24} = 4{,}51$$

$$130 \cdot \frac{300}{250} \cdot \frac{1}{24} = 6{,}50.$$

Die Zuschiebung des Fräskopfs ist nicht veränderlich; ihre Grösse pro Umdrehung desselben ergiebt sich zu

$$s = \frac{24}{1} \cdot \frac{20}{90} \cdot \frac{20}{75} \cdot \frac{20}{75} \cdot 7{,}14 = 2{,}64^{mm},$$

Nr. des Versuches	Dauer d. Versuches Min.	Umdrehungen pro Min. am Dynamometer u	Umdrehungen pro Min. der Vorgelegswelle $u_1 = \frac{4}{3} u$	Umdrehungen pro Min. des Fräskopfes u_2	Schaltung mm pro Min.	Spahndicke mm	Spahngewicht für $u_1 = 130$ Umdrehungen pro Min. in Gr. pro Sec.	Federspannung in Kil. S	Widerstand am Halbm. 1m der Vorgelegswelle $\Phi = 0{,}0192\, S$	Arbeitsaufwand für $u_1^0 = 130$ Umdrehungen der Vorgelegswelle: Met.-Kilogr. pro Sec. $A = 13{,}61\, \Phi$	Arbeitsaufwand für $u_1^0 = 130$ Umdrehungen der Vorgelegswelle: Pferdest. $N = \frac{A}{75}$
1	1	87	116	5,63	—	—	—	(A, a) 38	0,7296	9,93	0,132
2	1	85	113	5,50	27	1,1	0,236	95	1,824	24,8	0,331
3	1	87	116	5,75	25	1,1		92	1,766	24,0	0,320
4	1	84,5	113	5,50	24	1,1		99	1,901	25,9	0,345
5	1	81	108	5,25	22	1,1		100	1,92	26,1	0,318
6	1	83	111	5,40	25	1,1		102	1,958	26,6	0,355
7	1	89	119	5,75	25	1,1		100	1,92	26,1	0,318
8	1	97	129	6,15	—	—	—	42	0,806	11,0	0,146
9	1	93	124	6,00	25	2,4	0,506	50	0,960	13,1	0,174
10	1	92	123	5,90	27	2,4		50	0,960	13,1	0,174
11	1	108	141	7,00	30	2,4		50	0,960	13,1	0,174
12	1	113	151	7,25	31	2,4		49	0,941	12,8	0,171
13	1	110	147	7,00	31	2,4		52	0,998	13,6	0,181
14	1	110	147	7,15	—	—	—	15	0,288	3,92	0,052
15	1	100	133	6,40	28	2,8	0,559	50	0,960	13,1	0,174
16	1	98	131	6,40	29	2,8		55	1,056	14,4	0,192
17	1	95	127	6,50	27	2,8		57	1,094	14,9	0,199
18	1	93	124	6,00	27	2,8		51	0,979	13,3	0,178
19	1	94	125	6,10	28	2,8		57	1,094	14,9	0,199
20	1	94	125	6,00	—	—	—	21	0,403	5,48	0,073

so dass bei 16 Zähnen des Kopfes und unter der Voraussetzung, es vertheile sich die Arbeit unter alle Zähne gleichmässig, die Schnittbreite

$$\beta = \frac{2.61}{16} = 0{,}165^{mm}$$

beträgt.

Für die Versuche war ein rechteckiger gusseiserner Klotz in Sand gegossen worden, dessen eine Seitenfläche von 207 Länge, 66 Höhe abgefräst wurde; die Stellung dieses Arbeitsstücks gegen die Bahn der Schneidzähne ist aus Fig. 3 $\left(\text{in } \frac{1}{5}\right)$ zu ersehen, woselbst mn die Schnittlinie darstellt. Während der Versuche Nr. 2—7 wurde die Gussrinde abgefräst (Spahndicke 1,1), bei Nr. 9—13 eine zweite, bei Nr. 15—19 eine dritte Schicht (von 2,4 und 2,8 Dicke) abgearbeitet. Vers. Nr. 1, 8, 14 und 20 bezogen sich auf den Leergang. Die im Fräskopf sitzenden Stähle waren nach Art der Schrotstähle für Hobelmaschinen vorgerichtet mit Schneidwinkel von 70° und Anstellungswinkel von 20°. Vorstehende Tabelle enthält die Resultate der Beobachtung.

Aus den für den Arbeitsgang erhaltenen Diagrammen ergiebt sich, dass von einer gleichmässigen Vertheilung der Arbeit auf die einzelnen Zähne eines solchen Fräskopfs nicht die Rede ist: die Widerstandscurven zeigen eine starke der Tourenzahl des Fräskopfs entsprechende Periodicität, vergl. die Fig. 4 und 5 der Tafel IX.

Aus den Versuchen ergiebt sich sehr schön der Härteunterschied zwischen Gussrinde und dem weichen Gusseisen: Zur Verwandlung von 1^k pro Stunde in Spähne ist an Nutzarbeit erforderlich

für die Gussrinde (Spahnquerschnitt $f = 0{,}18 \square^{mm}$) $\varepsilon = 0{,}239$ PS
für das weiche Gusseisen (Spahnquerschnitt $f = 0{,}43 \square^{mm}$) $\varepsilon = 0{,}050$ PS,

wonach man die Gussrinde (für Sandguss) 4,8mal so hart anzunehmen hat, wie das darunter befindliche weiche Metall.

32. Fräsmaschine HO Nr. 3

von Joh. Zimmermann.

Spindelstock feststehend; zwei Tische mit transversaler Einstellung auf einem gemeinsamen Schlitten, welchem die Schaltbewegung durch Schraubenspindel und Mutter mitgetheilt wird.*)

Für $n_1 = 60$ Touren pro Min. der Vorgelegswellen kann der Fräskopf folgende Umdrehungszahlen erhalten

$$60 \cdot \frac{393}{266} \cdot \frac{21}{60} \cdot \frac{18}{53} = 10{,}5$$
$$60 \cdot \frac{328}{328} \cdot \frac{21}{60} \cdot \frac{18}{53} = 7{,}14$$
$$60 \cdot \frac{266}{390} \cdot \frac{21}{60} \cdot \frac{18}{53} = 4{,}90,$$

*) Fräsmaschinen solcher Art, jedoch mit einfachem Tisch, finden sich dargestellt in den Zeichnungen der Hütte, 1858 Taf. 32, 1863 Taf. 32ᵃ und 32ᵇ, auch in Hart's Werkzeugmaschinenbau 1. Aufl. Taf. 25.

welchen Werthen für einen Fräskopf von 333 Durchmesser die secundlichen Schnittgeschwindigkeiten

183 124 85,4

entsprechen.

Die mittlere Zuschiebung pro Umdr. des Fräskopfs ergiebt sich zu

$$z = \frac{24}{15} \cdot \frac{1}{20} \cdot \frac{44}{36} \cdot 12{,}7 = 1{,}24^{mm};$$

durch Stufenscheiben kann die Zuschiebung verändert werden in den Grenzen

$$z_1 = 1{,}24 \cdot \frac{113}{271} = 0{,}52 \text{ und } z_2 = 1{,}24 \cdot \frac{271}{115} = 2{,}93.$$

Bei den Versuchen waren zwei verschiedene Fräsköpfe verfügbar: Eine aus Segmenten zusammengesetzte verzahnte Scheibe von der in Fig. 6 Taf. IX dargestellten Form (äusserer Durchmesser 333, innerer 244, Breite 75, Zähnezahl 76, Schneidwinkel 60°, Anstellungswinkel 20°) und eine mit 12 schräg angeschliffenen und schräg eingesetzten Rundstählen versehene Scheibe (vgl. Fig. 8 und 9 Taf. IX. Durchmesser des Zahnspitzenkreises 320, Schneidwinkel 55°, Anstellungswinkel 35°). Die erstere war schon seit längerer Zeit in Gebrauch, ihre Zähne waren ziemlich stumpf, 19 derselben waren ausgebrochen, die letztere war in gutem Zustand; jene dient bei Vers. Nr. 1—6 zur Abfräsung einer (von der Gusshaut befreiten) Gusseisenplatte von 82 Höhe, diese bei Vers. Nr. 9—11 ebenso zur Bearbeitung einer rechteckigen Fläche an einem Gusseisenstück von 190 Höhe; die Lage des Fräskopfs zum Arbeitsstück ist für den ersten Fall aus Fig. 6, für den zweiten aus Fig. 7 Taf. IX zu ersehen. Nachstehende Tabelle enthält die Beobachtungsdaten.

Die für den Leergang erforderliche Betriebsarbeit lässt sich durch die Formel

$$(86) \qquad N_0 = 0{,}025 + 0{,}05 \,.\, n_2$$

darstellen, wonach für

$$\begin{aligned} n_2 &= 10{,}5 \quad 7{,}14 \quad 4{,}90 \text{ Umdr. pro M.} \\ N_0 &= 0{,}55 \quad 0{,}38 \quad 0{,}27 \end{aligned}$$

also im Durchschnitt

$$N_0 = 0{,}40 \text{ PS}$$

sich ergiebt.

Auch bei diesen Versuchen zeigt sich die schon unter Nr. 31 erwähnte Periodicität der Diagramme, die man bei den Fräsmaschinen am wenigsten erwarten sollte, vergl. Fig. 10 Taf. IX; die hier erkennbare grössere Periode *ab*, *bc*, *cd* entspricht einer Umdrehung des Fräskopfs. Die hier offenbar zu Grunde liegende ungleichmässige Betheiligung der einzelnen Schneiden an der ganzen Fräsarbeit macht übrigens die Bestimmung des factischen Spahnquerschnitts einigermaassen unsicher; denn wenn z. B. für Vers. Nr. 1 aus Zuschiebung pro Umdrehung des Fräskopfs

$$z = 2{,}92,$$

aus Schnitthöhe

$$\delta = 3{,}80$$

und aus Zähnezahl $n = 76$ sich für den Fall gleichmässiger Vertheilung der

Nr. des Versuches	Dauer d. Versuches	Umdrehungen am Dynamometer	Umdrehungen der Vorgelegewelle u_1	Umdrehungen der Fräse	Aeusserer Durchmesser ders.	Umfangsgeschwindigkeit ders.	Schaltbewegungen pro Min.	Schaltbewegung pro Umdrehung der Fräse	Spahndicke	Spahngewicht	Spahngewicht pro Sec. für norm. Geschwindigkeit	Mittlere Federspannung S	Widerstand am Halbm. 1 m d. Vorgelegswelle $\Phi = 0{,}028\ S$	Betriebskraft bei normal. Umdrehung d. Vorgelegsw. ($u_1 = 60$) in Met.-Kil. pro Sec. $A = 6{,}29\ \Phi$	Betriebskraft in Pferdest. $N = \frac{A}{75}$
	Min.	p. Min.	p. Min.	p. Min.	m/m	m/m p. Sec.	m/m	m/m	m/m	Gramm	Gramm				
1	3	65,7	56,0	4,45	333	77,4	13	2,92	3,8	90	0,536	(C,b) 245	6,860	43,15	0,575
2	3	66,8	57,0	4,33	333	75,3	13	3,00	3,8	87,5	0,512	258	7,224	45,44	0,606
3	3	63,3	54,0	4,27	333	74,3	12,3	2,88	3,8	85	0,525	258	7,224	45,44	0,606
4	3	63,8	51,4	6,5	333	113,1	7,7	1,18	3,8	55	0,338	277	7,756	48,79	0,650
5	3	63,0	53,7	6,37	333	110,8	7,5	1,18	3,8	55	0,312	275	7,700	48,43	0,616
6	3	65,8	56,1	6,6	333	114,8	8,2	1,21	3,8	58,5	0,318	275	7,700	48,43	0,646
7	1	64	51,6	6,8	333	118,3	—	Arbeitsstück abgestellt				162	4,536	28,53	0,380
8	1	71	60,6	4,9	333	85,3	—					114	3,192	20,08	0,268
9	2	60,5	51,6	6,05	320	101,6	17,5	2,89	2,3	181	1,76	430	12,010	75,73	1,010
10	3	63,7	54,3	4,13	320	74,4	12,2	2,75	3,9	193,5	1,19	280	7,840	49,31	0,658
11	3	75,3	64,2	5,08	320	85,3	14,8	2,91	3,8	228,5	1,19	285	7,980	50,91	0,669

Arbeit der Spahnquerschnitt zu

$$f = \frac{2,92 \,.\, 3,80}{76} = 0,146 \,\square^{mm}$$

berechnet, so würde hierfür der 76fache Werth, nämlich

$$f = 2,92 \,.\, 3,80 = 11,1 \,\square^{mm}$$

anzusetzen sein, wenn von den 76 vorhandenen Zähnen einer alle übrigen soviel überragte, dass er allein zur Wirkung käme; das letztere ist nun zwar niemals der Fall, aber einige Ungleichmässigkeiten in der Stellung der Schneiden scheinen nach den erhaltenen Diagrammen überall vorhanden zu sein, so dass der nach der Formel

$$f = \frac{s \cdot \beta}{n}$$

berechnete Spahnquerschnitt nur im Sinne eines Durchschnittswerthes aufzufassen ist. Wenn übrigens, wie bemerkt, bei dem Fräskopf der Vers. Nr. 1—6 von 76 Zähnen 19 ausgebrochen waren, so ist selbstverständlich zur Berechnung von f nur der Werth 76 — 19 = 57 für n in Rechnung zu bringen, und man braucht sich dann über die periodische Veränderlichkeit des Widerstandes nicht zu verwundern.

Für den specifischen Arbeitswerth ε, bezogen auf ein stündliches Spahngewicht von 1^k, ergeben sich folgende Zahlen:

Vers. Nr.	Mittlerer Spahnquerschnitt	Nutzarbeit pro 1^k Gusseisenspähne	Fräskopf
1—6	$f = 0,138 \,\square^{mm}$	$\varepsilon = 0,193$ PS	Verzahnte Scheibe
9—11	$f = 0,792$ „	$\varepsilon = 0,095$ „	Kopf mit 12 Rundstählen.

Das Resultat ist geeignet, nächst dem schon bei den Hobelmaschinen erörterten Einfluss des Spahnquerschnitts den Einfluss der Schneidenbeschaffenheit auf den Arbeitsverbrauch zu illustriren: der gewöhnliche mit stumpfen Schneiden versehene Fräskopf verzehrt reichlich das doppelte Arbeitsquantum wie der mit gut geschliffenen Rundstählen versehene.

33. Räderschneidmaschine OB

von Joh. Zimmermann.

Repräsentant des kleineren Modells der beiden bekannten Whitworth'schen Räderschneidmaschinen. Die Fig. 11 und 12 Tafel IX zeigen die nähere Anordnung derselben. Die verticale Fräskopfspindel wird durch 2 Kegelräder $\left(\frac{11}{35}\right)$ von der Antriebwelle aus in Bewegung gesetzt. Die Zuschiebung erfolgt selbstthätig durch Verschiebung des Spindelstocks.

Für die normale Tourenzahl der Vorgelegswelle $n_1 = 85$ ergiebt sich die minutliche Umdrehungszahl der Fräse

$$n_i = 85 \cdot \frac{227}{231} \cdot \frac{11}{35} = 33{,}0$$

und deren Umfangsgeschwindigkeit $V = 199$.

Ebenso berechnet sich aus den vorhandenen Scheibengrössen und Zähnezahlen die Zuschiebung pro Umdr. des Fräskopfs

$$z = \frac{35}{14} \cdot \frac{190}{520} \cdot \frac{10}{80} \cdot 6{,}35 = 0{,}724^{\text{mm}}.$$

Von den zur Ausführung gebrachten 11 Versuchen bezogen sich Nr. 2, 3, 7, 10 und 11 auf den Leergang, die übrigen auf den Arbeitsgang, und zwar wurden bei letzteren in gusseiserne vollrandige Stirnräder Zahnlücken von der in Fig. 13 in wirklicher Grösse dargestellten Form mit je einem Durchgang eingeschnitten. Der äussere Durchmesser dieser Räder betrug 257,5, die Zahntiefe 10,5, die Zähnezahl 52, die Radbreite 38,2; es waren drei gleiche Räder unmittelbar neben einander eingespannt, so dass die Länge der auszufräsenden Zahnlücken 114,6 betrug. Die bei Vers. Nr. 1, 4—6 benutzte Fräse war von mangelhaftem Zustand, es zeigten sich von 53 Zähnen 5 ausgebrochen, für Vers. Nr. 8 und 9 wurde eine fehlerfreie Frässcheibe eingesetzt. Die zur Wirkung kommende Schneidenlänge ergab sich zu 41, das einer Zahnlücke entsprechende Spahngewicht zu 68g, woraus der Querschnitt einer solchen Zahnlücke sich zu

$$\frac{68000}{7{,}2 \cdot 114{,}6} = 82{,}2 \;\square^{\text{mm}}$$

berechnet. Die beobachteten Zahlen finden sich in folgender Uebersicht:

Nr. des Versuches	Dauer d. Versuches	Umdrehungen am Dynamometer	Umdrehungen der Vorgelegswelle	Umdrehungen der Fräse	Umfangsgeschwindigkeit der Fräse in Millim. pro Sec. ($D = 115^{\text{mm}}$)	Federspannung S	Widerstand am Halbm. 1^{m} d. Vorgelegswelle $\Phi = \begin{cases} 0{,}0148\,S \\ 0{,}0151\,S \end{cases}$	Betriebskraft für normale Umdrehungen der Vorgelegswelle ($n_1 = 85$) Met.-Kil. pro Sec. $A = 8{,}90\,\Phi$	Pferdest. $N = \frac{A}{75}$
	Min.	p. Min.	p. Min.	p. Min.		Kilogr.			
1	6,25	58,5	90,7	34,6	208	(B,b) 160	2,368	21,08	0,281
2	1	56,5	87,6	34,0	205	50	0,740	6,59	0,088
3	1	58	89,9	35,0	211	50	0,740	6,59	0,088
4	6,5	56,4	87,4	33,7	203	160	2,368	21,08	0,281
5	6,75	52,9	82,0	31,9	192	(C,b) 170	2,618	23,30	0,311
6	7	53,1	82,3	30	181	160	2,464	21,93	0,292
7	1	62,5	96,9	37,5	226	50	0,770	6,85	0,091
8	7	49,6	76,9	29,7	179	150	2,310	20,56	0,274
9	6,5	53,7	83,2	32,2	194	140	2,156	19,19	0,256
10	1	51	79,1	31	187	70	1,078	9,60	0,128
11	1	55	85,3	32	193	80	1,232	10,97	0,146

Hiernach hat sich der Arbeitsverbrauch für den Leergang ergeben zu

$$N_0 = 0{,}108 \text{ PS},$$

wobei die Vorgelegswelle eingerechnet ist.

Der Arbeitswerth ε für 1[k] Spahngewicht pro Stunde ergiebt sich

aus Vers. Nr. 1, 4—7 für die stumpfe Fräse zu

$$\varepsilon = 0{,}297 \text{ PS bei } f = 0{,}026 \square^{mm},$$

aus Vers. Nr. 8 und 9 für die scharfe Fräse zu

$$\varepsilon = 0{,}260 \text{ PS bei } f = 0{,}025 \square^{mm}.$$

Die stumpfe Fräse erforderte daher für dasselbe Spahnquantum eine um 14,2 % grössere Betriebsarbeit, als die scharfe.

Zur Berechnung des mittleren Spahnquerschnitts ist hier folgendes Verfahren eingeschlagen worden.

In der Formel

$$f = \beta \, . \, \delta$$

hat β (Schnittbreite) den Werth 41 = Länge des zur Wirkung kommenden Theils der Schneiden. Zur Ermittlung des durchschnittlichen Betrags von δ berechnete man (nach Guldin's Regel) die Grösse der Schnittfläche S, welche ein Zahn bei einmaligem Durchgang vollendet; dieselbe ergiebt sich zu

$$S = 105 \cdot \pi \cdot \frac{39^0}{360^0} \cdot 41 = 1460 \square^{mm}.$$

Hierauf ermittelte man aus der Zuschiebung z pro Umdr. der Fräse und der Zähnezahl der letzteren die Zuschiebung der letzteren pro Zahn

$$\zeta = \frac{z}{n}$$

und aus der totalen Verschiebung Z des Spindelstocks bei Herstellung der ganzen Zahnlücke die Zahl der Schichten, in welche das abzufräsende Material zerlegt wird,

$$\nu = \frac{Z}{\zeta},$$

wonach das einer Zahnlücke entsprechende Volumen V sich darstellen lässt durch

$$V = S \, . \, \nu \, . \, \delta,$$

daher endlich

$$\delta = \frac{V}{S \, . \, \nu} = \frac{V \, . \, z}{S \, . \, Z \, . \, n} \tag{87}$$

sich ergiebt; hierbei müssen mit Rücksicht darauf, dass die Fräse ihre Arbeit an der rechten oberen Ecke des Längsprofils beginnt und an der linken unteren Ecke beendet, für Z und V statt der unmittelbar sich darbietenden Werthe 114,6 und 9450 die corrigirten Werthe 151 und 9640 eingesetzt werden. Die Zuschiebung pro Umdr. der Fräse ergiebt sich theoretisch (wie oben angeführt) zu

$$z = 0{,}724;$$

da jedoch die Schaltmechanismen einen Riementrieb enthalten, so ist erklärlich, dass die beobachtete Zuschiebung bei Vers. Nr. 1, 4—7 (ältere Fräse) durchschnittlich

$$z = 0{,}702$$

und bei Vers. Nr. 8 und 9 (neue Fräse)

$$z = 0{,}723^{mm}$$

betrug; die hiermit correspondirenden Werthe

Zuschiebung pro Zahn $\zeta = 0,0146$ und $\zeta = 0,0136^{mm}$
Mittlere Spahndicke $\delta = 0,000642$ und $\delta = 0,000598^{mm}$
Mittlerer Spahnquerschnitt $f = 0,026$ und $f = 0,025 \square^{mm}$

ergeben sich hieraus auf dem angedeuteten Wege sehr leicht. Die Feinheit der Spähne, in welche auf dieser Maschine das Material aufgelöst wird, entspricht durchaus den Anforderungen, die man an die Glätte und Genauigkeit der geschnittenen Zähne stellt; der mittlere Spahnquerschnitt ist hier noch kleiner als bei der Langlochbohrmaschine Nr. 28 $\left(\text{nämlich } \frac{1}{40} \text{ statt } \frac{1}{32} \square^{mm}\right)$.

34. Holzhobelmaschine AF

von Joh. Zimmermann.

Diese und die zunächst folgenden Holzbearbeitungsmaschinen sind trotz ihres Namens unter die Fräsmaschinen eingeordnet worden, weil das Werkzeug fortlaufende Rotationsbewegung hat, was für die Fräse ebenso charakteristisch ist, wie die absetzende Bewegung für den Hobel.

Von der vorliegenden Maschine enthält Taf. X in Fig. 1 und 2 eine Skizze in $\frac{1}{20}$, jedoch in Fig. 1 mit verkürztem Bett; Fig. 3 zeigt einen der beiden in dem Fräskopf sitzenden Schrotstähle (Schneidwinkel 43°, Anstellungswinkel $18\frac{1}{2}$°); die beiden Schlichtstähle, welche der Fräskopf ausserdem noch enthält, sind von derselben Einrichtung, wie die sogen. Doppeleisen der Handhobel, mit Schneiden von 41 Länge. Fig. 4 zeigt die Anordnung des Zuschiebungsapparates mit eingeschriebenen Maassen und Zähnezahlen.

Die normale Umdrehungszahl der Messerscheibe ergiebt sich zu

$$n_2 = 200 \cdot \frac{990}{282} = 702 \text{ pro Min.},$$

was zu einer Schnittgeschwindigkeit von

$$\frac{0,740 \cdot \pi \cdot 702}{60} = 27,2^m \text{ pro Sec.}$$

führt.

Die Zuschiebung des Arbeitsstücks pro Umdr. des Fräskopfs (vgl. Fig. 4) ist zu berechnen nach

$$z = \frac{282}{990} \cdot \frac{235}{785} \cdot \frac{16}{32} \cdot \frac{10}{35} \cdot 11 \cdot 23 = 3,10^{mm},$$

daher die Schnittbreite (Maximalwerth, gemessen in einer parallel der Zuschiebung durch die Spindelaxe gelegten Ebene)

bei 2 Stählen $\beta = 1,55$
„ 4 „ $\beta = 0,78^{mm}$

zu setzen ist.

Die zur Ausführung gebrachten 12 Versuche hatten folgende Ziele:

Nr. 1 und 12 Leergang des Fräskopfs
Nr. 2 und 11 „ „ „ und des Tisches
Nr. 3—7 Arbeitsgang;

eine rothbuchene Pfoste von 375 Breite wird glatt gehobelt unter Benutzung zweier Schrotstähle (s. Fig. 3, Taf. X) und zweier Schlichtstähle.

Nr. 8—10 Arbeitsgang; dieselbe Pfoste wird nur mit den Schrotstählen bearbeitet.

Die Zuschiebung des Arbeitsstücks wurde direct beobachtet.

Die Beobachtungsdaten wurden in folgende Tabelle zusammengestellt:

Nr. des Versuches	Dauer d. Versuches Min.	Umdrehungen pro Min. am Dynamometer n	der Antriebswelle $n_1 = 1{,}067\,n$	des Schneidkopfes $n_2 = 3{,}51\,n_1$	Zuschiebung des Bretes mm p. Sec.	Dicke der abgefrästen Schicht mm	Federspannung in Kilogr. S	Widerstand am Halbm. 1m der Antriebswelle $\Phi = 0{,}0163\,S$	Arbeitsaufwand bei $n_1 = 200$ Umdrehungen Met.-Kil. pro Sec. $A = 20{,}9\,\Phi$	Pferdest. $N = \frac{A}{75}$
1	1/2	191	203,8	715	0	0	(*D*,*a*)290	4,727	98,794	1,317
2	1/2	180	192,1	674	—	0	345	5,624	117,542	1,567
3	1	172	183,5	644	34,6	0,3	440	7,172	149,895	1,998
4	1/2	160	170,7	599	31,4	0,3	385	6,276	131,168	1,749
5	1	188	200,6	704	37,2	1,0	520	8,476	177,148	2,362
6	1	187	199,5	700	33,7	3,0	640	10,432	218,029	2,907
7	1/3	186	198,5	697	35,1	3,0	640	10,432	218,029	2,907
8	1	190	202,7	711	37,1	2,0	425	6,928	144,795	1,931
8	1/2	187	199,5	700	32,5	5,0	635	10,351	216,336	2,884
10	1/3	189	201,7	708	31,7	5,0	715	11,655	243,590	3,245
11	1/2	190	202,7	711	37,8	0	300	4,890	102,201	1,363
12	1/2	192	204,9	719	0	0	250	4,075	85,168	1,136

Hiernach erfordert der Leergang:

für den Fräskopf allein	1,227	PS
für die ganze Maschine	1,465	„
für den Zuschiebungsapparat	0,238	„

Die Vergleichung zwischen Nutzarbeit und Volumen des in Spähne verwandelten Holzes führt zu folgenden Resultaten:

Nr. des Vers.	Dicke der abgefrästen Schicht Mm.	Mittlerer Spahnquerschnitt f □mm	Nutzarbeit pro 1 Kbm Spahnvolumen in der Stunde PS	
3 u. 4	0,3	0,233	24,7	Schrupphobel und Schlichthobel
5	1,0	0,775	18,0	
6 u. 7	3,0	2,32	10,3	
8	2,0	3,10	4,72	Schrupphobel allein.
9 u. 10	5,0	7,75	7,04	

Hieraus ergiebt sich zunächst, dass bei Mitwirkung des Schlichthobels die Verwandlung des Holzes in Spähne unter verhältnissmässig grösserem Arbeitsverbrauch erfolgt, als bei alleiniger Wirkung des Schrupphobels, dass jedoch bei letzterer der specifische Arbeitswerth mit der Spahndicke wächst, wie sich schon aus der Versuchsreihe Nr. 22 ergeben hatte. Während man für den

Schlichthobel (bei 0,3 Schnitthöhe) und für Rothbuchenholz

$$\varepsilon = 25 \text{ PS}$$

ansetzen kann, ergiebt sich für den Schrupphobel (bei 2—5 Schnitthöhe)

(88) $$\varepsilon = 3{,}16 + 0{,}5 \,.\, f \text{ PS},$$

also für

$f =$	1	2	3	4	5 □^{mm} Spahnquerschnitt
$\varepsilon =$	3,66	4,16	4,66	5,16	5,66 PS.

Alle diese Werthe sind aber erheblich kleiner, als sie für harte Hölzer bei der Abziehmaschine und bei den Sägen sich gefunden hatten, was nächst der Schärfe und zweckmässigen Form der hier gebrauchten Hobelstähle wohl der enorm grossen Schnittgeschwindigkeit zuzuschreiben sein möchte; man vergleiche die bei Besprechung der Kreissägen (Nr. 6 und 7) über den Einfluss der Schnittgeschwindigkeit gemachten Bemerkungen.

Dass bei Mitwirkung des Schlichthobels umgekehrt wie beim Schrupphobel eine grössere Spahndicke vortheilhaft ist, scheint durch den Umstand erklärt werden zu müssen, dass nach der eigenthümlichen Wirkungsweise des Schlichthobels, der ein sogenannter Doppelhobel ist (also die Spähne in kurzen Intervallen umknickt) die Biegungsfestigkeit des Spahns in geringerem Maasse zur Geltung kommt, daher die zur Trennung selbst erforderliche Arbeit die aus Festklemmung des Stahls unterm Spahn entspringende Reibungsarbeit überwiegt; es tritt hier ein ähnliches Verhältniss ein, wie bei dem Gusseisen im Vergleich zum Schmiedeeisen.

Bezieht man den specifischen Arbeitswerth auf die Grösse der abgefrästen Oberfläche, so ergiebt sich der Verbrauch an Nutzarbeit für 1 □^{m} fertige Oberfläche pro Stunde zu

(89) $$\varepsilon' = \frac{\varepsilon \,.\, \delta}{1000} \text{ PS},$$

daher für das

Schlichten	bei $\delta = 0{,}3$	$\varepsilon' = 0{,}00741$ PS
Schruppen	„ $\delta = 2$	$\varepsilon' = 0{,}00944$ „
	„ $\delta = 5$	$\varepsilon' = 0{,}03520$ „

Die auf das Schruppen bezüglichen Zahlen lassen sich näherungsweise durch die Formel

(90) $$\varepsilon' = 0{,}006 \,.\, \delta$$

darstellen, wenn der Spahnquerschnitt eine mittlere Grösse ($f = 5$ □^{mm}) hat; will man den Einfluss des Spahnquerschnitts berücksichtigen, so hat man für Rothbuchenholz die vollständigere Formel

(91) $$\varepsilon' = \frac{(3{,}16 + 0{,}5 \,.\, f) \,.\, \delta}{1000}$$

zu benutzen. Bei der Abziehmaschine (Nr. 22) hatte sich ergeben

für Eichenholz bei $\delta = 0{,}34$ $\varepsilon' = 0{,}0312$ PS,

bei der Kreissäge *OG* (Nr. 7)

für Rothbuchenholz $\varepsilon' = 0{,}113$ PS,

bei der Kreissäge *ED* (Nr. 8)
für Rothbuchenholz $\varepsilon' = 0{,}177$ PS,

woraus abermals die Ueberlegenheit des bei dieser Maschine angewendeten Werkzeugs in arbeitsökonomischer Hinsicht sich ergiebt.

Man kann nun auch die totale Betriebskraft dieser Hobelmaschine nach der Formel

$$N = 1{,}47 + \varepsilon' \,.\, F \tag{92}$$

berechnen, wie folgendes Beispiel zeigt.

Beispiel. Es werden stündlich $F = 20$ □^{qm} Oberfläche rothbuchener Pfosten geschlichtet, so ist $\varepsilon' = 0{,}00741$, daher

$$N = 1{,}47 + 0{,}00741 \,.\, 20 = 1{,}62 \text{ PS.}$$

35. Walzenhobelmaschine ME

von Joh. Zimmermann.

Das Arbeitsstück wird wie bei der vorigen Maschine auf einem Tisch aufgespannt, welcher durch eine Prismenführung mittels Zahnstange und Getriebe eine geradlinige Translationsbewegung erhält; jedoch haben die Fräsköpfe, deren ein horizontaler und ein verticaler vorhanden ist, die Schneiden nicht auf der ebenen Endfläche, sondern auf der cylindrischen Umfläche; vergl. Fig. 1—3 auf Tafel XI.

Für $u_1 = 700$ minutliche Umdrehung der Vorgelegswelle berechnet sich die normale Tourenzahl pro Min.

des horizontalen Fräskopfs ($D = 170$) zu $u_2 = 700 \cdot \frac{554}{184} = 2114$

des verticalen „ ($D = 223$) zu $u_2' = 700 \cdot \frac{282}{123} = 1610$,

wonach sich für beide eine normale Schnittgeschwindigkeit von 18,8^{m} pro Sec. ergiebt.

Die Zuschiebung des Arbeitsstücks wurde bei den Versuchen nur direct beobachtet.

Es wurden 12 Versuche ausgeführt, von denen sich bezog

Nr. 5 auf den Leergang des horizontalen,

Nr. 12 „ „ „ „ verticalen Fräskopfs,

Nr. 1—4 auf die Bearbeitung eines fichtenen Brets von 610 Breite mittels des horizontalen Fräskopfs (Fig. 3),

Nr. 6—9 auf die Bearbeitung eines rothbuchenen Brets von anfangs 150, zuletzt 170 Breite mittels des horizontalen Fräskopfs (Fig. 3),

Nr. 10 und 11 auf die Bearbeitung eines fichtenen Brets von 36¹/₄ Dicke auf der schmalen Seitenfläche mittels des verticalen Fräskopfs (Fig. 2).

Die Versuche führten zu folgenden Ergebnissen:

Nr. des Versuches	Dauer d. Versuches	Umdrehungen pro Min.			Durchmesser des Schneidkopfes	Umfangsgeschwindigkeit des Schneidkopfes p. Sec. $v_2 = 0,0089\,u_2$ $v_2' = 0,0117\,u_2'$	Verschiebung des Bretes pro Sec.	Dicke der abgefrästen Schicht	Abgehobelte Fläche in □cm pro Sec. für $u_1 = 700$	Spahnvolumen in Kbcm pro Sec. für $u_1 = 700$	Mittlere Federspannung S	Widerstand am Hebelarm 1m der Vorgelegswelle $\Phi = 0,0102\,S$	Arbeitsaufwand bei normaler Geschwindigkeit ($u_1 = 700$)	
		am Dynamometer u	der Vorgelegswelle $u_1 = 1,71\,u$	des Schneidkopfes $u_2 = 3,02\,u_1$ $u_2' = 2,30\,u_1$									in Met.-Kil. $A = 73,3\,\Phi$	in Pferdest. $N = \frac{A}{75}$
	Min.				Millim.	Meter	Millim.	Millim.			Kilogr.			
1	0',5	384	657	1984	170	17,66	45	5	293	147	(D,a) 405	4,13	302,7	4,04
2	0',5	370	633	1912	170	17,02	51	5	344	172	400	4,08	299,1	3,99
3	0',5	368	629	1900	170	16,91	52	8,5	353	300	510	5,20	381,2	5,08
4	0',5	360	616	1860	170	16,55	50	8,5	347	295	500	5,10	373,8	4,98
5	0',5	400	684	2066	170	18,39	Der Schneidkopf ist abgestellt				75	0,765	56,1	0,75
6	0',5	418	715	2159	170	19,22	57	4	84	34	125	1,28	93,82	1,25
7	0',5	416	711	2147	170	19,11	57	4	90	36	150	1,53	112,1	1,49
8	0',5	400	684	2066	170	18,39	52	8	88	70	170	1,73	126,8	1,69
9	0',5	402	687	2075	170	18,47	55	8	95	76	190	1,94	142,1	1,90
10	0',5	410	701	1612	223	18,86	57	?	20	—	150	1,53	112,1	1,49
11	0',5	402	687	1580	223	18,49	52	?	19	—	140	1,43	104,8	1,40
12	0',5	412	705	1622	223	18,98	Der Schneidkopf ist abgestellt				120	1,22	89,4	1,19

Hiernach ist

für den Leergang des horizontalen Fräskopfs 0,75
„ „ „ „ verticalen „ 1,19
„ „ „ der ganzen Maschine $N_0 = 1{,}94$ PS

anzusetzen.

Für die Beziehung zwischen Nutzarbeit und stündlichem Spahnvolumen ergeben sich aus den als am zuverlässigsten zu erachtenden Versuchen Nr. 1—4, 6—9 die folgenden Endresultate:

Nr. des Vers.	Höhe der abgefrästen Schicht h^{mm}	Winkel α (s. Fig. 4, XI) Grad	Zuschiebung pro Umdr. d. Fräskopfs z^{mm}	Mittlere Schnitthöhe (Spahndicke) δ^{mm} *)	Schnittbreite β^{mm}	Mittlerer Spahnquerschnitt f □^{mm}	Nutzarbeit pro 1 Kb^m Spahnvol. i. d. Stunde ε PS
1, 2	5	19,8	1,48	0,126	610	77	5,68
3, 4	8,5	25,8	1,63	0,181	610	110	4,00
6, 7	4	17,7	1,59	0,121	150	18,1	4,76
8, 9	8	24,9	1,55	0,168	170	28,6	3,95

Wegen der Umständlichkeit der Aufsuchung des mittleren Spahnquerschnitts erscheint es hier nicht rathsam, den Zusammenhang zwischen ε und f darzustellen, wofür eine Beziehung zwischen ε und h praktisch brauchbar erscheint; der specifische Arbeitswerth zeigt sich hier (wo das Holz in kurze Spähne zertheilt wird) bei wachsender Schichthöhe abnehmend und zwar ergiebt die Rechnung für

(93) Fichtenholz $\varepsilon = 1{,}6 + \frac{20{,}4}{h}$

(94) Rothbuchenholz $\varepsilon = 3{,}14 + \frac{6{,}48}{h}$.

Bezieht man die Nutzarbeit auf die Grösse der stündlich gefrästen Oberfläche, so hat man für den Arbeitswerth pro 1 □^{m} Schnittfläche in der Stunde

$$\varepsilon' = \frac{\varepsilon \cdot h}{1000}, \text{ daher für}$$

(95) Fichtenholz $\varepsilon' = \frac{1{,}6 \cdot h + 20{,}4}{1000}$ PS

(96) Rothbuchenholz $\varepsilon' = \frac{3{,}14 \cdot h + 6{,}48}{1000}$ PS.

Man erhält hiernach für

---

*) Die Berechnung der mittleren Spahndicke hat hier in folgender Art zu geschehen: Aus Fräskopfhalbmesser r und Schichthöhe h (s. Fig. 4, Taf. XI) ergiebt sich der Winkel α, welchen die Schneide pro Schnitt durchläuft aus

$$\cos \alpha = \frac{r - h}{r};$$

sodann ergiebt sich aus der Gleichung

$$2 \cdot r \frac{\alpha}{180} \pi \cdot \delta = z \cdot h$$

die mittlere Spahndicke

$$\delta = \frac{1}{2} \cdot \frac{zh \cdot 180}{\pi r \alpha} = 0{,}337 \cdot \frac{zh}{\alpha}.$$

Schichthöhe	h = 0,3	1	2	5	10 mm
bei Fichtenholz	ε' = 0,0209	0,0220	0,0236	0,0284	0,0364 PS
bei Rothbuchenholz	ε' = 0,0074	0,0096	0,0128	0,0222	0,0379 „

Hierbei ist die mittlere Spahndicke δ in den Grenzen 0,12 ∴ 0,18 mm vorausgesetzt.

36. Walzenhobelmaschine GD

von Joh. Zimmermann.

Diese Maschine enthält nur einen Fräskopf, dessen Querschnitt in Fig. 6 Taf. XI in $^1/_1$ nat. Gr. dargestellt ist (Schneidwinkel 35°, Anstellungswinkel 28°). Die Zuschiebung des zu bearbeitenden Brets geschieht durch 2 Paar glatte Walzen aa, bb (s. Fig. 5 und 7 Taf. XI) von 124 Durchmesser, deren minutliche Umdrehungszahl sich bei n_1 = 1000 berechnet wie folgt:

$$1000 \cdot \frac{121}{516} \cdot \frac{12}{56} \cdot \frac{12}{56} = 10{,}8\,,$$

wonach für die Secunde sich eine (theoretische) Zuschiebung ergiebt von

$$z = \frac{\pi \cdot 124 \cdot 10{,}8}{60} = 70{,}12^{\text{mm}}.{}^{*)}$$

In Berücksichtigung, dass die normale Tourenzahl des Fräskopfs pro Min.

$$n_2 = 1000 \cdot \frac{460}{183} = 2340$$

beträgt, ergiebt sich die Zuschiebung pro Umdr. des Fräskopfs zu

$$z = \frac{70{,}12 \cdot 60}{2340} = 1{,}80^{\text{mm}}.$$

Von den zur Ausführung gebrachten Versuchen bezog sich Nr. 4 auf den Leergang; bei allen übrigen wurden Fichtenholz-Pfosten von 270—275 Breite auf der breiten Seite abgefräst.

Folgendes sind die Ergebnisse (siehe nachstehende Tabelle).

Die auf den Arbeitsgang bezüglichen Versuche ergeben die folgenden (nach der Schichthöhe geordneten) Resultate

Vers. Nr.	2	1, 5 u. 6	7 u. 8
Schichthöhe h =	1	5	10,5 mm
Mittlere Spahndicke δ =	0,076	0,160	0,230 mm
Mittlerer Spahnquerschnitt f =	20,7	43,7	62,8 □mm
Nutzarbeit pro 1 Kbm stündliches Spahnvolumen ε =	30,4	8,13	5,18 PS

Die so erhaltenen Werthe von ε lassen sich annähernd durch die Formel

(97) $$\varepsilon = 2{,}5 + \frac{28}{h}$$

---

*) Zur Abkürzung dieser oft vorkommenden Rechnung hat der Verf. eine „Tafel der Umfangsgeschwindigkeiten pro Secunde, berechnet aus Durchmesser und Umdrehungszahl pro Minute" entworfen und durch B. F. Voigt in Weimar 1872 herausgegeben.

Nr. des Versuches	Dauer d. Versuches Min.	Umdrehungen pro Min. am Dynamometer n	der Vorgelegswelle $n_1 = 1{,}90\,n$	des Schneidkopfes $n_2 = 2{,}34\,n_1$	Umfangsgeschwindigkeit des Schneidkopfes Met. p. Sec. $V = 0{,}00963\,n_2$	Zuschiebung Millim. pro Sec.	Dicke der abgefrästen Schicht Millim.	Abgefrästes Holzvolumen für $n_1 = 1000$ in Kb^cm pro Sec.	Mittlere Federspannung in Kilogr. S	Widerstand am Hebelarm 1^m der Vorgelegswelle $\Phi = 0{,}0126\,\Phi$	Arbeitsaufwand bei normal. Geschwindigkeit ($n_1 = 1000$) Met.-Kilogr. pro Sec. $A = 105\,S$	Pferdest. $N = \frac{A}{75}$
1	½	542	1030	2410	23,2	69,3	5	91,7	(C.b) 202	2,55	267,8	3,57
2	½	564	1072	2508	24,2	72,5	1	18,3	184	2,32	243,6	3,25
3	½	546	1037	2427	23,4	74,3	?	—	149	1,88	197,4	2,63
4	½	557	1058	2476	23,8	Schneidkopf abgestellt			72	0,907	95,2	1,27
5	½	520	988	2312	22,3	71,2	5	97,3	249	3,14	329,7	4,40
6	½	520	988	2312	22,3	71,4	5	98,2	249	3,14	329,7	4,40
7	½	563	1070	2504	24,1	73,2	10,5	196,8	302	3,81	400,0	5,33
8	½	546	1037	2427	23,4	71,8	10,5	200	267	3,36	352,8	4,70

darstellen, aus welcher sich fernerweit die auf 1 stündliches □ᵐ Schnittfläche entfallende Nutzarbeit ε' ergiebt zu

$$(98) \qquad \varepsilon' = \frac{2{,}5 \cdot h + 28}{1000} \text{ PS.}$$

Hiernach berechnet sich für Fichtenholz bei

h =	0,3	1	2	5	10 mm
ε' =	0,029	0,031	0,033	0,041	0,053 PS.

37. Walzenhobelmaschine IV Nr. 1

von Rich. Hartmann.

Diese Maschine kann als Repräsentant nordamerikanischer Holzhobelmaschinen bezeichnet werden, da sie nach Whitney's Patent improved Cylinder Planer*) genau nachgebaut ist. Das Arbeitsstück wird durch ein paar geriffelte Walzen vorwärtsgezogen, von denen die obere in festen (jedoch nach oben elastischen) Lagern sich dreht, während die untere einem verstellbaren Auflegtisch angehört, dessen genaue (die Spahndicke bestimmende) Höhenlage durch einen originellen aus Doppelkeil und Schraubenpaar bestehenden Mechanismus sich reguliren lässt (vergl. Fig. 1 und 2, Tafel XII). Der Fräskopf hat zwei Messer, welche mit ihren Schneiden um einen geringen Betrag über die zugeschärften Kanten *mm* (Fig. 3, Tafel XII) des Prisma überragen, ähnlich wie die Schneide eines Doppelhobels über die auf das Hobeleisen geschraubte Deckplatte; es wird hierdurch das bekannte Zusammenrollen des abgeschnittenen Spahns zu Wege gebracht, welches eine gewisse Garantie gegen das „Einreissen" des Hobels gewährt. Die Maschine wird hierdurch besonders zum Feinhobeln (Schlichten) vorgearbeiteter Hölzer geeignet.

Die minutliche Tourenzahl des Fräskopfs ergab sich für die normale Umdrehungszahl $n_1 = 250$ der Vorgelegswelle zu

$$n_2 = 250 \cdot \frac{780}{104} = 1875,$$

entsprechend einer Umfangsgeschwindigkeit von 11,2ᵐ pro Sec. Nach den von der amerikanischen Fabrik (Baxter D. Whitney, Winchendon, Mass.) ausgegebenen Preiscouranten soll die Tourenzahl 3500 bis 4000 betragen, was einer Schnittgeschwindigkeit von 20,9 und 23,9ᵐ pro Sec. entsprechen würde.

Die Zuschiebung des Arbeitsstücks ist mittels eines dreiläufigen Stufenscheibenpaars veränderlich; ihre Grösse berechnet sich pro Umdr. des Fräskopfs zu

$$z_1 = \frac{65}{305} \cdot \frac{64}{422} \cdot \frac{11}{48} \cdot \frac{10}{21} \cdot 124 \cdot \pi = 1{,}20^{\text{mm}}$$

$$z_2 = \frac{65}{305} \cdot \frac{95}{397} \cdot \frac{11}{48} \cdot \frac{10}{21} \cdot 124 \cdot \pi = 1{,}90^{\text{mm}}$$

$$z_3 = \frac{65}{305} \cdot \frac{126}{371} \cdot \frac{11}{48} \cdot \frac{10}{21} \cdot 124 \cdot \pi = 2{,}70^{\text{mm}}$$

*) S. Bericht über die Welt-Ausstellung zu Paris im Jahre 1867, herausgegeben durch das k. k. österreichische Central-Comité, 2. Band S. 246 u. f. — Engl. Patent-Specification Nr. 2029 A. D. 1867.

Nr. des Versuches	Dauer d. Versuches Min.	Umdrehungen pro Min. am Dynamometer u	an der Vorgelegswelle $u_1 = 0{,}992\,u$	des Schneidkopfes $u_2 = 7{,}5\,u_1$	Zuschiebung des Bretes in m/m p. Sec.	Dicke der abgefrästen Schicht in mm	Mittlere Federspannung in Kilogr. S	Widerstand am Halbm. 1m der Vorgelegswelle $\Phi = 0{,}0441\,S$	Arbeitsaufwand für $u_1 = 250$ Umdrehungen Met.-Kil. pro Sec. $A = 26{,}17\,\Phi$	Pferdest. $N = \frac{A}{75}$	Bemerkungen.
1	1/2	240	238	1785	—	—	($C_i u$)100	4,41	115,410	1,539	Leergang
2	1/2	264	262	1965	57	1.5	191	8,423	220,430	2,939	Rothbuchenes Bret von 185mm Breite abgehobelt
3	1	237	235	1762,5	51	1.5	185	8,159	213,521	2,847	
4	1 1/4	238	236	1770	51	2,0	—	—	—	—	Federspannung nicht beobachtet
5	1 1/4	233	231	1732,5	51	2.0	206	9,085	237,754	3,170	Fichtenbret von 281mm Breite, 4m Länge
6	1	229	227	1702,5	50	—	96	4,234	110,804	1,477	Die Messerwalze hat nicht gefasst (Leergang)
7	1	231	229	1717,5	50	2,0	195	8,600	225,062	3,001	Fichtenbret von 281mm Breite, 4m Länge
8	1	242	240	1800	52	2.0(?)	122	5,380	140,795	1,877	Weissbuchenbret von 210mm Breite, 3,95m Länge
9	1	225	223	1672,5	49	1,0(?)	117	5,160	135,037	1,800	
10	1	226	224	1680	49	2.1	210	9,261	242,360	3,231	
11	1/2	224	222	1665	49	2,0	203	8,952	234,274	3,124	Eichenbret von 250mm Breite, 1,53m Länge
12	1/2	230	228	1710	50	1,5	194	8,555	223,884	2,985	
13	1/2	250	248	1860	54	2,0	167	7,365	192,742	2,569	Erlenes Bret, 190mm breit, 1,38m lang
14	1/2	260	258	1935	—	—	85	3,749	98,111	1,308	Leergang

wonach im Maximum stündlich (bei 600 Breite des Arbeitsstücks) 81 bis 182 □^{m} Bretfläche bearbeitet werden können.

Ueber die zur Ausführung gebrachten 14 Versuche wurde nebenstehendes Protokoll aufgenommen.

Als Mittelwerth für die Betriebskraft im Leergang ergiebt sich daher für normale Geschwindigkeit

$$N_0 = 1{,}44 \text{ PS}.$$

Hierbei ist die Vorgelegswelle eingerechnet. An einer anderen völlig neuen (also noch nicht eingelaufenen) Hobelmaschine derselben Art und Grösse fand sich ohne Einrechnung der Vorgelegswelle (Versuchsreihe Nr. XLIX)

$$N_0 = 1{,}52 \text{ PS}.$$

Die Bezifferung des auf die Stunde reducirten Spahnvolumens leidet wegen des geringen Werthes der Schichthöhe (1—2^{mm}), zu deren Messung ein recht genaues und passendes Instrument nicht bei der Hand war, an einiger Unsicherheit; aus diesem Grunde können die für die einzelnen benutzten Holzarten aus den Versuchen berechneten Arbeitswerthe ε pro 1 Kb^m stündliches Spahnquantum, wie sie folgende Uebersicht enthält, noch nicht als ganz zuverlässig gelten, vielmehr nur zur Herleitung eines für Hölzer aller Art geltenden Durchschnittswerthes benutzt werden.

Nr. des Vers.	Höhe der abgefrästen Schicht h^{mm}	Spahnvolumen pro Sec. in Kb^{cm}	Nutzarbeit pro 1 Kb^m in der Stunde, PS	Holzart
2 und 3	1,5	15,1	26,8	Rothbuche
5 und 7	2,0	30,5	15,0	Fichte
10	2,1	25,1	20,6	Weissbuche
11	2,0	27,6	16,9	Eiche
12	1,5	20,5	20,9	„
13	2,0	20,7	15,1	Erle

Hiernach würde im Durchschnitt

für weiche Hölzer (Fichte, Erle) $\varepsilon = 15{,}0$ PS

für harte Hölzer (Rothbuche, Eiche etc.) $\varepsilon = 22{,}4$ PS

anzunehmen sein, sowie als grosser Durchschnittswerth für harte und weiche Hölzer

$$\varepsilon = 18{,}7 \text{ PS}.$$

Hiernach ergiebt sich der Arbeitswerth pro 1 □^{m} feingehobelte Fläche in der Stunde, wenn h die Schichthöhe in Mm. bedeutet,

(99) für weiche Hölzer $\varepsilon' = 0{,}015 \, . \, h$

(100) für harte Hölzer $\varepsilon' = 0{,}0224 \, . \, h$.

Setzt man daher

$h = \frac{1}{4} \quad \frac{1}{2} \quad 1 \quad 2^{mm}$, so berechnet sich

für weiche Hölzer $\varepsilon' = 0{,}00375 \quad 0{,}0075 \quad 0{,}015 \quad 0{,}030$ PS

„ harte „ $\varepsilon' = 0{,}0056 \quad 0{,}0112 \quad 0{,}0224 \quad 0{,}0448$ PS.

Nach der Formel

$$N = N_0 + \varepsilon' \, . \, F$$

würde sich sonach der höchste mögliche Werth der Betriebskraft dieser Hobelmaschine ergeben, wenn man $F = 182$ □^{m} und $h = 2$, sowie hieraus (für hartes Holz) $\varepsilon' = 0{,}0448$ setzt; dies macht

$$N = 1{,}44 + 0{,}0448 \,.\, 182 = 1{,}44 + 8{,}15 = 9{,}59 \text{ PS}.$$

Dieser Werth wird jedoch in Wirklichkeit niemals erreicht werden, weil man im Falle der grössten Schichthöhe und des härtesten Holzes nicht die grösste Zuschiebung anwenden wird; verwendet man für $h = 2$ die kleinste Zuschiebung, setzt also $F = 81$ □^{m}, so folgt für harte Hölzer

$$N = 1{,}44 + 0{,}0448 \,.\, 81 = 5{,}07 \text{ PS},$$

ein Werth, der bei dieser Maschine nicht leicht überschritten werden wird.

38. Grosse Brethobelmaschine mit vier Messerwalzen

von Thomas Robinson & Sons in London.

Repräsentant der grossen englischen Moulding Machines, für die in den englischen Werkstätten ursprünglich eingeschlagene Richtung im Bau der Holzbearbeitungsmaschinen*) ebenso charakteristisch wie die vorher (unter Nr. 37) besprochene Walzenhobelmaschine für die in den Vereinigten Staaten mit grösserm Erfolg bevorzugte Richtung. Grosses, schweres Gestell, zahlreiche Riemenübersetzungen, unmässig dicke Zapfen der rotirenden Werkzeuge. Die Tafeln enthalten keine Skizze dieser Maschine, da es verdienstlicher erscheint, dieselbe der Vergessenheit zu überlassen. Auf Tafel XII sind nur in Fig. 4 und 5 die Messerwalzen in $\frac{1}{5}$ der wirklichen Grösse dargestellt; Schneidwinkel 42°, Anstellungswinkel 15°. Für $n_1 = 125$ Umdr. der Vorgelegswelle pro Min. berechnet sich die minutliche Tourenzahl

der horizontalen Messerwalzen ($D = 182$)

$$n_2 = 125 \cdot \frac{807}{301} \cdot \frac{796}{152} = 1755$$

der verticalen Messerwalzen ($D = 206$)

$$n_2' = 125 \cdot \frac{807}{301} \cdot \frac{668}{503} \cdot \frac{615}{125} = 1795,$$

woraus sich die Schnittgeschwindigkeiten zu 16,7 und 19,4^m pro Sec. ergeben.

Die Zuschiebung des Arbeitsstücks geschieht durch 2 Walzenpaare, deren Oberwalzen stark belastet sind. Die Geschwindigkeit lässt sich durch ein zweiläufiges Stufenscheibenpaar verändern, und zwar berechnet sich die Zuschiebung pro Sec. zu

$$z_1 = \frac{125}{60} \cdot \frac{333}{906} \cdot \frac{468}{764} \cdot \frac{10}{91} \cdot \frac{26}{26} \cdot 302 \cdot \pi = 48{,}9^{mm}$$

$$z_2 = \frac{125}{60} \cdot \frac{333}{906} \cdot \frac{277}{920} \cdot \frac{10}{91} \cdot \frac{26}{26} \cdot 302 \cdot \pi = 24{,}0^{mm}$$

---

*) Vergl. Arenstein, österr. Bericht über die internationale Ausstellung in London 1862, Abschnitt 7 B Werkzeugmaschinen von F. Kohn, S. 247.

Nr. des Versuches	Dauer d. Versuches Min.	Umdrehungen p. M. am Dynamometer n	an der Vorgelegswelle $n_1 = 0{,}781\,n$	Zuschiebung des Bretes in $^m{}_m$ p. Sec.	Dicke der abgefrästen Schicht in $^m{}_m$	Mittlere Federspannung in Kilogr. S	Widerstand am Radius 1m der Vorgelegswelle $\Phi = 0{,}0297\,S$	Arbeitsaufwand für $n_1 = 125$ Umdrehungen Met.-Kil. pro Sec. $A = 13{,}08\,\Phi$	Pferdest. $N = \frac{A}{75}$	Bemerkungen.
1	1	148	115,6	—	—	(D,b) 75	2,228	29,142	0,389	Leergang der Hauptvorgelegswelle
2	1/2	176	137,5	—		75	2,228	29,142	0,389	
3	1/2	160	125,0	—	—	650	19,305	252,509	3,367	Leergang der ganzen Maschine
4	1/2	146	114,0	21,2	0,5	785	23,315	304,960	4,066	Arbeitsgang für alle 4 Messerwalzen, Bearbeitung fichtener Breter von 219mm Breite und 35mm Dicke
5	1/2	160	125,0	21,6	0,5	785	23,315	304,960	4,066	
6	1/2	152	118,7	22,8	0,5	785	23,315	304,960	4,066	
7	1/2	160	125,0	24,2	1,0	770	22,869	299,127	3,988	Desgleichen bei stärkerem Spahn der oberen und unteren Bretseite
8	1/2	156	121,8	25,0	1,0	760	22,572	295,242	3,937	
9	1/2	154	120,0	22,0	1,0	760	22,572	295,242	3,937	
10	1/2	150	117,2	20,6	2,5	800	23,760	310,781	4,144	Desgleichen bei noch stärkerem Spahn der oberen und unteren Bretseite
11	1/2	146	114,0	20,9	2,5	770	22,869	299,127	3,988	
12	1/2	152	118,7	21,8	2,5	775	23,018	301,075	4,014	
13	1/2	176	137,5	22,5	3,5	775	23,018	301,075	4,014	
14	1/2	150	117,2	21,5	3,5	770	22,869	299,127	3,988	
15	1/2	152	118,7	21,5	3,5	790	23,463	306,896	4,092	
16	1/2	126	98,4	31,2	3,5	870	25,839	337,974	4,504	Arbeitsgang bei schnellerer Zuschiebung
17	1/2	132	103,1	37,1	3,5	790	23,463	306,897	4,092	
18	1/2	160	125,0	—	—	650	19,305	252,509	3,367	Leergang für schnelle Zuschiebung
19	1/2	162	126,5	—	—	670	19,899	260,279	3,470	
20	1/2	172	131,3	—	—	80	2,376	31,065	0,414	Leergang der Hauptvorgelegswelle

Mit dieser Maschine wurden 20 Versuche ausgeführt, indem man ausser dem Leergang der Vorgelegswelle und der ganzen Maschine die Betriebskraft des Arbeitsganges bei Bearbeitung zweier Fichtenholzbreter von 219 Breite und 35 Dicke auf allen 4 Seiten untersuchte. Das Detail dieser Versuche ist in umstehender Uebersicht enthalten.

Hiernach erfordert allein der Leergang

der Vorgelegswelle 0,389 PS
der ganzen Maschine 3,40 PS.

Für den Zusammenhang zwischen Nutzarbeit und Spahnvolumen berechnen sich — zunächst für die langsamere Zuschiebung $z = 24$ pro Sec. — die folgenden Mittelwerthe:

Vers.-Nr.	Spahnvolumen in Kb'^m pro Sec.	Schichthöhe h Millim.	Nutzarbeit pro 1 Kb^m Fichtenholz in der Stunde ε PS
4—6	5,79	0,5	33,6
7—9	12,2	1	13,4
10—12	28,0	2,5	6,76
13—15	37,6	3,5	4,90

Die in der letzten Columne enthaltenen Werthe lassen sich mit guter Annäherung durch die Formel

(101) $$\varepsilon = 2 + \frac{12}{h}$$

darstellen, wonach der auf 1 □^m stündlich gehobelte Fläche bezogene Arbeitswerth ε' darzustellen ist durch

(102) $$\varepsilon' = \frac{2h + 12}{1000}.$$

Aus den Versuchen Nr. 16 und 17, bei denen doppelt schnelle Zuschiebung angewendet wurde, ergiebt sich übrigens ε beträchtlich kleiner, als aus Nr. 13—15, nämlich

$$\varepsilon = 2,25 \text{ PS},$$

was abermals bestätigt, dass bei den Walzenhobelmaschinen der Werth ε bei wachsender Spahndicke abnimmt.

Die stündlich abzuhobelnde Fläche kann bei dieser Maschine unter Voraussetzung der langsamen Zuschiebung den Betrag

$$F = (2 \,.\, 0,335 + 2 \,.\, 0,12) \,.\, 0,024 \,.\, 3600 = 78,6 \;\square^m$$

erreichen, so dass bei einer Schichthöhe $h = 4$ die totale Betriebskraft zu setzen ist

$$N = 3,40 + \frac{2 \cdot 4 + 12}{1000} \cdot 78,6 = 3,40 + 1,57 = 4,97 \text{ PS}$$

oder abgerundet $N = 5$ PS.

39. Kleine Holzfräsmaschine BF Nr. 1

von Joh. Zimmermann.

Courante Maschine für Tischlereien, zur Auskehlung gerader und geschweifter Simsleisten. Der Fräskopf K (s. Fig. 5 und 6 Taf. X) sitzt am oberen Ende einer verticalen Spindel, deren Lager sich an einem vertical verstellbaren Schieber S befinden; der Abstand des Fräskopfs von dem Tisch T kann so verschieden gross gewählt, auch während Bearbeitung stärkerer Leisten allmählich verkleinert werden. Der Fräskopf K ist aus einem dem Profil der Leisten entsprechenden Rotationskörper durch Herstellung dreier Ausschnitte $a a a$ (s. Fig. 8 derselben Tafel) gebildet, hat demnach für jede Drehungsrichtung drei Schneiden, deren Schneidwinkel nahe 90°, und deren Anstellungswinkel 0°. Der Richtungswechsel, bedingt durch den wechselnden Faserlauf des Holzes, wird zwischen Vorgelegs- und Antriebwelle durch offenen und gekreuzten Riemen unter Verwendung eines Riemenscheibencomplexes R_1 R_2 R_3 (Fig. 6) von fünffacher Riemenbreite vermittelt.

Bei den auf den Arbeitsgang bezüglichen Versuchen wurde in den Rand eines Bretstücks (Erlenholz) eine Kehlung eingefräst; bei Nr. 2—4 begann das Holz zu kohlen, man wechselte hierauf die Drehungsrichtung des Fräsers und wiederholte unter Nr. 6, 7 und 9 die Versuche mit besserem Erfolg; die hierbei abgefrästen Schichten hatten eine Querschnittsgrösse von

0,265 □cm bei Vers. Nr. 6
0,726 „ „ „ „ 7
0,054 „ „ „ „ 9;

die Form der einzelnen Querschnitte ist aus Fig. 7 Taf. X in wirklicher Grösse zu ersehen.

Die Versuche führten zu umstehenden Ergebnissen.

Hiernach setzt sich die für den Leergang der Maschine erforderliche Betriebskraft in folgender Art zusammen:

Antriebswelle ($300 \cdot \frac{429}{235}$ = 548 Umdr. pro Min.)		0,592 PS
Fräsenspindel ($548 \cdot \frac{376}{100}$ = 2061 „ „ „)		0,732 „
	Sa.	1,324 PS.

Die Beziehung zwischen Nutzarbeit und Spahnvolumen lässt sich in folgender Art beziffern:

Nr. des Vers.	Querschnitt der abgefrästen Schicht. F □mm	Abgefrästes Holzvolumen pro Sec. Kbcm	Arbeitsverbrauch ε pro 1 Kbm Erlenholz in der Stunde. PS
6	26,5	0,811	94,4
7	72,6	1,99	55,8
9	205,4	3,92	49,8

Als Durchschnittswerth für ε würde sonach

$$\varepsilon = 66{,}7 \text{ PS}$$

sich ergeben; auch erscheint hiernach mit wachsendem Querschnitt der abge-

Nr. des Versuches	Dauer d. Versuches	Umdrehungen pro Min.			Arbeit der Maschine	Grösse der Zuschiebung	Federspannung in Kilogr. S	Widerstand am Halbm. 1m der Vorgelegswelle $\Phi = 0{,}0102\ S$	Betriebskraft für $u_1 = 300$ Umdrehungen pro Min.	
	Min.	am Dynamometer u	der Vorgelegswelle $u_1 = 2{,}21\ u$	des Fräskopfes $u_2 = 6{,}87\ u_1$		Mm. p. Sec.			Met.-Kilogr. pro Sec. $A = 31{,}4\ \Phi$	Pferdest. $N = \frac{A}{75}$
1	1/2	140	309,4	2125	Leergang	—	(Ca) 310	3,162	99,287	1,324
2	1/2	140	309,4	2125	1. Durchgang	9,2	435	4,437	139,322	1,858
3	5/12	138	305,0	2095	2. „	18,9	420	4,284	134,517	1,794
4	3/4	136	300,6	2061	3. „	1,4	525	5,355	168,147	2,242
5	1/3	138	305,0	2095	Desgl.	—	640	6,528	204,979	2,733
6	1/4	142	313,8	2156	1. Durchgang	32	375	3,825	120,105	1,601
7	1/4	142	313,8	2156	2. „	28,7	420	4,284	134,517	1,794
8	1/4	140	309,4	2125	Vorgelegswelle allein	—	132	1,346	42,264	0,564
9	1/4	148	327,1	2247	3. Durchgang	21,3	475	4,845	152,133	2,028
10	1	144	318,2	2186	Leergang	—	310	3,162	99,287	1,324
11	1	145	320,5	2202	Vorgelegswelle allein	—	145	1,479	46,441	0,619

frästen Schicht der specifische Arbeitswerth abnehmend; der eigentliche Grund hiervon ergiebt sich jedoch aus Betrachtung der Werthe für die Grösse der Zuschiebung pro Secunde; die Zuschiebung des Arbeitsstücks gegen die rotirende Fräse geschieht bei dieser Maschine von Hand, und es erklärt sich leicht, dass der hiermit beauftragte Arbeiter bei grossem Schichtquerschnitt unfehlbar — sei es um eine Erhitzung des Fräskopfs zu verhüten oder das Gleiten der Treibriemen auf müssigem Betrag zu erhalten — langsamer zuschiebt als bei kleinem Schichtquerschnitt. Es erfolgt also im ersten Falle thatsächlich eine feinere Zerkleinerung des Holzes als im zweiten; die näheren hierauf bezüglich Daten enthält folgende kleine Uebersicht:

Nr. des Vers.	Länge des wirksamen Theils der Schneide, l mm	Winkel, welchen die Schneiden im Holz beschreiben $\cos\alpha = \frac{94-h}{94}$	Inhalt der von jeder Schneide bewirkten Schnittfläche $S = 2\pi r \frac{\alpha}{360} \cdot l$	Zuschiebung pro Durchgang einer Schneide $\zeta = \frac{s}{3}$ mm	Mittlere Spahndicke $\delta = \frac{\zeta \cdot F}{S}$ in Mm.	Mittlerer Spahnquerschnitt $f = l \cdot \delta$ □mm
6	10	20,5°	323	0,00049	0,000040	0,00040
7	20	34,6°	1041	0,00044	0,000031	0,00062
9	40	48,2°	2695	0,00032	0,000024	0,00096

Der mittlere Spahnquerschnitt bewegt sich sonach bei dieser Maschine in den Grenzen

$$\frac{1}{2500} \text{ bis } \frac{1}{1000} \,\square^{mm},$$

ist also erheblich kleiner als bei irgend einer anderen Maschine; die Wirkung des Werkzeugs ist eine mehr schabende als schneidende und demgemäss der auf die Volumenseinheit bezogene Arbeitswerth sehr gross. Will man den Zusammenhang zwischen Spahnquerschnitt f und specifischer Arbeitsgrösse ε durch eine Formel von der früher benutzten Gestalt darstellen, so erhält man

$$(103) \qquad \varepsilon = 14 + \frac{0{,}03}{f} \text{ PS.}$$

Der für ein stündliches Spahnvolumen von 1 Kb^{m} erforderliche Aufwand an Nutzarbeit ist daher

$$\text{für } f = \frac{1}{3000} \quad \frac{1}{2000} \quad \frac{1}{1000} \,\square^{mm}$$
$$\varepsilon = 104 \quad 74 \quad 44 \text{ PS.}$$

Hiermit ist das an der Kreissäge *OG* (Versuchsreihe Nr. 7) erhaltene Resultat für Erlenholz vergleichbar, wonach bei $f = 2{,}85 \,.\, 0{,}021 = 0{,}06 \,\square^{mm}$ $\varepsilon = \frac{1}{0{,}023} = 43$ PS.

Für die gewöhnlichen Fälle der Praxis ist die Ermittlung des mittleren Spahnquerschnitts zu umständlich und es erscheint daher noch empfehlenswerth, den specifischen Arbeitswerth, wie bei den übrigen Holzfräsmaschinen auf die mittlere Schichthöhe zu beziehen; diese ist

$$h = \frac{F}{\beta} \text{ ; daher}$$

für Versuch Nr.		6	7	9
Schichthöhe	$h =$	2,65	3,63	5,14 mm
Specifischer Arbeitswerth	$\varepsilon =$	94,4	55,8	49,8 PS.

Diese Zahlen lassen sich zusammenfassen in die Formel

(104) $$\varepsilon = \frac{236}{h} \text{ PS},$$

woraus weiter der Verbrauch an Nutzarbeit für Herstellung einer gefrästen Oberfläche von 1 □^{m} pro Stunde zu

$$\varepsilon' = \frac{236}{h} \cdot \frac{h}{1000} = 0{,}236 \text{ PS}$$

sich ergiebt, was 5,6 mal soviel ist, als für $h = 5$ im Durchschnitt bei den 4 geprüften Walzenhobelmaschinen gefunden wurde; dort ist nämlich für weiche Hölzer (Fichte, Erle)

$$\left.\begin{array}{l} \text{bei Nr. 35 } \varepsilon' = 0{,}028 \\ \text{bei Nr. 36 } \varepsilon' = 0{,}041 \\ \text{bei Nr. 37 } \varepsilon' = 0{,}075 \\ \text{bei Nr. 36 } \varepsilon' = 0{,}022 \end{array}\right\} \text{im Mittel: } \varepsilon' = 0{,}042 \text{ PS}.$$

Es rächt sich demnach der zu grosse Schneidwinkel und zu kleine Anstellungswinkel*), sowie die ausserordentlich geringe Spahndicke bei dieser Holzfräsmaschine durch einen etwa fünffach grössern Arbeitsverbrauch pro □^{m} der fertigen Oberfläche.

40. Simshobelmaschine UH

von Joh. Zimmermann.

Im Gegensatz zu der vorhergehenden Maschine werden bei dieser Simsleisten hergestellt mittels einer Messerwalze, deren Messer einen sehr kleinen Schneidwinkel (30°) und einen verhältnissmässig grossen Anstellungswinkel (37° 20′) haben. Die Zerspahnung der zu entfernenden Holzschichten geschieht hier mit geringerem Arbeitsverbrauch, die gefräste Oberfläche ist aber von weit geringerer Glätte, als bei jener. Fig. 6 Taf. XII ist eine Skizze der vorliegenden Maschine; in Fig. 7 ist der Querschnitt der während der Versuche gefrästen Leisten in halber Grösse dargestellt. Die Messerwalze vollführt bei normaler Geschwindigkeit

$$n_2 = 400 \cdot \frac{555}{108} = 2056 \text{ Umdr. pro Min.}$$

Die Zuschiebung geschieht durch 2 Walzenpaare und kann ihrer Grösse nach durch einen zweiläufigen Riementrieb verändert werden; die Zuschiebung pro Sec. ergiebt sich zu

*) Um Fräsköpfe von rationellerer Construction, die nur in einer Richtung zu wirken brauchen, anwenden zu können, pflegen daher die amerikanischen Maschinenfabrikanten (R. Ball & Co., Worcester, Mass., Richardson, Merian & Co. daselbst, und J. P. Grosvenor, Lowell, Mass.) die Fräsmaschinen dieser Art mit 2 Spindeln zu liefern, von denen die eine immer rechts, die andre immer links umläuft.

$$z_1 = \frac{400}{60} \cdot \frac{128}{285} \cdot \frac{145}{440} \cdot \frac{15}{70} \cdot \frac{24}{90} \cdot \frac{19}{19} \cdot 104 \cdot \pi = 18{,}4$$

$$z_2 = \frac{400}{60} \cdot \frac{180}{215} \cdot \frac{145}{440} \cdot \frac{15}{70} \cdot \frac{25}{90} \cdot \frac{19}{19} \cdot 104 \cdot \pi = 30{,}1.$$

Die kleinere Zuschiebung wurde bei den Vers. Nr. 6—8, die grössere bei 1—4 verwendet; bei Nr. 3 war eine noch stärkere Zuschiebung (50,7) durch Einwirkung des Arbeiters hervorgebracht worden.

Die hierbei in Simsleisten verwandelten Breter waren von trockenem Fichtenholz (Dichte = 0,49), 141 breit, 33 dick. Folgende Tabelle giebt die Resultate der gesammten Beobachtungen:

Nr. des Versuches	Dauer d. Versuches Min.	Umdrehungen pro Min. am Dynamometer n	der Vorgelegswelle n_1	des Fräskopfes n_2	Umfangsgeschwindigkeit des Fräskopfes $V = 0{,}00952\, n_2$ Met. pro Sec.	Bretverschiebung pro Sec. in Millim.	Abgefrästes Holzvol. bei norm. Geschwindigkeit Kbcm p. S.	Mittlere Federspannung in Kilogr. S	Widerstand am Halbm. 1m der Vorgelegswelle. $\Phi = \begin{cases} 0{,}0177\, S \\ 0{,}0171\, S \end{cases}$	Arbeitsaufwand bei normaler Geschwindigkeit ($n_1 = 400$) Met.-Kilogr. pro Sec. $A = 41{,}9\, \Phi$	Pferdest. $N = \frac{A}{75}$
1	½	290	403	2071	19,7	30,3	30,5	(D,b) 250	4,18	175,1	2,34
2	½	258(?)	359	1845	17,6	27,0	30,0	(C,b) 276	4,72	197,8	2,64
3	½	308	428	2200	20,9	50,7	47,4	260	4,45	186,5	2,49
4	½	296	411	2113	20,1	29,0	28,2	270	4,62	193,6	2,58
5	½	300	417	2143	20,4	Leergang		213	3,64	152,5	2,03
6	½	306	425	2185	20,8	18,0	16,9	216	3,69	154,6	2,06
7	½	306	425	2185	20,8	19,0	17,9	232	3,97	166,3	2,22
8	½	296	411	2113	20,1	17,7	17,2	220	3,76	157,5	2,10

Hiernach erfordert die Zerspahnung von 1 Kb^{m} Fichtenholz pro Stunde durchschnittlich

nach Vers. Nr.	1—4	6—8
bei einer Zuschiebung von	30,1	18,4^{mm} pro Sec.
eine Nutzarbeit von ε =	3,68	1,60 PS,

daher im Durchschnitt

$$\varepsilon = 2{,}64 \text{ PS}$$

angesetzt werden kann, was $\frac{1}{25}$ des bei der vorigen Maschine für Erlenholz gefundenen Arbeitswerthes ist.

Auf 1 □^{m} gefräste Oberfläche bezogen hat man daher die Nutzarbeit

$$(105) \qquad \varepsilon' = \frac{\varepsilon \cdot h}{1000} = 0{,}00264 \cdot h,$$

daher für $h = 5$

$$\varepsilon' = 0{,}0132 \text{ PS},$$

d. h. $\frac{1}{18}$ des entsprechenden Werthes für Erlenholz bei der Fräsmaschine BF. Ausser dem Einfluss der Form und Stellung der Schneiden wird man hier die vortheilhafte Wirkung der grossen Schnittgeschwindigkeit (19,6 statt 10,1^{m} pro Sec.) zu erkennen haben.

41. Sims- und Brethobelmaschine OE

von Joh. Zimmermann.

Grosse Maschine mit 4 Messerwalzen, ähnlich der Robinson'schen unter Nr. 38 besprochenen; vergl. Fig. 8—11 auf Taf. XI; brauchbar zur Fabrikation von Thüren, Fenstern, Goldleisten, Dielenbretern u. s. w.

Bei $n_1 = 650$ Touren der Vorgelegswelle pro Min. ist die minutliche Umdrehungszahl

der horizontalen untern Messerwalze

$$650 \cdot \frac{373}{134} = 1814,$$

der horizontalen obern Messerwalze

$$650 \cdot \frac{554}{134} = 2691,$$

der beiden seitlichen (verticalen) Messerwalzen

$$650 \cdot \frac{379}{137} = 1800.$$

Die Zuschiebung des Arbeitsstücks geschieht durch zwei Walzenpaare vom Durchmesser 223, deren gemeinsame Belastung $G = 696^k$ beträgt; der Betrieb derselben erfolgt durch ein zweiläufiges Stufenscheibenpaar und 4 Radübersetzungen; für die Secunde berechnet sich die Grösse der Zuschiebung wie folgt:

$$Z_1 = \frac{650}{60} \cdot \frac{113}{413} \cdot \frac{22}{85} \cdot \frac{21}{93} \cdot \frac{20}{93} \cdot \frac{31}{30} \cdot 223 \cdot \pi = 25{,}2$$

$$Z_2 = \frac{650}{60} \cdot \frac{164}{390} \cdot \frac{22}{85} \cdot \frac{21}{93} \cdot \frac{20}{93} \cdot \frac{31}{30} \cdot 223 \cdot \pi = 41{,}5.$$

Bei den Versuchen wurde nur der erste der beiden Werthe benutzt. Die Messerwalzen enthielten je ein einziges gerades Messer (Fig. 10 und 11). Bei Vers. Nr. 1 und 2 lief die ganze Maschine leer, bei den übrigen Versuchen wurden fichtene Pfosten (Dichte 0,47) von $1{,}43^m$ Länge, 355 Breite, 94 Dicke abgefräst, und zwar bei Nr. 3—5 durch einen horizontalen und einen verticalen Fräskopf (Schichthöhe 1,8 und 0,5), bei Nr. 6—8 durch alle vier Messerwalzen, mit geringer (nicht sicher bestimmter) Schichthöhe bei Nr. 6 und mit 4^{mm} Schichthöhe bei Nr. 7 und 8. Die grosse Umlaufsgeschwindigkeit der Räder des Dynamometers (542—620) führte starke Vibrationen des Instruments herbei, die auf die Federdurchbiegung einzuwirken scheinen; drei Versuche mussten als misslungen verworfen werden. Die übrigen ergaben folgende Resultate:

Nr. des Versuchs		1	2	3	4	5	6	7	8
Dauer desselben in Sec.		30	30	30	30	30	30	30	30
Umdrehungszahl pro Min.	am Dynam. n =	596	600	580	578	600	620	542	544
	der Vorgelegswelle $n_1 = 1{,}08 \cdot n$	644	648	626	624	648	668	585	588

Umfangsgeschwindigkeit pro Sec. der horizontalen Messerwalzen	16,7	16,8	16,3	16,2	16,8	17,4	15,2	15,3
	24,9	25,0	24,1	24,1	25,0	25,8	22,6	22,7
Umfangsgeschwindigkeit pro Sec. der verticalen Messerwalzen	14,9	15,0	14,5	14,5	15,0	15,5	13,6	13,6
Beobachtete Zuschiebg. pro Sec.	—	—	24,2	24,5	20,6	19,3	22	20,8
Mittlere Federspannung in Kil. $S =$ (C,a)	215	233	285	371	250	(D,a) 320	480	460
Widerstand am Halbm. 1^m der Vorgelegswelle $\Phi = 0{,}0211 . S$ für C, $\Phi = 0{,}0161 . S$ für D	4,54	4,91	6,01	7,83	5,28	5,15	7,73	7,53
Arbeitsverbr. für $n_1 = 650$ Umdr. d. Vorgelegswelle pro Min. in Sec.-Met.-Kil. $A = 68 . \Phi$	309	333	409	532	359	350	526	512
in Pferdestärken $N = \frac{A}{75}$	4,12	4,44	5,45	7,09	4,79	4,67	7,01	6,83

Zur Vergleichung von Nutzarbeit und Spahnvolumen eignen sich vorzugsweise die Versuche Nr. 7 und 8, für welche die folgenden Durchschnittswerthe gelten:

Zerspahntes Holzvolumen pro Stunde $V = 0{,}562$ Kb^m
Nutzarbeit in Pferdestärken $= 6{,}92 - 4{,}28 = 2{,}64$

Arbeitsbetrag für 1 stündl. Kubikmeter Fichtenholz $\varepsilon = \frac{2{,}64}{0{,}562} = 4{,}70$ PS.

Schichthöhe 4^{mm}. Schnittbreite total $= 2{,}355 + 2 . 86 = 882$.
Abgefräste Oberfläche pro Stunde 70 □^{m}, daher auch

Arbeitsverbrauch pro 1 □^{m} stündlich gehobelte Fläche $\frac{2{,}64}{70} = 0{,}038$ PS.

42. Holzhobelmaschine VI, 1

von Rich. Hartmann.

Eingerichtet zur gleichzeitigen Bearbeitung der Hölzer auf zwei Seiten, mit beweglichem durch Schraubenspindel getriebenen und mit Holz belegtem eisernen Tisch, dessen Rücklauf mit der dreifachen Geschwindigkeit des Vorlaufs erfolgt; Zuschärfungswinkel der Führungsleisten 90°; zwei Messerscheiben (bez. Messerwalzen), gelagert in Supports, welche der Breite des Arbeitsstücks entsprechend verstellt werden können; vergl. Fig. 8 und 9, Taf. XII. Zur Zeit der Versuche war in dem einen Support (bei F_1 in Fig. 8) eine Messerwalze von der in Fig. 10 in $\frac{1}{5}$ dargestellten Construction gelagert, bestimmt um aus fichtenen Bretstücken von 2335 Länge, 87 Breite und 36 Dicke fassdaubenförmige (zur Herstellung hölzerner Krempeltrommeln bestimmte) Prismen von der in Fig. 12 dargestellten Querschnittsform zu fräsen (Vers. Nr. 9—13); der andere Support enthielt die in Fig. 11 in $\frac{1}{10}$ dargestellte Messerscheibe mit 2 Vorschneidern und 2 Schlichthobeln (Vers. Nr. 1—8).

Die minutliche Tourenzahl für normalen Gang berechnet sich

$$\text{für } F_1 \text{ zu } n_2 = 250 \cdot \frac{780}{113} = 1730$$

$$\text{„ } F_2 \text{ „ } n_2' = 250 \cdot \frac{600}{113} = 1330.$$

Die Geschwindigkeit des Tisches per Sec. beträgt

$$\text{beim Vorlauf } Z_1 = \frac{300}{60} \cdot \frac{541}{321} \cdot \frac{17}{51} \cdot 12{,}8 = 36$$

$$\text{beim Rücklauf } Z_2 = \frac{300}{60} \cdot \frac{541}{321} \cdot \frac{16}{16} \cdot 12{,}8 = 108.$$

Zum Betrieb dieser Maschine sind zwei besondere Vorgelegswellen vorhanden, die eine für die Fräsköpfe, die andere für die Tischbewegung; das Dynamometer musste daher in zwei Aufstellungen benutzt werden; erste Aufstellung Vers. Nr. 1—14, zweite Aufstellung Nr. 15—19.

Das Detail der angestellten Versuche ist in nachstehender Tabelle enthalten.

Die totale Betriebskraft für den Leergang der Maschine setzt sich daher in folgender Art zusammen:

Messerwalze F_1 (Vers. Nr. 9, 10, 14)	0,78 PS
Messerscheibe F_2 (Vers. Nr. 1 und 2)	1,02 „
Tischbewegung (Vers. Nr. 19)	1,05 „
	Sa. 2,85 PS

Die zur Tischbewegung erforderliche Betriebskraft ist übrigens, wie das Diagramm Fig. 13 Taf. XII zeigt, für Vor- und Rückgang stark verschieden; sie beträgt nämlich

beim Vorgang (Vers. Nr. 15, 16, 18)	0,486 PS
beim Rückgang (Vers. Nr. 17)	1,547 „

wonach sich ohne Rücksicht auf den Umsteuerungsprozess die mittlere Betriebskraft zu

$$\frac{3 . 0{,}486 + 1{,}547}{4} = 0{,}75 \text{ PS}$$

berechnet; da nun Versuch Nr. 19 für die Tischbewegung einschliesslich der Umsteuerungen (4 pro Min.) die Betriebsarbeit zu

1,05 PS

ergeben hat, so würde auf die Umsteuerungen

1,05—0,75 = 0,30 PS

zu rechnen sein.

Zur Ermittlung des Arbeitswerthes pro Kubikmeter zerspahntes Holz erscheinen die Versuche Nr. 4 und 8 hinreichend zuverlässig; es ergiebt sich aus

Vers. Nr. 4 (Schichthöhe 1,9) ε = 6,80 PS
„ „ 8 („ 4,0) ε = 6,14 „

wonach der in Tabelle I enthaltene Mittelwerth für Messerscheibe F_2

ε = 6,47 PS pro 1 stündl. Kb^{m} Fichtenholz

sich rechtfertigt. Die originelle Construction dieser Messerscheibe erscheint hiernach in kraftökonomischer Beziehung ebenso rationell, wie in Rücksicht auf die Beschaffenheit der erzeugten Oberfläche.

Nr. des Versuches	Dauer des Versuches Min	Umdrehungen pro Min. am Dynamometer n	der Vorgelegswelle $n_1 = 1,40\,n$ $n_1 = 2,12\,n$	des Schneidkopfes $n_2 = 5,13\,n_1$ $n_2 = 6,67\,n_1$	Zuschiebung des Bretes in mm pro Sec.	Dicke der abgefrästen Schicht mm	Mittlere Federspannung in Kilogr. S	Widerstand am Halbm. 1m der Vorgelegswelle $\Phi = \left\{ \begin{matrix} 0,0169\,S \\ 0,0113\,S \end{matrix} \right.$	Arbeitsaufwand bei $n_1 = \left\{ \begin{matrix} 250 \\ 300 \end{matrix} \right.$ Umdreh. Met.-Kil. pro Sec. $A = \left\{ \begin{matrix} 26,17\,\Phi \\ 31,4\,\Phi \end{matrix} \right.$	Pferdest. $N = \frac{A}{75}$	Bemerkungen.
1	½	188	263	1349	Leergang v. F_2		(C,b) 180	3,042	79,61	1,061	Erste Aufstellung für die Fräsköpfe
2	½	184	258	1324			165	2,789	72,99	0,973	
3	½	186	260	1334	33,5	0,5	169	2,856	74,74	0,896	Fichtenes Bret v. 200mm Br. abgehobelt Schichthöhe 0,5mm
4	½	174	243	1247	30,8	1,9	215	3,634	95,10	1,267	Desgl. Schichthöhe 1,9mm
5	½	154	216	1108	34,3	2,0	271	4,580	119,86	1,598	Fichtenholzbalken von 162mm Breite abgehobelt
6	½	168	235	1206	—	2,0	245	4,141	108,37	1,444	
7	½	122(?)	—	—	34,3	4,0	250	4,225	110,57	1,473	
8	½	174	243	1247	34,9	4,0	252	4,259	111,46	1,486	
9	½	194	272	1814	Leergang v. F_1		178	3,108	81,34	1,085	Treibriemen wurde vor diesem Versuch verkürzt
10	½	190	266	1774			166	2,805	73,41	0,979	
11	½	174	243	1621	31,4	—	160	2,704	70,76	0,943	Aus fichtenen Bretstücken v. 2,335m Länge 87mm Breite u. 36mm Dicke werden fassdaubenförmige Prismen (für Krempeltrommeln) gefräst
12	½	178	249	1661	30,8	—	170	2,873	75,19	1,003	
13	½	112(?)	—	—	39,3	—	222	3,752	98,19	1,309	
14	½	178	249	1661	Leergang v. F_1		61	0,689	21,63	0,288	
15	½	148	314	Vorgang des Tisches bei arbeitendem F_1			97	1,096	34,41	0,459	Zweite Aufstellung für den Antrieb des Tisches.
16	½	143	303				105	1,187	37,27	0,497	
17	½	140	297	Rückgang des Tisches			327	3,695	116,02	1,547	
18	½	138	293	Vorg. b. arbeitendem F_2			106	1,198	37,62	0,502	
19	1	129	273	Leergang d. Tisches mit 4maliger Umsteuerung			222	2,509	78,78	1,050	

43. Zapfenschneid- und Schlitzmaschine Nr. 1

von Rich. Hartmann.

Diese Maschine besteht aus einer zur Aufnahme verschieden gestalteter Messerwalzen bestimmten Welle, deren normale minutliche Umdrehungszahl sich zu

$$500 \cdot \frac{621}{158} = 1970$$

berechnet, gelagert in einem Support, der in einer Verticalführung beweglich ist (Regulirung der Schichthöhe), und aus einem horizontal verschiebbaren Aufspannrahmen für das Arbeitsstück. Bei den Versuchen kamen zweierlei Messerwalzen zur Verwendung: eine für breite Schlitze und Falze mit 2 Vorschneidern und 2 Messern (Vers. Nr. 3—5) und eine zweite für schmale Schlitze, ohne Vorschneider, mit 2 Messern (Vers. Nr. 6). Vers. Nr. 1 und 2 bezogen sich auf den Leergang. Die Versuche führten zu folgenden Ergebnissen (s. Tab. A.).

Es ergiebt sich hieraus bei

Vers. Nr.	das Spahnvolumen pro Sec. in Kb^{cm}	die Zerspahnungsarbeit ε pro 1 stündl. Kb^{m} Fichtenholz in PS
3 und 4	20,6	7,46
5	13,4	8,27
6	5,50	25,0

Der Vortheil der mit Vorschneider versehenen Messerwalzen, für welche durchschnittlich $\varepsilon = 7{,}87$ zu setzen ist, gegenüber den schmalen Fräsköpfen ohne Vorschneider ($\varepsilon = 25$) wird hierdurch ersichtlich.

44. Zapfenschneid- und Schlitzmaschine YK.

von Joh. Zimmermann.

Die Anordnung dieser Maschine ergiebt sich aus den Figuren 9 und 10 Taf. X. Die Messerwalze ist in Fig. 11 in $\frac{1}{10}$ dargestellt; das bei den Versuchen Nr. 2 und 3 verwendete Arbeitsstück in Fig. 12 in $\frac{1}{5}$. Die Zuschiebung erfolgte von Hand mittels einer bei K Fig. 10 aufgesteckten Kurbel, bei Nr. 2 langsam (1,33 pro Sec.), bei Nr. 3 schnell (3,5 pro Sec.). Man beobachtete das Folgende (s. Tab. B.).

Bei jedem der Versuche Nr. 2 und 3 betrug das zerspahnte Holzvolumen 963,5 Kb^{cm}, daher

bei Nr. 2 8,93 Kb^{cm} pro Sec.
„ „ 3 23,9 „ „ „

Tab. A.

Nr. des Versuches	Dauer d. Versuches Min.	Umdrehungen pro Min. am Dynamometer n	der Vorgelegswelle $u_1 = 1,98\, n$	des Fräskopfes $u_2 = 3,94\, u_1$	Länge (des ausgefrästen Holzvolumens in Millim.)	Breite	Höhe	Arbeit der Maschine	Federspannung in Kilogr. S	Widerstand am Halbm. 1m der Vorgelegswelle $\Phi = 0,00876\, S$	Arbeitsaufwand für $u_1 = 500$ Umdreh. pro Min. Met.-Kil. pro Sec. $A = 52,33\, \Phi$	Pferdest. $N = \frac{A}{75}$
1	1/2	240	475,2	1872	—	—	—	Leergang	(D,a) 235	2,059	107,727	1,436
2	1/2	252	498,96	1966	—	—	—	Desgl.	235	2,059	107,727	1,436
3	1/4	248	491,04	1935	245	105	12	Schräge Nut in Fichtenholz eingeschnitten	300	2,628	137,523	1,834
4	1/4	260	514,8	2028	245	105	12	(desgl.)	350	3,066	160,444	2,139
5	1/3	240	475,2	1872	385	66	10	Falz am Ende eines Fichtenbretes	300	2,628	137,523	1,834
6	1/3	240	475,2	1872	215	54	9	Schlitz do. do.	320	2,803	146,691	1,956

Tab. B.

Nr. des Versuches	Dauer d. Versuches Min.	Umdrehungen pro Min. am Dynamometer n	der Vorgelegswelle $u_1 = 1,077$	des Fräskopfes $u_2 = 7,53\, u_1$	Länge (des ausgefrästen Holzkörpers in Millim.)	Breite	Höhe	Arbeit der Maschine	Federspannung in Kilogr. S	Widerstand am Halbm. 1m der Vorgelegswelle $\Phi = 0,0222\, S$	Arbeitsaufwand für $u_1 = 250$ Umdrehungen Met.-Kil. pro Sec. $A = 26,17\, \Phi$	Pferdest. $N = \frac{A}{75}$
1	1/2	236	254,2	1914	—	—	—	Leergang	(C,b) 86	1,909	49,959	0,666
2	1 3/4	239	257,4	1938	140	93	74	Am Ende eines Balkens v. Fichtenholz wird ein Zapfen angeschnitten	320	7,104	185,912	2,479
3	2/3	234	252,0	1897	140	93	74	(desgl.)	370	8,214	214,960	2,866
4	1/2	239	257,4	1938	—	—	—	Leergang	75	1,665	43,573	0,581

woraus sich der für 1 Kb^m in der Stunde zerspahntes Fichtenholz erforderliche Arbeitswerth ergiebt

für langsame Zuschiebung ε = 57,8 PS
für schnelle Zuschiebung ε = 25,8 „ } im Durchschnitt ε = 41,8.

45. Zapfenschneid- und Schlitzmaschine HD

von Joh. Zimmermann.

Wie aus der Skizze Fig. 13 Taf. X ersichtlich, enthält die Maschine zwei Schneidköpfe Z_1 Z_2 für die Ausarbeitung vierseitiger Zapfen und einen Schneidkopf N für Schlitze oder Nuten. Sind die ersteren im Gang, so muss der letztere sich in Stillstand befinden und umgekehrt. Die Schneidköpfe für Zapfen haben zwei scharfe Vorschneider und zwei Messer, deren Schneiden nach einem steilen Schraubengang verlaufen; ihre normale Umdrehungszahl pro Min. berechnet sich zu

$$u_2 = 200 \cdot \frac{500}{287} \cdot \frac{475}{114} = 1452.$$

Der Schneidkopf für Schlitze hat zwei schmale Messer, deren Schneidwinkel und Anstellungswinkel 26°, mit geraden quergestellten Schneiden von 13^{mm} Länge; die Weite der erzeugten Schlitze ergiebt sich in Folge einer geringen Versetzung zu 15^{mm}; die minutliche Tourenzahl dieses Schneidkopfs findet sich aus

$$u_2' = 200 \cdot \frac{500}{287} \cdot \frac{436}{120} = 1266.$$

Die Zuschiebung geschieht von Hand.

In der nebenstehenden Zusammenstellung der Versuche sind die Zapfenfräser mit Z, der Nutenfräser mit N bezeichnet. Bei Vers. Nr. 4 brach eines der Messer ab, so dass die Ergebnisse nicht zuverlässig sind.

Hiernach ergiebt sich die Betriebskraft für den Leergang

der Antriebwelle (348 Umdr. pro Min.) = 0,352 PS
der 2 Zapfenfräser Z (1452 „ „ „) = 1,849 „
des Nutenfräsers N (1266 „ „ „) = 1,057 „

daher für den Leergang der Maschine einer der beiden Werthe

$$N_0 = 0,352 + 1,849 = 2,201 \text{ PS}$$
$$N_0' = 0,352 + 1,059 = 1,409 \text{ „}$$

anzusetzen ist.

Aus dem zerspahnten Holzvolumen und der Betriebskraft für den Arbeitsgang berechnen sich noch folgende Zahlen

Nr. des Vers.	Spahnvolumen pro Sec. für normale Geschwindigkeit in Kb^{cm}	Nutzarbeit ε für 1 Kb^m zerspahntes Holz pro Stunde. PS
2	12,1	2,05
6	4,76	27,0
7	3,94	24,8

Versuche an der Zapfenschneid- und Schlitzmaschine HD.

Nr. des Versuches	Dauer d. Versuches	Umdrehungen pro Minute			Arbeit der Maschine	Länge	Breite	Dicke	Federspannung in Kilogr. S	Widerstand bei 1^m Halbm. der Vorgelegswelle $\Phi = 0{,}0158\,S$	Arbeitsaufwand für $u_1 = 200$ Umdrehungen pro Minute	
	Min.	am Dynamometer u	der Vorgelegswelle $u_1 = 1{,}43\,u$	der Fräsköpfe $u_2 = \begin{cases} 7{,}26\,u_1 \\ 6{,}33\,u_1 \end{cases}$		des abgefrästen Holzkörpers in Millim.					Met.-Kil. pro Sec. $A = 20{,}9\,\Phi$	Pferdest. $N = \frac{A}{75}$
1	1/2	146	208,8	1516	Leergang Z	—	—	—	(C,a) 500	7,900	165,110	2,201
2	1/4	140	200,2	1453	Arbeitsgang Z	142	71	18	520	8,216	171,714	2,290
3	1/2	144	205,9	1495	Leergang N	—	—	—	320	5,056	105,670	1,409
4	1/6	144	205,9	1495	Arbeitsgang N	—	—	—	280(?)	4,424	92,462	1,233
5	1/2	144	205,9	1495	Antriebwelle allein	—	—	—	80	1,264	26,418	0,352
6	1/3	147	210,2	1329	Arbeitsgang N	68	98	15	385	6,083	127,135	1,695
7	5/12	142	203,1	1285	Desgl.	68	98	15	360	5,688	118,879	1,585

Man kann daher annehmen für Fichtenholz und
für die Zapfenfräser (mit Vorschneider) $\varepsilon = 2{,}05$ PS
für den Nutenfräser (ohne Vorschneider) $\varepsilon = 25{,}9$ „

Schlussbemerkungen, die Betriebsarbeit der Fräsmaschinen betr.

1. Leergang. Bei den Fräsmaschinen für Metalle erreicht die Betriebsarbeit für den Leergang wegen der geringen Umdrehungszahl des Werkzeugs ($n_2 = 4{,}9$ bis 33 pro Min.) in keinem Falle einen sehr hohen Werth; derselbe bewegt sich zwischen 0,10 und 0,50 PS und ist in zu starkem Maasse von der speciellen Anordnung der Maschine abhängig, als dass sich aus der kleinen Zahl vorhandener Versuchsreihen allgemein gültige Regeln ableiten liessen.

Anders bei den Fräsmaschinen für Holz; hier ist wegen der grossen Schnittgeschwindigkeit auch die Tourenzahl der Messerwalzen sehr gross (702 bis 2340 pro Min.) und es ist nicht selten ausser der Vorgelegswelle noch eine besondere Zwischenwelle erforderlich, um die grosse Geschwindigkeit des Werkzeugs zu Stande zu bringen; es wird hierdurch erklärlich, dass bei den untersuchten 12 Holzfräsmaschinen die Leergangsarbeit zwischen den Grenzen 0,62 und 4,28 PS schwankt und im Durchschnitt 2 PS beträgt, ja im Mittel die Nutzarbeit der stärksten Beanspruchung übertrifft (der Wirkungsgrad der 12 Maschinen beträgt für den Fall der höchsten Production durchschnittlich 0,427). Es ist ausser Zweifel und geht aus unsern Versuchen mit Sicherheit hervor, dass die specielle Anordnung und die Dimensionen der beweglichen Theile auch hier von Einfluss sind; unter allen die Leergangsarbeit bestimmenden Umständen stehen jedoch die minutlichen Tourenzahlen der sämmtlichen schnell rotirenden Axen von der Vorgelegswelle bis zu den Messerwalzen oder Messerscheiben in erster Linie, und es mag daher gerechtfertigt erscheinen, aus den sämmtlichen vorliegenden Daten eine für angenäherte Rechnungen brauchbare Formel, welche nur den Zusammengang zwischen N_0 und der Summe der minutlichen Tourenzahlen aller vorbezeichneten Axen ausdrückt, herzuleiten. Bezeichnet man diese Summe mit $\Sigma(n)$, so kann man durchschnittlich setzen

$$N_0 = \frac{\Sigma(n)}{2000}. \tag{106}$$

Beispiel. Eine Holzfräsmaschine mit einem Fräskopf, bei welcher die Vorgelegswelle $n_1 = 400$ und der Fräskopf $n_2 = 2000$ Umdr. pro Min. macht und jene direct (ohne Zwischenwelle) auf diesen treibt, erfordert für den Leergang

$$N_0 = \frac{400 + 2000}{2000} = 1{,}20 \text{ PS}.$$

Bei einer andern Holzfräsmaschine sei die Zahl der Messerwalzen 4, die Tourenzahl pro Min.

der Vorgelegswelle 200
einer Zwischenwelle 800
einer Messerwalze 2000, also zusammen 4 . 2000 = 8000
daher die Summe aller Tourenzahlen $\Sigma(n) = 9000$.

Die Leergangsarbeit ergiebt sich daher zu

$$N_0 = \frac{9000}{2000} = 4{,}50 \text{ PS.}$$

Die für den Zuschiebungsapparat erforderliche Arbeitsgrösse ist hierbei eingerechnet. Jedoch sind auch die Umdrehungszahlen solcher durch Riemen getriebenen Wellen, die für den Zuschiebungsapparat vorhanden sind, in den Werth $\Sigma(n)$ aufzunehmen.

2. Arbeitsgang. Unter den Metallen ist nur das Gusseisen bei den Versuchen benutzt worden. Die hierauf bezüglichen Resultate sind zu trennen in die auf Bearbeitung ebener Flächen und die auf das Schneiden der Radzähne bezüglichen; für jene ist wieder zu unterscheiden

a) Abfräsung der Gussrinde (Sandguss): $\varepsilon = 0{,}239$ PS für 1^k Spahngewicht pro Stunde,

b) Abfräsung weichen Gusseisens, durchschnittlich $\varepsilon = 0{,}113$ PS bei $0{,}37 \square^{mm}$ mittlerem Spahnquerschnitt. Das Resultat ist günstiger, als nach dem kleinen Spahnquerschnitt zu erwarten steht; es ist jedoch hierbei zu wiederholen, dass der aus Schichthöhe, Zuschiebung und Zahl der Schneiden berechnete Werth des Spahnquerschnitts nur unter der Voraussetzung wirklich zutreffend ist, wenn die Gesammtarbeit sich auf alle Schneiden ganz gleichförmig vertheilt, eine Voraussetzung, die selten erfüllt zu sein scheint.

c) Für das Ausfräsen der Zahnlücken an gusseisernen Rädern ist als Mittelwerth zu brauchen

$$\varepsilon = 0{,}26 \text{ PS bei } f = 0{,}025 = \frac{1}{40} \square^{mm} \text{ Spahnquerschnitt.}$$

Unter den Hölzern ist das Fichtenholz am häufigsten verwendet worden. Nach den Versuchsreihen Nr. 35, 36 und 38 kann für dasselbe unter Voraussetzung zweckmässig construirter Messerwalzen die Formel hergeleitet werden

$$(107) \qquad \varepsilon = 2 + \frac{20}{h} \text{ PS pro 1 Kb}^m \text{ stündlich zerspahntes Holz,}$$

worin h die Höhe der abgefrästen Schicht in Mm. bedeutet.

Bezieht man den specifischen Arbeitswerth auf die Grösse der stündlich fertig gefrästen Oberfläche, so hat man hiernach den Ausdruck zu benutzen:

$$(108) \qquad \varepsilon' = \frac{h + 10}{500} \text{ PS pro 1 } \square^m \text{ stündlich gehobelte Fläche.}$$

Bei Herstellung von Zapfen und Schlitzen hat man zu unterscheiden

Messerwalzen mit Vorschneidern:

$$\varepsilon = 5 \text{ PS pro 1 Kb}^m \text{ stündlich zerspahntes Fichtenholz;}$$

Messerwalzen ohne Vorschneider (für schmale Schlitze):

$$\varepsilon = 31 \text{ PS pro 1 Kb}^m \text{ stündlich zerspahntes Fichtenholz.}$$

Für stumpfschneidige Fräsköpfe (Nr. 39) ist bei Erlenholz anzusetzen

$$\varepsilon = 66{,}7 \text{ PS pro 1 Kb}^m \text{ stündlich zerspahntes Holz und}$$
$$\varepsilon' = 0{,}236 \text{ PS pro 1 } \square^m \text{ stündlich gefräste Oberfläche.}$$

Für die übrigen Hölzer sind die erlangten Resultate wenig zahlreich und daher auch wenig sicher. Bemerkenswerth ist nur noch, dass für Rothbuchenholz

bei Messerscheiben mit Schrotstählen (Nr. 34)

(109) $\varepsilon = 3{,}16 + 0{,}5 \,.\, f$ PS pro 1 Kb^m^ stündlich (f = Spahnquerschnitt in □^mm^) und

bei Messerwalzen mit geraden Messern (Nr. 35)

(110) $$\varepsilon = 3{,}14 + \frac{6{,}48}{h} \text{ PS pro 1 Kb}^m \text{ stündlich}$$

gesetzt werden kann, wodurch sehr schön der charakteristische Unterschied in der Wirkungsweise der Scheiben- und Walzenhobelmaschinen (von Karmarsch Parallel- und Tangentialhobelmaschinen genannt*)) illustrirt wird; bei jenen wird das Holz in lange Spähne von einer der Breite des Arbeitsstücks ungefähr gleichen Länge aufgelöst, welche die Schneide so lange einklemmen, bis sie in Folge der Biegung brechen, bei diesen in kurze Spähne, welche immer schnell vollständig abgetrennt werden; dort ist ein grosser Spahnquerschnitt (also auch eine grosse Schichthöhe) schädlich, hier dagegen von Vortheil.

Die Schnittgeschwindigkeit ergab sich

für Gusseisen durchschnittlich zu 125^{mm} pro Sec. (in den Grenzen 66,1 bis 200);

für Holz durchschnittlich bei kleinem Zuschärfungswinkel der Schneiden $22{,}6^{m}$ pro Sec. (in den Grenzen 15,1 bis 33,4);

für Holz bei grossem Zuschärfungswinkel der Schneiden $10{,}1^{m}$ pro Sec.

F. Schleifmaschinen.

46. Grosser Schleifstein

bei Rich. Hartmann.

Der zu diesen Versuchen benutzte Schleifstein bestand aus Pirnaischem grobkörnigen Sandstein und hatte ursprünglich einen Durchmesser von $2^1/_2{}^m$ gehabt; durch den Gebrauch hatte sich aber diese Dimension auf $1{,}07^m$ reducirt. Zur Untersuchung eines grösseren Exemplars dieser Steine erschien der dynamometrische Apparat zu schwach.

Die Versuche beschränkten sich auf die Ermittlung der Reibungscoefficienten zwischen Stein und Arbeitsstück, da zu einer Feststellung der Beziehung zwischen Arbeitsgrösse und Quantum des zerschliffenen Materials eine hinreichend genaue Waage fehlte, — auch die grenzenlose Ungemüthlicheit des Aufenthalts im Schleifereigebäude die möglichste Abkürzung dieser Versuchsreihe erwünscht machte.

Nach Ermittlung der Leergangsarbeit (Vers. Nr. 1) und Ausführung eines Versuchs (Nr. 2), bei welchem die übliche Benutzungsart des Steins zum

*) Karmarsch, Handbuch der mechanischen Technologie, 4. Aufl., I. Bd. S. 732; Prechtl, Technologische Encyclopädie Bd. XXIII, S. 486.

Nr. des Versuches	Dauer d. Versuches Min.	Umdrehungen pro Min. am Dynamometer u	Umdrehungen pro Min. des Steines $u_1 = 0,62\ u$	Umfangsgeschwindigkeit des Steines Met. pro Sec. $v = 0,056\ u_1$	Bezeichnung der verrichteten Arbeit	Federspannung in Kilogr. S	Widerstand am Halbm. 1m des Steines $\Phi = 0,0284\ S$	Arbeitsaufwand für $u_1 = 150$ Umdrehungen des Steines pro Min. Met.-Kilogr. pro Sec. $A = 15,7\ \Phi$	Arbeitsaufwand für $u_1 = 150$ Umdrehungen des Steines pro Min. Pferdest. $N = \frac{A}{75}$
1	1	260	161,20	9,0272	Leergang	(D,a) 40	1,136	17,835	0,238
2	$1^1/_2$	259	160,58	8,9925	Gusseiserne Gestellwand durch 2 Arbeiter an den Stein gehalten	200	5,680	89,176	1,189
3	1	237	146,94	8,2286	Ein Stück Gusseisen von 120 Breite, 150 Länge mit 68,5 Kil. auf den Stein gedrückt	345	9,798	153,83	2,051
4	1	207	128,34	7,187	Desgl. Schmiedeeisen 70×70 mit 59 Kil. Druck	510	14,484	227,399	3,032
5	1	231	143,22	8,020	Gusseisen wie bei Nr. 3	312	8,861	139,118	1,855
6	1	204	126,48	7,083	Schmiedeeisen wie bei Nr. 4	550	15,620	245,234	3,270
7	1	227	140,74	7,881	Stahl (50 breit, 100 lang) mit 61 Kil. angedrückt	370	10,508	164,976	2,200

Abschleifen gusseiserner Gestellwände möglichst genau nachgeahmt wurde, richtete man sich für die folgenden Versuche den in Fig. 1 und 2 Taf. XV skizzirten Apparat vor, welcher die Aufbringung verschiedener Arbeitsstücke *a* unter bekannter Belastung (Gusseisenplatte *b*) gestattete; beide waren in einfachster Art an einem Holzprisma *c* befestigt, welches am Ende mittels der Griffbreter *dd* durch zwei Arbeiter gehalten wurde, und zwar so, dass diese Arbeiter nur für die unveränderliche Lage des Arbeitsstücks auf dem Stein Sorge trugen, ohne die Belastung desselben zu erhöhen; selbstverständlich wurde als Druck des Arbeitsstücks gegen den Stein die Summe der Gewichte der sämmtlichen Theile *abcd* notirt.

Bei den Versuchen Nr. 2—4 war der Stein ziemlich stumpf; vor Beginn des Vers. Nr. 5 wurde er in üblicher Art mittels der Steinhaue geschärft.

Folgen nun die Resultate der Beobachtung (s. umstehende Tabelle).

Uebertrügt man den Begriff des Reibungscoefficienten auf den vorliegenden Fall, so erlangt man die erforderliche Unterlage zur Benutzung einer einfachen Formel für die Betriebsarbeit grobkörniger Schleifsteine.

Für den Versuch Nr. 3 ergiebt sich

die Nutzarbeit $N - N_0 = 2{,}051 - 0{,}238 = 1{,}813$ PS;

der Schleifwiderstand $Q = 75 \cdot \frac{N-N_0}{v} = 75 \cdot \frac{1{,}813}{8{,}4} = 16{,}2^k$,

die Belastung des Arbeitsstücks $P = 68{,}5^k$, daher

der Reibungscoefficient (zwischen Gusseisen und dem halbstumpfen Stein)

$$\mu = \frac{Q}{P} = \frac{16{,}2}{68{,}5} = 0{,}24.$$

In gleicher Art ergeben sich die übrigen in folgender Zusammenstellung enthaltenen Werthe:

Nr. des Vers.	Material des Arbeitsstücks und Beschaffenheit des Steins	Schleifwiderstand Q^k	Belastung P^k	Reibungscoefficient $\mu = \frac{Q}{P}$
3	Gusseisen auf stumpfem Stein	16,2	68,5	0,24
1	Schmiedeeisen auf stumpfem Stein	25,0	60,0	0,41
5	Gusseisen } auf frisch geschärftem Stein	14,4	68,5	0,21
6	Schmiedeeisen } auf frisch geschärftem Stein	27,1	59,0	0,46
7	Stahl } auf frisch geschärftem Stein	17,5	61,0	0,29

Der Reibungscoefficient ist daher für das harte Gusseisen am kleinsten, für das weiche Schmiedeeisen am grössten. Zur Vergleichung sei hierbei bemerkt, dass der Verfasser bei einer andern Gelegenheit*) den Reibungscoefficient nassen Fichtenholzes auf grobkörnigem Sandstein (halbscharf) $\mu = 0{,}354$ fand. Die bekannten Versuche von Morin**) ergaben für

Schmiedeeisen auf trocknem Kalkstein $\mu = 0{,}424$,
do. auf nassem Kalkstein $\mu = 0{,}486$,
Eichenholz auf nassem Kalkstein $\mu = 0{,}375$.

*) Versuche über den Kraftverbrauch etc. in der Rabenauer Mühle bei Dresden. Deutsche Industrie-Zeitung 1872, S. 382.

**) Nouvelles Expériences sur le frottement. 1833. Troisième Mémoire p. 648, 666, 669.

Mit Benutzung des so ermittelten Werthes von μ kann man leicht aus dem Druck P^k zwischen Arbeitsstück und Stein und aus der Umfangsgeschwindigkeit V^m pro Sec. die Schleifarbeit nach dem Ausdruck

$$\mu \cdot \frac{P \cdot V}{75}$$

berechnen, wozu für die gesammte Betriebsarbeit eines solchen Steins noch der Betrag der Leergangsarbeit zuzuschlagen ist. Letztere kann man — unter Voraussetzung gleicher Steinbreite — annähernd dem Ausdrucke $D^2 \cdot n$ oder auch $D \cdot V$ proportional setzen, daher mit Benutzung der hier gewonnenen Daten (Versuch Nr. 1) sich leicht der Ausdruck

$$N_0 = 0{,}0264 \cdot D \cdot V$$

berechnet. Man kann daher allgemein für grosse grobkörnige Schleifsteine die gesammte Betriebsarbeit nach der Formel

$$N = 0{,}0264 \cdot D \cdot V + \mu \cdot \frac{P \cdot V}{75} \text{ PS} \tag{111}$$

mit erwünschter Annäherung berechnen.

Wird daher z. B. auf einem solchen Schleifstein von $D = 2^m$ Durchmesser Stahl geschliffen, ist also $\mu = 0{,}29$, so berechnen sich für verschiedene Umfangsgeschwindigkeiten V und verschiedene Werthe des Druckes P zwischen Stein und Arbeitsstück die in folgender Tabelle enthaltenen Beträge der totalen Betriebsarbeit in Pferdestärken:

Umfangsgeschwindigkeit V	Belastung P des Arbeitsstücks					
Meter	25	50	75	100	125	150
5	0,747	1,231	1,714	2,194	2,681	3,164
10	1,495	2,461	3,428	4,394	5,361	6,328
15	2,242	3,692	5,142	6,592	8,042	9,492
20	2,989	4,922	6,856	8,789	10,722	12,656
25	3,737	6,153	8,570	10,986	13,403	15,820

Hieraus erhellt, dass es schwer ist, für die Betriebsarbeit eines solchen Schleifsteins einen zutreffenden Mittelwerth anzugeben, da sowohl V (wegen der starken Abnutzung), als auch P in den weitesten Grenzen zu schwanken pflegen.

47. Feinkörniger Schleifstein LG

von Joh. Zimmermann.

Dieser Stein ist zum Schleifen des Werkzeugs bestimmt. Zur Bewegungsübertragung von der Vorgelegswelle dient ein dreiläufiges Stufenscheibenpaar, nach dessen Dimensionen sich für normalen Gang der Transmission die folgenden drei Werthe der minutlichen Umdrehungszahl des Steins berechnen:

$$140 \cdot \frac{287}{167} = 241$$

$$140 \cdot \frac{232}{228} = 142$$

$$140 \cdot \frac{171}{286} = 83,7$$

Auch hier wurde der Arbeitsverbrauch beim Schleifen verschiedener Materialien bei verschieden starker Anpressung an den Stein beobachtet; zu dem Zweck wurde über dem Stein eine kleine verticale Schlotte befestigt, in welcher Arbeitsstück und Belastung desselben Platz fand. Der Stein wurde mittels Tropfgefäss in gleichförmig benetztem Zustand erhalten.

Die angeschliffenen Materialien waren Gusseisen (Hartguss, 45 breit), Schmiedeeisen (55 breit) und Stahl (gehärtet, gelb angelassen, 35 breit); die angewendeten Belastungen und die Umfangsgeschwindigkeiten sind nebst allen sonstigen Beobachtungsdaten, in folgender Uebersicht enthalten (s. nachstehende Tabelle).

Hiernach erfordert der Leergang

der Vorgelegswelle allein ($n_1 = 140$)	0,16 PS
des Steins bei $n_2 = 83,7$ Umdr. pro Min.	0,17 „
„ „ „ $n_2 = 142$ „ „ „	0,22 „

Für den Reibungscoefficienten ergeben sich aus den einzelnen den Arbeitsgang betreffenden Versuchen die folgenden Werthe:

Nr. des Vers.	Material	Umfangsgeschwindigkeit des Steins M. pro Sec.	Schleifwiderstand Q^k	Belastung P^k	Reibungscoefficient $\mu = \frac{Q}{P}$
3	Hartguss	3,42	11,1	14,8	0,75
4	„	„	19,8	25,4	0,78
6	„	5,80	10,95	14,8	0,74
7	„	„	15,1	25,4	0,59
8	Schmiedeeisen	„	14,2	14,8	0,96
10 und 11	„	3,42	14,5	14,8	0,98
12	„	„	27,34	25,4	1,08
13	Stahl	„	14,1	14,5	0,97
14	„	„	22,6	25,1	0,90

Als Mittelwerthe des Reibungscoefficienten auf nassem feinkörnigen Sandstein ergeben sich daher

für Gusseisen	$\mu = 0,716$
„ Stahl	$\mu = 0,935$
„ Schmiedeeisen	$\mu = 1,00$

Die Ergebnisse zeigen auch, dass der höchste Schleifwiderstand bei grossem Druck und kleiner Geschwindigkeit eintritt.

Durch analoge Erwägungen, wie unter Nr. 46 gelangt man auch hier zu

Nr. des Versuches	Dauer d. Versuches Min.	Umdrehungszahl pro Min. am Dynamometer n	der Vorgelegswelle $n_1 = 1{,}90\,n$	des Schleifsteines n_2 (beob.)	Umfangsgeschwindigkeit des Steines Met. p. Sec. $V = 0{,}0408\,n_2$	Material, welches geschliffen wird	Belastung desselben Kilogr.	Federspannung in Kilogr. S	Widerstand am Halbm. 1m der Vorgelegswelle $\Phi = 0{,}0126\,S$	Arbeitsaufwand bei $n_1 = 140$ Umdrehungen der Vorgelegswelle in Met.-Kil. pro Sec. $A = 14{,}7\,\Phi$	in Pferdest. $N = \frac{A}{75}$
1	1	76	144,4	—		Leergang der Vorgelegswelle		(C,b) 65	0,819	12,0	0,16
2	1	74	140,6	86		Leergang des Steines		135	1,70	25,0	0,33
3	1	75	142,5	85	3,46	Hartguss	14,8	340	4,28	62,9	0,84
4	1	75	142,5	83	3,38	„	25,4	500	6,30	92,7	1,23
5	1	75	142,5	144		Leergang des Steines		145	1,83	26,9	0,36
6	1	75	142,5	128	5,22	Hartguss	14,8	495	6,24	91,7	1,22
7	1	74	140,6	138	5,64	„	25,4	625	7,88	115,8	1,54
8	1	74	140,6	139	5,68	Schmiedeeisen	14,8	595	7,5	110,3	1,47
9	1	75	142,5	140		Leergang des Steines		160	2,02	29,7	0,40
10	1	62	117,8	80	3,26	Schmiedeeisen	14,8	410	5,17	76,0	1,01
11	1	75	142,5	83	3,38	„	14,8	395	4,98	73,2	0,98
12	1	75	142,5	83	3,38	„	25,4	640	8,06	118,5	1,58
13	1	74	140,6	84	3,42	Stahl	14,5	395	4,98	73,2	0,98
14	1	75	142,5	83	3,38	„	25,1	552	6,96	102,3	1,35
15	1	76	144,4	83		Leergang des Steines		135	1,70	25,0	0,33

einer für feinkörnige Sandsteine (einschliesslich Vorgelegswelle) allgemein gültigen Formel zur Berechnung der totalen Betriebsarbeit; dieselbe lautet

$$N = 0{,}16 + 0{,}056 \cdot V \cdot D + \mu \cdot \frac{PV}{75} \text{ PS.} \tag{112}$$

Beispiel. $V = 5^m$, $D = 1^m$, $\mu = 1$, $P = 25^k$ ergiebt

$$N = 0{,}16 + 0{,}056 \cdot 5 \cdot 1 + 1 \cdot \frac{25 \cdot 5}{75} = 0{,}16 + 0{,}28 + 1{,}67 = 2{,}11 \text{ PS.}$$

Nimmt man an, dass auf einem feinkörnigen Sandstein ununterbrochen Werkzeugstahl ($\mu = 0{,}935$) geschliffen wird unter Anwendung eines Druckes von $P = 5^k$, so ergeben sich für verschiedene Durchmesser D und Umfangsgeschwindigkeiten V die in folgender Tabelle enthaltenen Werthe der totalen Betriebsarbeit:

Durchmesser D	Umfangsgeschwindigkeit V pro Sec. in M.				
Meter	2	4	6	8	10
0,4	0,3298	0,4996	0,6644	0,8392	1,004
0,6	0,3522	0,5444	0,7316	0,9288	1,116
0,8	0,3746	0,5892	0,7988	1,0184	1,228
1,0	0,397	0,634	0,866	1,108	1,340
1,2	0,4194	0,6788	0,9332	1,1976	1,452

Für einen flott benutzten Werkzeugs-Schleifstein wird man also im Mittel $\frac{3}{4}$ PS anzusetzen haben.

48. Sägenschärfmaschine FI

von Joh. Zimmermann.

Enthält als wesentlichen Bestandtheil eine stumpfrandige Schmirgelscheibe S (Fig. 3 Taf. XV), deren minutliche Tourenzahl sich für $n_1 = 200$ zu

$$n_2 = 200 \cdot \frac{335}{210} \cdot \frac{610}{106} = 1836$$

berechnet. Diese Scheibe wird von Hand, durch Drehung des Hebels TT, in welchem sie gelagert ist, gegen das bei B_1 oder B_2 eingespannte Sägenblatt geführt, wobei eine sehr schnelle Formänderung desselben (unter Entwicklung einer langen Funkengarbe) erfolgt.

Bei den hier mitzutheilenden Versuchen war ein Kreissägenblatt von $1{,}1^{mm}$ Dicke eingespannt und es geschah bei Nr. 2 der Angriff des Werkzeugs mit kurzen Unterbrechungen, bei Nr. 3 und 4 ohne Unterbrechungen (Maximum der Leistung).

Die Versuche führten zu folgenden Ergebnissen:

Nr. des Versuches	Dauer d. Versuches Min.	Umdrehungen pro Min. am Dynamometer u	der Vorgelegswelle $u_1 = 1{,}73\, u$	der Schleifscheibe $u_2 = 9{,}18\, u_1$	Arbeit der Maschine	Federspannung in Kilogr. S	Widerstand am Halbm. 1m der Vorgelegswelle $\Phi = 0{,}0131\, S$	Arbeitsaufwand für $u_1 = 200$ Umdreh. pro Min. Met.-Kil. pro Sec. $A = 20{,}9\, \Phi$	Pferdestärken $N = \frac{A}{75}$
1	1	117	202,41	1858	Leergang	(C,a) 125	1,638	34,234	0,456
2	½	107	185,11	1699	Arbeitsgang	139	1,821	38,059	0,507
3	¼	114	197,22	1810	Desgl.	155	2,031	42,448	0,566
4	¼	114	197,22	1810	Desgl.	155	2,031	42,448	0,566
5	1	112	193,76	1779	Leergang	100	1,310	27,379	0,365
6	1	109	188,57	1731	Vorgelegswelle allein	22	0,288	6,019	0,0802

Sonach ist zu rechnen für den Leergang

der Vorgelegswelle allein ($u_1 = 200$) 0,08 PS
der ganzen Maschine 0,41 „
für den Arbeitsgang derselb. im Maximum 0,566 „

Der mittlere Schleifwiderstand bei Bearbeitung gehärteten und blau angelassenen Stahls berechnet sich hiernach zu

$$Q = 75 \cdot \frac{0{,}566}{27{,}1} = 0{,}425^{k}.$$

Die Messung des zerschliffenen Materialquantums war wegen der Kleinheit desselben nicht ausführbar.

Für Maschinen dieser Art wird hiernach allgemein die Formel zu brauchen sein

(113) $$N = 0{,}41 + \frac{0{,}425 \cdot V}{75} = 0{,}41 + 0{,}0057.\ V \text{ PS}$$

worin V die Umfangsgeschwindigkeit der Schleifscheibe in Metern pro Sec. bezeichnet.

G. Drehbänke und Schraubenschneidmaschinen.

49. Kleine Support-Drehbank HK Nr. 1

von Joh. Zimmermann.

Die Anordnung dieser Bank ergiebt sich aus Fig. 1 Taf. XIII. Rädervorgelege, vierläufige Stufenscheiben für die Spindeldrehung. Selbstthätige Zuschiebung für Rund- und Plandrehen. Gekröpftes Bett. Die Maschine ist im Montirungssaal provisorisch aufgestellt und wird von einer Vorgelegswelle (von 1,33^{m} Länge, 45 Dicke, mit Zapfen von 35) aus getrieben, welche nicht genau der eigentlich zugehörigen Vorgelegswelle entspricht. Für 100 Umdr. derselben pro Min. berechnen sich die minutlichen Tourenzahlen des Arbeitsstücks wie folgt:

$$100 \cdot \frac{230}{122} = 188 \qquad 188 \cdot \frac{16}{50} \cdot \frac{16}{50} = 19{,}2$$
$$100 \cdot \frac{185}{148} = 125 \qquad 125 \cdot \frac{16}{50} \cdot \frac{16}{50} = 12{,}8$$
$$100 \cdot \frac{140}{174} = 80{,}4 \qquad 80{,}4 \cdot \frac{16}{50} \cdot \frac{16}{50} = 8{,}18$$
$$100 \cdot \frac{95}{200} = 47{,}4 \qquad 47{,}4 \cdot \frac{16}{50} \cdot \frac{16}{50} = 4{,}84$$

Die Zuschiebung des Stahls pro Umdrehung des Arbeitsstücks hat folgende Werthe:

beim Runddrehen

$$\varepsilon_1 = \frac{82}{245} \cdot \frac{10}{108} \cdot 12{,}7 = 0{,}380^{mm}$$
$$\varepsilon_2 = \frac{116}{216} \cdot \frac{10}{108} \cdot 12{,}7 = 0{,}632^{mm}$$

beim Plandrehen

$$\varepsilon_3 = \frac{82}{245} \cdot \frac{10}{108} \cdot \frac{56}{16} \cdot 4{,}23 = 0{,}446^{mm}$$
$$\varepsilon_4 = \frac{116}{216} \cdot \frac{10}{108} \cdot \frac{56}{16} \cdot 4{,}23 = 0{,}739^{mm}$$

Die bei den Versuchen beobachteten Werthe weichen hiervon meist im Sinne des Minus ab, was durch den Umstand volle Erklärung findet, dass zwischen Spindel und Supportschraube eine Riemenübersetzung enthalten ist.

Von den während des Arbeitsganges ausgeführten Versuchen bezog sich
Nr. 3—5 auf das Runddrehen einer schmiedeeisernen Welle, trocken,
Nr. 8—14 auf das Runddrehen einer gusseisernen Stufenscheibe,
Nr. 15, 16, 18, 19, 21 auf das Runddrehen eines gusseisernen Rades,
Nr. 22 auf das Plandrehen einer gusseisernen Scheibe.

Die verwendeten Drehstähle, deren Schneid- und Anstellungswinkel in nachstehender Uebersicht enthalten sind, waren gewöhnliche Schruppstähle mit bogenförmiger Schneide (siehe nachstehende Tabelle).

Die auf den Leergang bezüglichen Versuchsresultate lassen sich durch die folgenden Formeln zusammenfassen:

a) ohne Rädervorgelege

(114) $$N_0 = 0{,}10 + 0{,}0013 \,.\, u_2$$

b) mit Rädervorgelege

(115) $$N_0 = 0{,}10 + 0{,}007 \,.\, u_2,$$

wonach die Leergangsarbeit einen der folgenden 8 Werthe annehmen kann:

Ohne Rädervorgelege		Mit Rädervorgelege	
u_2	N_0	u_2	N_0
188	0,344	19,2	0,234
125	0,263	12,8	0,190
80,4	0,205	8,18	0,153
47,4	0,162	4,84	0,134

Nr. des Versuches	Dauer des Versuches	Umdrehungen am Dynamometer	Umdrehungen der Vorgelegewelle	Umdrehungen des Arbeitsstückes	Durchmesser des Arbeitsstückes	Umfangsgeschwindigkeit des Arbeitsstückes	Supportschiebung	Schnittbreite	Schnitthöhe	Gewicht der abgedrehten Spähne überhaupt	Gewicht der abgedrehten Spähne pro Sec. bei normaler Geschwindigkeit	Schneidwinkel	Anstellungswinkel	Mittlere Federspannung S	Widerstand an 1m Halbm. der Vorgelegewelle $\Phi = 0{,}0163\,S$	Arbeitsverbrauch für $n_1 = 100$ Umdrehungen Sec.-Met.-Kilogr. $A = 10{,}5\,\Phi$	Pferdestärken $N = \frac{A}{75}$
	Min.	pro Min.	pro Min.	pro Min.	Millim.	Millim. pro Sec.	Millim. pro Min.	Millim.	Millim.	Gramm	Gramm	Grad	Grad	Kilogramm	Kilogramm		
1	1	68	96,6	77,5	30,1	122	?	Stahl ist nicht angestellt				—	—	(*B*) 80	1,304	13,66	0,182
2	1	72	102,2	82,1	30,1	129	?	Stahl ist nicht angestellt				—	—	80	1,304	13,61	0,182
3	3	76	108,0	86,6	26,1	118	32,2	0,43	2,00	138,4	1,405	49	$6^1/_2$	182	2,966	31,08	0,414
4	3	79	112,2	90,1	26,1	123	32,2	0,43	2,00	138,4	1,459	49	$6^1/_2$	183	2,983	31,25	0,416
5	3	72,7	103,2	48,7	60,5	154	22,0	0,36	1,00	75,0	0,404	49	17,5	135	2,150	22,53	0,300
6	1	65	92,3	44,5	60,5	141	18,2	der Stahl ist nicht angestellt				—	—	76	1,239	12,98	0,173
7	1	70	99,4	12,5	85,7	56	9,3	der Stahl ist nicht angestellt				—	—	90	1,467	15,37	0,204
8	3	68	96,6	12,7	75,4	50	8,3	0,66	5,15	227	1,305	51	13	185	3,015	31,59	0,421
9	3	75,7	107,4	13,3	75,4	52,3	9,5	0,71	5,15	242	1,252	51	13	188	3,064	32,10	0,428
10	3	80,3	114,0	14,0	75,4	54,4	9,7	0,69	5,15	270	1,316	51	13	188	3,064	32,10	0,428
11	3	76,7	108,9	8,3	146,5	63,8	6,2	0,74	1,35	83	0,670	51	17,5	120	1,956	20,49	0,273
12	2	68	96,6	12,5	146,5	95,7	8,8	0,70	1,35	76	0,656	51	17,5	148	2,412	25,27	0,337
13	3	64,3	91,3	7,3	275	105,0	5,0	0,68	1,35	106	0,646	51,5	17,5	130	2,119	22,20	0,296
14	3	70,3	99,8	8,0	275	115,1	5,3	0,67	1,35	113	0,630	51,5	17,5	132	2,151	22,54	0,300
15	3	75	109,5	5,2	279	75,9	3,2	0,62	0,97	61	0,310	51,5	17,5	110	1,793	18,78	0,250
16	3	66,7	94,7	4,6	279	67,1	2,2	0,50	0,99	40	0,235	51,5	17,5	106	1,728	18,10	0,241
17	1	65	92,3	4,8	279	70,0	2,3	der Stahl ist nicht angestellt				—	—	75	1,222	12,81	0,170
18	3	67,7	96,1	18,2	74,8	71,2	12,3	0,68	1,48	113	0,653	75,5	12,0	138	2,249	23,56	0,314
19	3	73,0	106,6	19,2	74,8	74,6	13,0	0,73	1,30	111	0,578	75,5	12,0	128	2,086	21,86	0,291
20	1	76,0	108,0	20,0	74,8	78,3	13,5	der Stahl ist nicht angestellt				—	—	98	1,597	16,73	0,223
21	$2^1/_3$	68,6	97,4	44,8	73,5	172,3	31,7	0,71	0,65	131	0,963	75,5	12,0	130	2,119	22,20	0,296
22	3	86,7	123,1	5,9	275	85,0	4,3	0,73	1,60	102	0,460	58	19,0	115	1,874	19,64	0,262
23	$^2/_3$	78,0	110,8	5,3	275	85,0	4,3	der Stahl ist nicht angestellt				—	—	45	0,733	7,68	0,102.

Die Mittelzahl aus diesen 8 Werthen berechnet sich zu

$$N_0 = 0{,}211 \text{ PS}.$$

Die Nutzarbeit pro 1k stündlich zerspahntes Material hat für die einzelnen Versuche und Versuchsgruppen die in folgender Uebersicht verzeichneten Werthe:

Nr. des Vers.	Spahnquerschnitt f □mm	Arbeitswerth ε pro 1k stündl. zerspahntes Material, PS	Material
3 und 4	0,86	0,0453	Schmiedeeisen trocken rundgedreht
5	0,36	0,0977	
8	3,43	0,0461	Gusseisen trocken rundgedreht
9 und 10	3,61	0,0483	
11—14	0,95	0,0470	
15 und 16	0,55	0,0775	
18 und 19	0,97	0,0355	
21	0,46	0,0355	
21	1,17	0,0962	Gusseisen plangedreht

Die Resultate lassen einen gesetzmässigen Zusammenhang zwischen Spahnquerschnitt und specifischem Arbeitsverbrauch nicht erkennen, was durch den bei dieser Versuchsreihe erfolgten häufigen Wechsel des Drehstahls zu erklären ist; begnügt man sich daher mit Berechnung der Durchschnittswerthe für f und ε, so hat man als Arbeitswerth für ein stündliches Spahnquantum von 1k

für Schmiedeeisen ($f = 0{,}61$ □mm) $\varepsilon = 0{,}072$ PS
für Gusseisen ($f = 1{,}60$ □mm) $\varepsilon = 0{,}055$ „

50. Leitspindeldrehbank TG Nr. 8

von Joh. Zimmermann.

Vergl. Skizze Fig. 2 und 3 Taf. XIII. Mit Rädervorgelege und Zahnradübertragung zwischen Spindel und Leitschraube, eingerichtet zum Schraubenschneiden für Durchmesser von 1/4 bis 6 Zoll engl. nach Whitworth's Scala; auch selbstthätige Stahlschiebung für Plandrehen; gekröpftes Bett.

Von den 4 Läufen der Stufenscheibe konnten bei der (nur provisorischen) Aufstellung der Maschine im Montirungssaal nur 3 benutzt werden, denen die im Folgenden berechneten minutlichen Tourenzahlen der Spindel entsprechen:

$$100 \cdot \frac{95}{202} = 47{,}0 \qquad 47{,}0 \cdot \frac{18}{58} \cdot \frac{25}{59} = 29{,}0$$

$$100 \cdot \frac{140}{174} = 80{,}5 \qquad 80{,}5 \cdot \frac{18}{58} \cdot \frac{25}{59} = 49{,}7$$

$$100 \cdot \frac{185}{134} = 138 \qquad 138 \cdot \frac{18}{58} \cdot \frac{25}{59} = 58{,}3.$$

Die bei den Versuchen benutzte Zuschiebung des Stahls pro Umdrehung der Spindel (für Runddrehen) berechnet sich zu

$$z = \frac{18}{55} \cdot \frac{14}{70} \cdot 6{,}35 = 0{,}416^{\text{mm}}$$

Von den zur Ausführung gelangten 6 Versuchen bezogen sich:

Nr. 2 und 5 auf den Leergang,

Nr. 1 und 3 auf das Abdrehen eines schmiedeeisernen Bolzens mittels Schruppstahl von 58,5° Schneidwinkel und 7° Anstellungswinkel, trocken,

Nr. 4 und 6 auf das Runddrehen einer gusseisernen Scheibe mittels Drehstahl von 58,5° Schneidwinkel und 14° Anstellungswinkel.

Folgen die Versuchsresultate (s. umstehende Tabelle pag. 196).

Die für den Leergang entfallende Betriebsarbeit lässt sich darstellen für Benutzung des Rädervorgeleges durch

(116) $$N_0 = 0{,}08 + 0{,}0012 \cdot u_2$$

für Nichtbenutzung des Rädervorgeleges durch

(117) $$N_0 = 0{,}08 + 0{,}0005 \cdot u_2$$

wonach folgende Werthe von N_0 möglich sind:

Mit Rädervorgelege		Ohne Rädervorgelege	
u_2	N_0	u_2	N_0
29,0	0,115	47,0	0,104
49,7	0,140	80,5	0,120
85,3	0,182	138	0,149

Als durchschnittliche Betriebskraft für den Leergang würde hiernach der Werth

$$N_0 = 0{,}270 \text{ PS}$$

anzusetzen sein.

Als Betrag der Nutzarbeit ε für 1^k stündlich abgedrehtes Material ergiebt sich

für Schmiedeeisen ($f = 0{,}56$ □^{mm}) $\varepsilon = 0{,}101$ PS

für Gusseisen ($f = 0{,}73$ □^{mm}) $\varepsilon = 0{,}0629$ „

51. Leitspindeldrehbank B

von Joh. Zimmermann.

Von dieser Maschine, die in ihrer Einrichtung mit HK (vergl. 49) übereinstimmt, jedoch grössere Dimensionen hat, enthält Tafel XIII in Fig. 4 eine Skizze.

Für die normale Umdrehungszahl der Vorgelegswelle $u_1 = 100$ pro Min. ergeben sich die möglichen Tourenzahlen der Spindel wie folgt:

Ohne Rädervorgelege	Mit Rädervorgelege
$100 \cdot \frac{284}{155} = 183$	$183 \cdot \frac{21}{59} \cdot \frac{17}{50} = 22{,}1$
$100 \cdot \frac{241}{198} = 122$	$122 \cdot \frac{21}{59} \cdot \frac{17}{50} = 14{,}8$
$100 \cdot \frac{198}{241} = 82{,}2$	$82{,}2 \cdot \frac{21}{59} \cdot \frac{17}{50} = 9{,}95$
$100 \cdot \frac{155}{284} = 54{,}6$	$54{,}6 \cdot \frac{21}{59} \cdot \frac{17}{50} = 6{,}61$

II. Leitspindeldrehbank TG.

Nr. des Versuches	Dauer des Versuches	Umdrehungen am Dynamometer	Umdrehungen der Vorgelegswelle u_1	Umdrehungen des Arbeitsstücks u_2	Durchmesser des Arbeitsstücks	Umfangsgeschwindigkeit des Arbeitsstückes	Supportschiebung	Schnittbreite	Schnitthöhe	Gewicht der abgedrehten Spähne überhaupt	Gewicht der abgedrehten Spähne pro Sec. bei normaler Geschwindigkeit	Mittlere Federspannung S	Auf 1m Halbm. der Vorgelegswelle reducirter Widerstand $\Phi = 0{,}0180\,S$	Arbeitsaufwand pro Sec. für normale Geschwindigkeit der Vorgelegswelle ($u_1 = 100$) Met.-Kil. $A = 10{,}5\,\Phi$	Arbeitsaufwand pro Sec. für normale Geschwindigkeit der Vorgelegswelle ($u_1 = 100$) Pferdest. $N = \frac{A}{75}$
	Min.	pro Min.	pro Min.	pro Min.	Millim.	Millim. pro Sec.	Millim. pro Min.	Millim.	Millim.	Gramm	Gramm	Kilogr.	Kilogramm		
1	3	69,5	98,7	81,7	29,7	127,1	97,3	0,46	0,90	81	0,455	(A,a)115,5	2,08	21,89	0,292
2	1	70,5	100,1	83,0	29,7	129,1	98,8	Der Stahl ist abgestellt				48,0	0,86	9,08	0,121
3	2	72,2	102,5	84,0	26,6	117,0	39,0	0,46	1,55	76	0,618	133.0	2,40	25,20	0,336
4	3	69,2	98,3	15,7	71	58,4	8,0	0,51	1,70	84	0,475	93,0	1,68	17,64	0,235
5	1	66	93,7	17,0	71	69,2	8,6	Der Stahl ist abgestellt				46,0	0,83	8,71	0,116
6	3	65,8	93,4	6.0	179,6	56,4	3,0	0,50	1,20	33	0.197	62,0	1.12	11,76	0,157

Zur Bewegung der Supportschrauben sind dreiläufige Stufenscheiben vorhanden, welche für das Runddrehen folgende Zuschiebungen pro Umdrehung des Arbeitsstückes zulassen:

$$z_1 = \frac{111}{303} \cdot \frac{11}{108} \cdot 12{,}7 = 0{,}472^{mm}$$

$$z_2 = \frac{146}{269} \cdot \frac{11}{108} \cdot 12{,}7 = 0{,}700 \,\text{„}$$

$$z_3 = \frac{182}{232} \cdot \frac{11}{108} \cdot 12{,}7 = 1{,}01 \,\text{„}$$

Zu den in folgender Tabelle enthaltenen Ergebnissen der an dieser Drehbank ausgeführten 41 Versuche ist folgendes anzumerken:

Mit Ausnahme der Versuche Nr. 37—40, bei denen ein schräg angeschliffener Rundstahl von 9,4^{mm} Dicke benutzt wurde, verwendete man zu sämmtlichen Versuchen gewöhnliche geschmiedete Schruppstähle mit den im Folgenden verzeichneten Schneid- und Anstellungswinkeln:

Nr. des Vers.	Schneidwinkel Grad	Anstellungswinkel Grad
1 und 2	58	15
3—5	64,5	15
10—27	57	25
28—31	61	10
32 und 33	56	8
37—40	61	15

Bei Vers. Nr. 39 wurde ein Zurückweichen des Rundstahls in der Hülse bemerkt. Die bei Vers. Nr. 15, 27 und 32 erhaltenen Spahnformen zeigen Fig. 11 und 12 Taf. XV und Fig. 8 Taf. XIII. (Siehe nachstehende Tabelle B.)

Mit Hülfe einer graphischen Darstellung ergiebt sich, dass die auf den Leergang dieser Drehbank bezüglichen Arbeitswerthe dargestellt werden können durch die Formeln

(118) $N_0 = 0{,}10 + 0{,}002 \cdot u_2$ PS ohne Rädervorgelege

(119) $N^0 = 0{,}12 + 0{,}006 \cdot u_2$ PS mit Rädervorgelege.

Demnach können für N_0 die folgenden 8 Werthe in Benutzung kommen

Ohne Rädervorgelege		Mit Rädervorgelege	
u_2	N_0	u_2	N_0
183	0,466	22,1	0,253
122	0,344	14,8	0,209
82,2	0,264	9,95	0,180
54,6	0,209	6,61	0,160

Im grossen Durchschnitt ist daher bei dieser Drehbank die Leergangarbeit

$$N_0 = 0{,}261 \text{ PS}$$

zu setzen, wovon ca. $\frac{1}{10}$ auf die Supportbewegung zu rechnen ist.

Die auf den Arbeitsgang bezüglichen Versuche ergeben folgende Mittelwerthe für Spahnquerschnitt und specifischen Arbeitswerth:

III. Leitspindeldrehbank B.

Nr. des Versuches	Dauer des Versuches	Umdrehungen am Dynamometer	Umdrehungen der Vorgelegewelle n_1	Umdrehungen des Arbeitsstücks n_2	Durchmesser des Arbeitsstücks	Umfangsgeschwindigkeit des Arbeitsstücks	Supportschiebung	Schnittbreite	Schnitthöhe	Gewicht der abgedrehten Spähne überhaupt	Gewicht der abgedrehten Spähne pro Sec. bei normaler Geschwindigkeit	Mittlere Federspannung S	Widerstand am Halbm. 1m der Vorgelegewelle $\Phi = \begin{cases} 0{,}0167\,S \\ 0{,}0159\,S \end{cases}$	Arbeitsaufwand für normale Geschwindigkeit ($n_1 = 100$) der Vorgelegewelle Met.-Kil. pro Sec. $A = 10{,}5\,\Phi$	Arbeitsaufwand Pferdest. $N = \frac{A}{75}$	Bemerkungen.
	Min.	pro Min.	pro Min.	pro Min.	Millim.	Millim. pro Sec.	Millim. pro Min.	Millim.	Millim.	Gr.	Gramm	Kilogramm	Kilogramm			
1	3	73,2	103,9	4,4	375	86,4	3,3	0,75	1,5	125	0,668	(B) 125	2,087	21,92	0,292	Gusseiserne Scheibe rundgedreht
2	3	75,5	107,2	4,3	375	84,5	3,0	0,69	1,6	125	0,648	118	1,970	20,69	0,276	
3	3	75,3	106,9	7,3	375	143,4	5,0	0,68	1,6	206	1,07	180	3,006	31,57	0,421	
4	3	67,5	95,8	3,9	374	76,4	2,7	0,68	0,5	47	0,273	80	1,336	14,03	0,187	
5	2	65,2	92,7	3,9	374	76,4	2,7	0,68	0,5	29	0,262	76	1,269	13,33	0,178	
6	1	73	103,7	4,3	374	84,2	3,0	Der Stahl ist abgestellt				40	0,668	7,01	0,094	
7	1	70,5	100,1	4,0	374	78,3	2,8		do.	do.		50	0,835	8,77	0,117	
8	1	68,5	97,3	140	374	2742	98,0		do.	do.	(ohne Support)	130	2,171	22,79	0,304	
9	1	72,5	102,9	148	374	2899	103,6		do.	do.	(mit Support)	145	2,421	25,43	0,339	
10	3	67	95,1	18,3	100,3	96,1	14,2	0,77	2,15	246	1,44	225	3,757	39,46	0,526	Schmiedeeiserne Welle rundgedreht, trocken
11	3	71,7	101,8	8,7	100,3	45,7	6,7	0,77	2,15	106	0,579	120	2,004	21,04	0,280	
12	3	79,7	113,2	14,7	100,3	77,2	11,0	0,75	2,15	160	0,784	150	2,505	26,30	0,350	
13	3	67	95,1	13,0	100,3	68,3	9,3	0,72	2,15	136	0,795	150	2,505	26,30	0,350	Desgl. mit Wasser gekühlt
14	3	64,3	91,3	18,7	100,0	98,0	13,7	0,73	2,15	195	1,19	210	3,507	36,83	0,491	
15	3	82,2	116,7	23,2	100,0	121,5	17,7	0,76	2,0	252	1,20	220	3,674	38,57	0,514	Desgl. mit Seifenwasser und Oel gekühlt
16	3	78,0	110,8	12,0	101,0	63,5	10,3	0,86	1,5	131	0,659	150	2,505	26,30	0,350	
17	3	78,3	111,2	10,3	101,0	54,5	7,7	0,74	1,5	91	0,455	118	3,006	31,56	0,421	

18	3	74,0	105,1	9,7	101,0	51,3	6,7	0,69	1,5	93	0,492	105	1,753	18,41	0,246	Desgl. mit Oel gekühlt
19	3	71,3	101,2	13,3	101,0	70,4	9,7	0,71	1,5	127	0,698	130	2,171	22,79	0,304	
20	3	65,5	93,0	18,7	101,0	98,9	14,0	0,75	1,5	174	1,04	190	3,173	33,31	0,444	
21	1	66	93,7	19,5	101,0	103,2	14,6				—	100	1,670	17,53	0,233	Leergang
22	1	72	102,2	14,0	101,0	74,1	10,5	Stahl ist abgestellt			—	80	1,336	14,03	0,187	
23	1	69	98,0	9,0	101,0	46,6	7,2				—	70	1,169	12,28	0,163	
24	3	74,2	105,4	14,1	101,0	74,6	10,0	0,71	5,6	451	2,37	(*C*) 230	3,668	38,52	0,513	Schmiedeeiserne Welle rundgedreht, mit Wasser gekühlt, starker Spahn
25	3	83,3	118,3	15,0	101,0	79,4	15,7	1,04	5,6	675	3,17	405	6,460	67,83	0,904	
26	3	64,5	91,6	12,3	101,0	65,1	6,0	0,49	5,6	277	1,68	250	3,988	41,87	0,558	
27	3	75,5	107,2	21,7	101,0	114,8	10,7	0,49	5,6	450	2,33	340	5,423	56,94	0,759	
28	3	72,7	103,2	14,3	60,8	45,5	7,0	0,49	1,7	51	0,275	120	1,914	20,09	0,268	
29	3	67,5	95,9	13,0	60,8	41,4	6,7	0,51	1,8	50	0,289	130	2,073	21,77	0,290	Deutscher Puddelstahl, rundgedreht, trocken
30	3	69,7	99,0	13,0	60,8	41,4	9,3	0,72	2,0	80	0,450	170	2,711	28,47	0,379	
31	3	70,7	100,4	13,7	60,8	43,6	10,3	0,76	2,2	100	0,553	170	2,711	28,47	0,379	
32	3	96,7	137,3	12,0	53,7	33,8	6,7	0,56	4,0	105	0,425	150	2,392	25,12	0,334	
33	3	73,3	104,1	8,8	53,7	24,8	4,7	0,53	4,0	80	0,428	140	2,233	23,44	0,312	
34	1	69	98,0	9,75	53,7	27,4	5,6				—	70	1,116	11,72	0,156	
35	1	73	103,7	9,5	53,7	26,7	5,5	Stahl ist abgestellt			—	75	1,196	12,56	0,167	
36	1	71,5	101,5	21	53,7	59,1	11,7				—	120	1,914	20,09	0,268	
37	3	79,3	112,6	14,3	123	92,1	20,0	1,40	2,0	150	0,739	(*B*) 130	2,171	22,79	0,304	Gusseiserne Scheibe plangedreht
38	2	67,0	95,1	13,0	169,5	115,4	16,5	1,27	2,0	115	1,01	145	2,421	25,42	0,339	
39	2	77,5	110,1	14,5	127	96,5	16,0	1,10	2,0	40	0,303	105	1,753	18,41	0,246	
40	2	70,5	100,1	13,0	166,5	113,4	17,5	1,35	1,5	90	0,750	130	2,171	22,79	0,304	
41	1	76,5	108,6	14,8	—	—	20,0	Stahl ist abgestellt			—	60	1,002	10,52	0,140	

Nr. der Vers.	Spahnquerschnitt f □mm	Nutzarbeit für 1st stündl. abgedrehtes Material ε PS	Bemerkungen
1—5	0,793	0,0730	Gusseisen rundgedreht
10—12	1,64	0,0568	Schmiedeeisen, trocken
13—14	1,56	0,0585	Schmiedeeisen mit Wasser
15—16	1,42	0,0667	Desgl. mit Seifenwasser und Oel
18—20	1,08	0,0614	Desgl. mit Oel gekühlt
24—28	3,10	0,0578	Desgl. mit Wasser
29—33	1,72	0,104	Stahl, trocken .
37, 38, 40	2,46	0,0588	Gusseisen plangedreht mittels Rundstahl

Hiernach scheint der Einfluss des beim Schmiedeeisen angewendeten Kühlungsmittels gegen den der Schneidenbeschaffenheit zurückzutreten und jedenfalls die Kühlung mit Wasser für den Kraftverbrauch vortheilhafter zu sein, als die mit Seifenwasser und Oel. Ordnet man diese Ergebnisse in Gruppen nach dem Material und ermittelt für jede Gruppe den Durchschnittswerth, so hat man

für Gusseisen (f = 1,63 □mm) ε = 0,066 PS
„ Schmiedeeisen (f = 1,76 □mm) ε = 0,060 „
„ Stahl (f = 1,72 □mm) ε = 0,104 „

52. Support-Drehbank D

von Joh. Zimmermann.

Von dieser Bank enthält Taf. XIII in den Fig. 5 und 6 eine Skizze, die nur insofern nicht genau ist, als die Mechanismen zur selbstthätigen Supportschiebung für das Plandrehen nicht dargestellt sind. Kann als Repräsentant der mittelgrossen Leitspindelbänke gelten.

Die normale minutliche Tourenzahl des Arbeitsstücks berechnet sich für $n_1 = 60$ wie folgt (vergl. die Skizze des Antriebs Fig. 7 Taf. XIII):

Ohne Rädervorgelege	Mit Rädervorgelege
$60 \cdot \frac{800}{204} = 88{,}2$	$88{,}2 \cdot \frac{21}{60} \cdot \frac{21}{60} = 10{,}8$
$60 \cdot \frac{243}{267} = 54{,}6$	$54{,}6 \cdot \frac{21}{60} \cdot \frac{21}{60} = 6{,}72$
$60 \cdot \frac{183}{328} = 33{,}5$	$33{,}5 \cdot \frac{21}{60} \cdot \frac{21}{60} = 4{,}12$
$60 \cdot \frac{122}{390} = 18{,}8$	$18{,}8 \cdot \frac{21}{60} \cdot \frac{21}{60} = 2{,}31$

Die einer Umdrehung des Arbeitsstücks entsprechende Zuschiebung des Stahls (Schnittbreite) ergiebt sich

beim Runddrehen zu

$$z_1 = \frac{377}{530} \cdot \frac{20}{86} \cdot \frac{1}{40} \cdot \frac{25}{50} \cdot 10 \cdot 22 = 0{,}455^{mm}$$

$$z_2 = \frac{454}{449} \cdot \frac{20}{86} \cdot \frac{1}{40} \cdot \frac{25}{50} \cdot 10 \cdot 22 = 0{,}647 \text{ „}$$

$$z_3 = \frac{528}{366} \cdot \frac{20}{86} \cdot \frac{1}{40} \cdot \frac{25}{50} \cdot 10 \cdot 22 = 0{,}923 \text{ „}$$

beim Plandrehen zu

$$z_4 = \frac{377}{530} \cdot \frac{20}{86} \cdot \frac{1}{11} \cdot 19 = 0{,}361^{mm}$$

$$z_5 = \frac{454}{449} \cdot \frac{20}{86} \cdot \frac{1}{11} \cdot 19 = 0{,}513 \text{ „}$$

$$z_6 = \frac{528}{366} \cdot \frac{20}{86} \cdot \frac{1}{11} \cdot 19 = 0{,}731 \text{ „}$$

Bei Ausführung der folgenden Versuche war an der Planscheibe eine gusseiserne Bremsscheibe von 855 Durchmesser und 104^k Gewicht aufgespannt, die auf der seitlichen Randfläche abgedreht wurde; der hierzu benutzte Drehstahl zeigte einen Schneidwinkel von 69° und einen Anstellungswinkel von 8,5°.

Bei Vers. Nr. 19 wurde dieselbe Scheibe auf der cylindrischen Umfläche geschmirgelt unter Benutzung eines Schmirgelholzes, welches der Arbeiter am einen Ende gegen die Wange stützte und mit voller Kraft der Arme gegen die Scheibe andrückte.

Umstehende Tabelle enthält die gewonnenen Resultate.

Die auf den Leergang der Bank bezüglichen Werthe der letzten Columne lassen sich in folgende zwei Formeln zusammenfassen.

$$(120) \quad \begin{cases} \text{Ohne Rädervorgelege } N_0 = 0{,}022 + 0{,}0035 \,.\, u_2 \text{ PS} \\ \text{Mit Rädervorgelege } N_0 = 0{,}022 + 0{,}0062 \,.\, u_2 \text{ „} \end{cases}$$

Die möglichen Werthe von N_0 sind daher

Ohne Rädervorgelege		Mit Rädervorgelege	
u_2	N_0	u_2	N_0
88,2	0,331	10,8	0,089
54,6	0,213	6,72	0,064
33,5	0,139	4,12	0,048
18,8	0,088	2,31	0,036

Im grossen Durchschnitt beansprucht daher diese Bank eine Leergangsarbeit von

$$N_0 = 0{,}126 \text{ PS},$$

wovon auf die Vorgelegswelle kommt:

$$N_0' = 0{,}022 \text{ PS}.$$

Zu diesen vergleichsweise niedrigen Werthen ist anzumerken, dass diese Bank seit ca. 10 Jahren in stetem Gebrauch sich befindet, daher vollständig eingelaufen ist; auch wurde die für die Supportschiebung aufzuwendende Arbeit nicht eingerechnet. Ueber die Grösse derselben geben die Versuche Nr. 18 und 20 Aufschluss; bei Nr. 18 war nur die Spindel nebst Arbeitsstück in Bewegung ($u_2 = 88{,}2$), bei Nr. 20 ausserdem der Support mit der grössten möglichen Geschwindigkeit von $\frac{88{,}2}{60} \cdot 0{,}923 = 1{,}36^{mm}$; es fand sich nun der Arbeitsverbrauch bei

Nr. 18 zu $30{,}86^{mk}$

„ 20 „ $37{,}26^{mk}$, daher auf die Supportschiebung

entfällt der Betrag

$37{,}26 - 30{,}86 = 6{,}40^{mk}$, d. h. 20,7 % der für die

Nr. des Versuches	Dauer d. Versuches	Umdrehungen am Dynamometer u	Umdrehungen der Vorgelegewelle $u_1 = 1{,}08\,u$	Umdrehungen des Arbeitsstückes u_2	Durchmesser des Arbeitsstückes	Geschwindigkeit am Arbeitspunkt	Supportschiebung	Spahnbreite	Spahndicke	Gewicht der abgedrehten Spähne überhaupt	Gewicht der abgedrehten Spähne pro Sec. bei normaler Geschwind.	Mittlere Federspannung in Kilogr. S	Widerstand am Halbm. 1m der Vorgelegewelle $\Phi = \begin{cases} 0{,}0221\,S \\ 0{,}0216\,S \end{cases}$	Arbeitsverbrauch für $u_1 = 60$ Sec.-Met.-Kilogr. $A = 6{,}29\,\Phi$	Arbeitsverbrauch für $u_1 = 60$ Pferdestärken $N = \frac{A}{75}$
	Min.	pro Min.	pro Min.	pro Min.	Millim.	Millim. pro Sec.	Millim. pro Min.	Millim.	Millim.	Gramm	Gramm				
1	3	55,4	59,8	2	852	90,6	1,17	0,59	2,7	175	0,978	(C,b) 195	4,310	27,11	0,361
2	3	52,6	56,8	2,17	844	97,4	1,50	0,69	2,7	185	1,09	185	4,089	25,72	0,343
3	3	54,0	58,3	2,23	836	99,2	1,17	0,53	2,7	183,5	1,05	189	4,177	26,27	0,350
4	1	58,2	62,9	2,5	—	—	—	Stahl abgestellt			0,616	24	0,530	3,33	0,044
5	3	56,3	60,8	2,33	828	102,6	1,00	0,43	2,7	112	0,656	132	2,917	18,35	0,245
6	3	51,5	55,6	2,17	822	94,8	0,92	0,42	2,7	109,5	0,480	138	3,050	19,18	0,256
7	3	53,1	57,3	2,25	818	97,9	0,58	0,26	2,7	82,5	0,468	120	2,652	16,68	0,222
8	3	52,2	56,4	2,25	815	97,7	0,50	0,22	2,7	82,5	0,783	116	2,564	16,13	0,215
9	3	53,5	57,8	4	809	172,2	1,33	0,33	2,7	135,5	1,13	185	4,089	25,72	0,343
10	3	58,0	62,6	4,33	799	184,2	2,00	0,46	2,0	212,5	1,38	218	4,818	30,31	0,404
11	3	51,5	55,6	3,83	786	160,1	2,33	0,61	2,0	230	—	253	5,591	35,17	0,469
12	1	54	58,3	4	—	—	—				—	27	0,597	3,76	0,050
13	1	54	58,3	6,5	—	—	—				—	34	0,751	4,72	0,063
14	1	54,1	58,4	10,5	—	—	—				—	48	1,061	6,67	0,089
15	1	55,8	60,3	19,8	—	—	—				—	41	0,906	5,70	0,076
16	1	58,3	63,0	35	—	—	—	Stahl abgestellt			—	68	1,503	9,45	0,126
17	1	56,6	61,1	55	—	—	—				—	115	2,542	15,99	0,213
18	1	50,8	54,9	79,5	—	—	—				—	222	4,906	30,86	0,411
19	1	52,5	56,7	64	855	2862	—				—	(D,b) 710	15,336	96,46	1,286
20	1	54,3	58,6	84	—	—	—				—	(C,b) 268	5,923	37,26	0,497
21	1	54	58,3	85	—	—	—				—	235	5,194	32,67	0,436

Spindel erforderlichen Betriebskraft. Der auf den Support selbst reducirte Bewegungswiderstand desselben berechnet sich sonach zu

$$\frac{6,10}{0,00136} = 4710^k.$$

In diesem Betrag ist eingeschlossen der Reibungswiderstand
des Supports auf dem Bett,
der Supportschraube in der Mutter (Ganghöhe 19),
eines Schraubenradtriebs (1 : 11),
eines Stirnräderpaares (20 : 86)
einer Riemenübersetzung (528 : 366).

Der durchschnittliche Verbrauch an Nutzarbeit pro 1^k stündlich zerspahntes Gusseisen berechnet sich

bei $f = 1,15$ $\square^m$ mittlerem Spahnquerschnitt zu $\varepsilon = 0,0893$ PS.

Aus Vers. Nr. 19 ergiebt sich der Arbeitsverbrauch beim Schmirgeln des gusseisernen Arbeitsstücks

$$A = 96,46 - 30,86 = 65,6^{mk},$$

woraus wegen der normalen Umfangsgeschwindigkeit

$$V = \frac{88,2 \cdot 0,855 \cdot \pi}{60} = 3,95^m$$

der auf den Umfang des Arbeitsstücks reducirte Widerstand zu

$$Q = \frac{65,6}{3,95} = 16,6^k$$

sich berechnet. Kennt man daher die Umfangsgeschwindigkeit V eines Arbeitsstücks von Gusseisen, das mittels Schmirgel durch einen Arbeiter geschlichtet wird, so kann man bis auf weiteres die totale Betriebsarbeit der Drehbank auch nach folgender Formel berechnen:

(121) $$N = N_0 + 0,22 \cdot V \text{ PS.}$$

53. Plan- und Spitzendrehbank ZF

von Joh. Zimmermann.

Von dieser Bank enthält die Tafel XIV in den Figuren 1 und 2 eine Skizze in $\frac{1}{25}$ der wirklichen Grösse. Dreifaches Rädervorgelege, Planscheibe mit innerem Zahnkranz, breites niedriges Bett mit hohem Reitstock. Zuschiebung des Supports mittels dreiläufigem Stufenscheibenpaar, Schraubenradübersetzung und festliegender Zahnstange für Runddrehen, Supportschraube für Plandrehen.

Für $n_1 = 50$ normale Tourenzahl der Vorgelegswelle pro Min. ergeben sich folgende minutliche Umdrehungszahlen der Planscheibe

Mit einer Radübersetzung	Mit drei Radübersetzungen
$50 \cdot \frac{570}{312} \cdot \frac{14}{110} = 11,6$	$11,6 \cdot \frac{24}{30} \cdot \frac{18}{38} = 4,40$
$50 \cdot \frac{486}{402} \cdot \frac{14}{110} = 7,70$	$7,70 \cdot \frac{24}{30} \cdot \frac{18}{38} = 2,92$

$50 \cdot \frac{402}{486} \cdot \frac{14}{110} = 5{,}26$ $\qquad 5{,}26 \cdot \frac{24}{30} \cdot \frac{18}{38} = 1{,}99$

$50 \cdot \frac{312}{570} \cdot \frac{14}{110} = 3{,}48$ $\qquad 3{,}48 \cdot \frac{24}{30} \cdot \frac{18}{88} = 1{,}32$

Die Supportschiebung wurde nur direct beobachtet. Bei den Versuchen war eine grosse gusseiserne Scheibe aufgespannt von 2,57^m Durchmesser und 333 Breite, welche am Umfang abgedreht wurde; Schneidwinkel des Stahls 66°, Anstellungswinkel 12,5°; die Schneide steht 14^{mm} unter der Spindelaxe. Während der auf den Arbeitsgang bezüglichen Versuche Nr. 1—6 und der ersten zwei auf den Leergang bezüglichen Nr. 7 und 8 ist zwischen Spindel und Reitnagel eine Stahlstange eingespannt, welche eine theilweise Entlastung des vorderen Spindellagers bewirken soll; diese wird vor Versuch 9 weggenommen; von Nr. 14 an ist das äussre Rädervorgelege ausgerückt; bei allen Leergangversuchen mit Ausnahme von Nr, 18 läuft der Supportschiebungsapparat für Runddrehen mit. Versuch Nr. 4 ist wegen starken Gleitens der Riemen unsicher.

Folgen die Ergebnisse der Versuche (siehe nachstehende Tabelle).

Die auf den Leergang bezüglichen Versuchsergebnisse führen zu den Ausdrücken

(122) $\quad N_0 = 0{,}05 + 0{,}053 \cdot u_2$ für die einfache Radübersetzung

(123) $\quad N_0 = 0{,}05 + 0{,}10 \cdot u_2$ für die dreifache Radübersetzung.

Es können daher die folgenden 8 Werthe für die Leergangsarbeit in Betracht kommen:

Mit einfachem		Mit dreifachem Rädervorgelege	
u_2	N_0	u_2	N_0
11,6	0,665	4,40	0,490
7,70	0,458	2,92	0,342
5,26	0,329	1,99	0,249
3,48	0,234	1,32	0,182

Als Durchschnittswerth für den Leergang wird hiernach für diese Bank die Zahl

$$N_0 = 0{,}369 \text{ PS}$$

anzusetzen sein. Hiervon ist ca. $\frac{1}{20}$ auf die Bewegung des Supports zu rechnen.

Die auf den Arbeitsgang bezüglichen Versuche (mit Ausschliessung von Nr. 4) ergeben als Mittelwerth für den Arbeitsverbrauch pro 1^k stündlich abgedrehtes Gusseisen

bei $f = 3{,}02$ □^{mm} Spahnquerschnitt $\varepsilon = 0{,}0606$ PS.

54. Planscheibendrehbank WF

von Joh. Zimmermann.

Repräsentant einer mittelgrossen Plandrehbank, vergl. Fig. 3 und 4 der Taf. XIV; der Antrieb der Spindel, welcher 12 verschiedene Geschwindigkeiten zulässt, ist in Fig. 5 skizzirt; nach den hier eingeschriebenen Scheibengrössen und Zähnezahlen sind für normale Geschwindigkeit der Vorgelegswelle ($u_1 = 75$) die folgenden minutlichen Tourenzahlen der Planscheibe möglich

Nr. des Versuches	Dauer d. Versuches	Umdrehungen			Umfangsgeschwindigkeit des Arbeitsstückes	Supportschiebung	Schnittbreite	Schnitthöhe	Gewicht der abgedrehten Spähne		Mittlere Federspannung S	Widerstand am Halbm. 1m der Vorgelegswelle $\Phi = \begin{cases} 0{,}0361\,S \\ 0{,}0378\,S \end{cases}$	Arbeitsverbrauch für $n_1 = 50$	
		am Dynamometer	der Vorgelegswelle	des Arbeitsstückes					überhaupt	pro Sec. bei normaler Geschwind.			Sec.-Met.-Kil. $A = 5{,}24\,\Phi$	Pferdest. $N = \frac{A}{75}$
	Min.	pro Min.	pro Min.	pro Min.	Millim. pro Sec.	Millim. pro Min.	Millim.	Millim.	Gramm	Gramm	Kilogr.			
1	3	69	43,3	0,50	67,3	0,60	1,2	2,1	159,5	1,02	(C,a) 159	5,74	30,1	0,401
2	3,83	79,3	49,7	0,52	70,0	0,71	1,36	2,1	276,5	1,21	(B,a) 174	6,58	34,5	0,460
3	3,75	80,8	50,7	0,53	71,3	0,93	1,75	2,1	272,5	1,19	171	6,46	33,9	0,452
4	3,60	84,4	52,9	0,56	75,4	0,33	0,59	2,1	265	1,16	155	5,86	30,7	0,401
5	4	76	47,7	0,50	67,3	0,70	1,40	2,1	354,5	1,56	205	7,75	40,6	0,541
6	4,03	75,4	47,3	0,49	66,0	0,74	1,51	2,1	349,5	1,54	196	7,41	38,8	0,519
7	1,98	76,4	47,9	0,56	—	—				—	73	2,76	14,5	0,192
8	1,98	75,8	47,5	0,56	—	—				—	71	2,68	14,1	0,189
9	2,12	71,2	44,6	0,47	—	—				—	58	2,19	11,5	0,153
10	1,42	69,7	43,7	0,70	—	—				—	66	2,50	13,1	0,174
11	1,08	63,0	39,5	0,93	—	—				—	90	3,40	17,8	0,238
12	0,63	73,1	45,8	1,59	—	—				—	142	5,37	28,1	0,378
13	1,25	73,6	46,1	1,60	—	—		Stahl abgestellt		—	140	5,29	27,7	0,370
14	1	77	48,3	3,33	—	—				—	84	3,18	16,6	0,222
15	1	71	44,5	4,67	—	—				—	118	4,46	23,4	0,312
16	1	74	46,4	7,17	—	—				—	176	6,65	34,9	0,465
17	1	75	47,0	10,83	—	—				—	278	10,51	55,1	0,734
18	1	73	45,8	10,67	—	—				—	264	9,98	52,3	0,697
19	1	67	42,0	10,83	—	—				—	268	10,13	53,1	0,708
20	1	67	42,0	10,67	—	—				—	273	10,32	54,1	0,721

Ohne Rädervorgelege	Mit zweifacher Radübersetzung: Aeussre Verzahnungen	Mit zweifacher Radübersetzung: Aeussre und innere Verzahnung
$75 \cdot \frac{580}{310} = 140$	$140 \cdot \frac{20}{64} \cdot \frac{15}{60} = 10{,}9$	$140 \cdot \frac{60}{15} \cdot \frac{13}{82} = 88{,}8$
$75 \cdot \frac{490}{400} = 91{,}9$	$91{,}9 \cdot \frac{20}{64} \cdot \frac{15}{60} = 7{,}19$	$91{,}9 \cdot \frac{60}{15} \cdot \frac{13}{82} = 58{,}3$
$75 \cdot \frac{400}{490} = 61{,}0$	$61{,}0 \cdot \frac{20}{64} \cdot \frac{15}{60} = 4{,}77$	$61{,}0 \cdot \frac{60}{15} \cdot \frac{13}{82} = 38{,}7$
$75 \cdot \frac{310}{580} = 40{,}1$	$40{,}1 \cdot \frac{20}{64} \cdot \frac{15}{60} = 3{,}14$	$40{,}1 \cdot \frac{60}{15} \cdot \frac{13}{82} = 25{,}4$

Bei den Versuchen war ein gusseisernes Stirnrad von $0{,}5^m$ Durchmesser und 260^k Gewicht aufgespannt, dessen Kranz auf der Seitenfläche bei Vers. Nr. 1 und 2 zum ersten Mal, bei Nr. 5—14 zum zweiten Mal plangedreht wird; der hierzu angewendete Schruppstahl hat einen Zuschärfungswinkel von 62° und einen Anstellungswinkel von 11,5°. Die Versuche Nr. 3, 4, 15—24 beziehen sich auf den Leergang.

Die folgenden Beobachtungsdaten wurden erhalten (s. nachstehende Tabelle).

Die auf den Leergang bezüglichen Resultate lassen sich in folgende drei Formeln zusammenfassen:

a) Für den Fall, dass keine Radübersetzung benutzt wird,

(124) $$u_1 = 0{,}25 + 0{,}0041 \cdot u_2$$

b) Für zweifache Radübersetzung mit äussern und innern Verzahnungen

(125) $$u_2 = 0{,}25 + 0{,}0152 \cdot u_2$$

c) Für zweifache Radübersetzung mit äussern Verzahnungen

(126) $$u_2 = 0{,}25 + 0{,}0479 \cdot u_2.$$

Hiernach wird die Leergangsarbeit jeden der folgenden 12 Werthe annehmen können:

a: u_2	a: N_0	b: u_2	b: N_0	c: u_2	c: N_0
140	0,824	88,8	1,60	10,9	0,772
91,9	0,627	58,3	1,14	7,19	0,594
61,0	0,500	38,7	0,838	4,77	0,478
40,1	0,414	25,4	0,636	3,14	0,400

Im grossen Durchschnitt ist für die Leergangsarbeit somit anzusetzen

$$N_0 = 0{,}735 \text{ PS}.$$

Rücksichtlich der Zerspahnungsarbeit, bezogen auf das stündlich abgedrehte Materialgewicht, sind folgende Werthe aus den Versuchen abzuleiten

Nr. der Vers.	Spahnquerschnitt f □mm	Arbeitsverbrauch ε für 1^k stündlich abgedrehtes Gusseisen PS
1 und 2 (Gusshaut)	12,4	0,0709
5—9	4,95	0,0735
10—14	6,44	0,0637.

Daher im Durchschnitt für

$$f = 7{,}93 \;\square^{mm} \qquad \varepsilon = 0{,}0694 \text{ PS}.$$

Nr. des Versuches	Dauer d. Versuches	Umdrehungen am Dynamometer	Umdrehungen der Vorgelegswelle	Umdrehungen des Arbeitsstückes	Mittlerer Durchmesser des abgedrehten Rings am Arbeitsstücke	Geschwindigkeit am Arbeitspunkt	Supportschiebung	Schnittbreite	Schnitthöhe	Gewicht der abgedrehten Spähne überhaupt	Gewicht der abgedrehten Spähne pro Sec. bei normaler Geschwdk.	Mittlere Federspannung S	Auf 1m Halbmesser der Vorgelegsw. reducirter Widerstand Φ Kilogramm $\Phi = 0{,}0225\,S$	Arbeitsaufwand p. Sec. bei normal. Geschwdk. der Vorgelegswelle ($n_1 = 75$) Met.-Kil. $A = 7{,}86\,\Phi$	Pferdest. $N = \frac{A}{75}$
	Min.	p. Min.	p. Min.	p. Min.	Millim.	Millim. pro Sec.	Millim. pro Min.	Millim.	Millim.	Gramm	Gramm	Kilogr.			
1	3	77,3	81,9	3,56	402	74,5	4,2	1,17	12,0	455	2,32	(C,b) 400	9,000	70,74	0,943
2	3	67,3	71,3	3,33	381	66,6	3,0	0,90	12,0	345	2,02	390	8,775	68,97	0,919
3	1	87	92,2	4,50	—	—	—	Der Stahl ist abgestellt			—	150	3,375	26,53	0,354
4	1	74	78,4	3,75	—	—	—				—	170	3,825	30,06	0,401
5	3	70	74,2	3,56	442	82,3	3,7	1,03	5,0	430	2,41	390	8,775	68,97	0,919
6	3	63	66,8	3,11	421	68,5	3,0	0,97	5,0	350	2,19	400	9,000	70,74	0,943
7	3	63	66,8	3,11	402	65,4	3,0	0,97	5,0	320	2,00	400	9,000	70,74	0,943
8	3	63,3	67,1	3,17	383	63,5	3,0	0,95	5,0	292,5	1,81	370	8,325	65,43	0,872
9	4	69,5	73,7	3,44	359	64,7	3,5	1,02	5,0	467,5	1,98	410	9,225	72,51	0,967
10	3	78	82,7	2,25	448	48,0	1,33	0,59	10,0	370	1,86	370	8,325	65,43	0,872
11	4	73,5	77,9	2,08	436	47,5	1,50	0,72	10,0	520	2,09	370	8,325	65,43	0,872
12	4	68,3	72,4	1,94	425	43,2	1,25	0,64	10,0	457,5	1,97	380	8,550	67,20	0,896
13	4	68,0	72,1	1,92	415	41,7	1,25	0,65	10,0	497,5	2,16	370	8,325	65,43	0,872
14	4	67,8	71,9	1,92	405	40,7	1,18	0,62	10,0	470	2,04	350	7,875	61,90	0,825
15	1	70	74,2	2,13	—	—	—				—	170	3,825	30,06	0,401
16	1	72	76,3	9,33	—	—	—				—	325	7,313	57,48	0,766
17	1	68	72,1	8,67	—	—	—				—	330	7,425	58,36	0,778
18	1	68	72,1	5,50	—	—	—				—	235	5,288	41,56	0,554
19	1	68	72,1	5,88	—	—	—				—	235	5,288	41,56	0,554
20	1	64	67,8	1,19	—	—	—	Der Stahl ist abgestellt			—	165	3,713	29,18	0,389
21	1	67	71,0	1,22	—	—	—				—	160	3,600	28,30	0,377
22	1	65	68,9	24,0	—	—	—				—	265	5,963	46,87	0,624
23	1	65	68,9	24,0	—	—	—				—	275	6,188	48,64	0,648
24	1	62	65,7	100,0	—	—	—				—	350	7,875	61,90	0,825

55. Räderdrehbank A Nr. 4

von Rich. Hartmann.

Die Gesammtanordnung dieser zum Abdrehen der Eisenbahnwagenräder bestimmten Bank ist aus Fig. 6 Taf. XIV zu ersehen; Fig. 7 ist eine Skizze des Spindelantriebs.

Die Maschine war unmittelbar vor Ausführung der Versuche vollendet und montirt worden, daher noch gar nicht „eingelaufen"; auch konnte sie nicht mittels der ihr zugehörigen Vorgelegswelle betrieben werden, welche mit dreiläufiger Stufenscheibe versehen ist; sie erhielt vielmehr, wie Skizze Fig. 7 zeigt, von einer einzigen breiten Riemenscheibe A einer andern im Montirungssaal vorhandenen Welle B ihre Bewegung. Während daher die Versuche mit den folgenden minutlichen Tourenzahlen der Planscheiben ausgeführt wurden:

13,3	10,6	8,86
1,20	0,95	0,80,

ergeben sich die beabsichtigten Geschwindigkeiten derselben in folgender Grösse:

Zwei Radübersetzungen	Vier Radübersetzungen
$75 \cdot \frac{600}{400} \cdot \frac{40}{80} \cdot \frac{27}{82} = 18{,}6$	$18{,}6 \cdot \frac{18}{60} \cdot \frac{18}{60} = 1{,}67$
$75 \cdot \frac{500}{500} \cdot \frac{40}{80} \cdot \frac{27}{82} = 12{,}4$	$12{,}4 \cdot \frac{18}{60} \cdot \frac{18}{60} = 1{,}12$
$75 \cdot \frac{400}{600} \cdot \frac{40}{80} \cdot \frac{27}{82} = 8{,}25$	$8{,}25 \cdot \frac{18}{60} \cdot \frac{18}{60} = 0{,}743.$

Die Bank war noch nicht so weit fertig, dass sie im Arbeitsgang hätte untersucht werden können; es wurden daher nur über den Leergang eine grössere Anzahl (28) Versuche ausgeführt, deren Detail, da es kein weiteres Interesse bietet, hier mitzutheilen unterlassen wird. Die Ergebnisse derselben lassen sich in die Formel

(127) $$N_0 = 0{,}10 + 0{,}18 \cdot n_2 \text{ PS}$$

zusammenfassen, daher die im Folgenden verzeichneten Werthe der Leergangsarbeit möglich sind:

$n_2 =$	18,6	12,4	8,25	1,67	1,12	0,743 Umdr.
$N_0 =$	3,45	2,33	1,58	0,401	0,302	0,234 PS.

Als Durchschnittswerth dieser Zahlen ergiebt sich

$$N_0 = 1{,}383 \text{ PS.}$$

Hierzu kommt als Betrag der für die beiden Supports vorhandenen Kettenschaltwerke noch ein Zuschlag von 1,22 %.

56. Holzdrehbank

bei Rich. Hartmann.

Die Anordnung dieser zum Abdrehen grosser Modellstücken gebrauchten Drehbank ergiebt sich aus Fig. 8 Taf. XIV. Die Zuschiebung des Stahls, der in einen Kreuzsupport eingespannt ist, geschieht von Hand durch Drehung einer Kurbel. Die minutlichen Tourenzahlen der Planscheibe für normale Geschwindigkeit ergeben sich wie folgt:

$$160 \cdot \frac{363}{121} = 480$$

$$160 \cdot \frac{300}{200} = 240$$

$$160 \cdot \frac{200}{281} = 113$$

$$160 \cdot \frac{121}{440} = 44.$$

Während der Versuche war eine Fichtenholzscheibe von 1^m Durchmesser und 45 Dicke aufgespannt, an welcher mittels eines Spitzstahls von 32° Zuschärfungs- und 20° Anstellungswinkel zuerst plan-, dann rundgedreht wurde. Nachstehende Tabelle enthält die Versuchsresultate.

Für den Leergang ist hiernach

$$N_0 = 0{,}05 + 0{,}0023 \cdot n_2 \tag{128}$$

zu setzen, d. h. für

$n_2 =$ 480	240	113	44	Umdr. pro Min.
$N_0 =$ 1,15	0,602	0,310	0,151	PS.

Mittelwerth hieraus

$$N_0 = 0{,}553 \text{ PS.}$$

Der Verbrauch an Nutzarbeit zur Zerspahnung von stündlich 1 Kb^m Fichtenholz ergiebt sich im Durchschnitt

beim Plandrehen ($f = 0{,}122 \square^{mm}$) zu $\varepsilon = 14{,}5$ PS
beim Runddrehen ($f = 1{,}63 \square^{mm}$) zu $\varepsilon = 6{,}76$ PS.

57. Copirdrehbank FL

von Joh. Zimmermann.

Die Anordnung dieser Maschine, welche der von Thomas Robinson & Sons in Rochdale bei Manchester nachconstruirt ist, ergiebt sich aus den Fig. 4 und 5 Taf. XV. Es ist eine zweispindlige Drehbank, in welcher bei $s_1 s_1$ das eiserne Modell eines Axthelms, Hammerstiels, einer Radspeiche oder eines Stiefelleistens, bei $s_2 s_2$ ein Arbeitsstück eingespannt wird; beide Spindeln erhalten von der Welle B aus gleichschnelle (entgegengesetzte) Drehungen.

Auf einer Prismenführung des Betts bewegt sich, durch eine Schraube S getrieben, der Support T, dessen Schieber U bei V eine glattrandige Scheibe, bei W das Werkzeug trägt; letzteres ist ein 4schneidiger Fräskopf, dessen Form aus Fig. 6, dessen Antrieb aus Fig. 8 sich ergiebt. Eine Blattfeder F drückt V gegen das rotirende Modell, sodass eine dem Querschnitt desselben entsprechende Verschiebung des Schiebers U resultirt. Bei den Versuchen wurde aus Eschenholz der in Fig. 7 in $\frac{1}{10}$ dargestellte Axthelm gedreht; derselbe

Nr. des Versuches	Dauer d. Versuches Min.	Umdrehungen pro Min. am Dynamometer n	der Vorgelegswelle $n_1 = 0,872$	der Planscheibe (beob.)	Arbeit der Maschine	Mittlerer Durchmesser des abgedrehten Ringes Millim.	Geschwindigkeit am Arbeitspunkt Meter pro Sec.	Schnittbreite Millim.	Schnitthöhe Millim.	Federspannung in Kilogr. S	Widerstand am Halbm. 1m der Vorgelegswelle $\Phi = 0,0263\ S$	Arbeitsaufwand für $n_1 = 160$ Umdrehungen pro. Min. Met.-Kil. pro Sec. $A = 16,75\ \Phi$	Pferdest. $N = \frac{A}{75}$
1	1/2	184	160,4	240	Leergang	—	—	—	—	(B,b) 109	2,867	48,022	0,641
2	1/2	180	157,0	240		114	1,43	0,70	0,2	115	3,025	50,669	0,676
3	1/2	184	160,4	230		195	2,35	0,67	0,2	120	3,156	52,863	0,705
4	1/2	188	163,9	232	Die ebene Seitenfläche einer Fichtenholzscheibe abgedreht; Stahl im Support eingespannt	272	3,29	0,67	0,2	150	3,945	66,079	0,881
5	1/2	182	158,7	228		345	4,10	0,61	0,2	87	2,288	38,324	0,511
6	1/2	182	158,7	234		579	7,09	0,43	0,2	110	2,893	48,458	0,646
7	1/2	186	162,2	230		897	10,8	0,29	0,2	120	3,156	52,863	0,705
8	1/2	184	160,4	228		958	11,4	0,74	0,25	120	3,156	52,863	0,705
9	5/12	190	165,7	235	Dieselbe Holzscheibe am Umfang abgedreht	997	12,2	0,46	1,67	170	4,471	74,889	0,999
10	7/12	182	158,7	240		994	12,5	0,78	3,58	150	3,945	66,079	0,881
11	1/2	188	163,9	116	Leergang	—	—	—	—	50	1,315	22,026	0,294

wog vor der Bearbeitung 1,4^k, im fertigen Zustand 0,525^k und erforderte zur Vollendung eine Zeit von 20 Min.

Die minutliche Tourenzahl des Arbeitsstücks und Modells hat für normalen Gang der Vorgelegswelle (n_1 = 190) einen der folgenden drei Werthe:

$$190 \cdot \frac{495}{192} \cdot \frac{77,3}{519} \cdot \frac{275}{228} \cdot \frac{20}{40} = 38,9$$
$$190 \cdot \frac{495}{192} \cdot \frac{77,3}{519} \cdot \frac{127}{278} \cdot \frac{20}{40} = 23,2$$
$$190 \cdot \frac{495}{192} \cdot \frac{77,3}{519} \cdot \frac{78,3}{408} \cdot \frac{20}{40} = 5,98.$$

Das Werkzeug macht

$$190 \cdot \frac{495}{192} \cdot \frac{358}{77} = 2280 \text{ Umdr. pro Min.},$$

was bei 160 Durchmesser eine Schnittgeschwindigkeit von 19,1^m ergiebt.

Bei Versuch Nr. 1 wurde die Vorgelegswelle allein getrieben, Nr. 2—8 bezogen sich auf den Arbeitsgang, Nr. 9 und 10 auf den Leergang der Maschine, und zwar Nr. 9 einschliesslich, Nr. 10 ausschliesslich des Zuschiebungsapparats.

Folgen die Ergebnisse der Versuche (s. umstehende Tabelle).

Bezeichnet man mit n_2 die minutliche Umdrehungszahl der beiden Spindeln, so lässt sich die Betriebsarbeit des Leergangs durch die Formel

$$N_0 = 0,12 + 0,0085 \cdot n_2 \text{ PS} \tag{129}$$

darstellen, daher für

$$n_2 = 38,9 \quad 23,2 \quad 5,98 \text{ Umdr.}$$
$$N_0 = 0,45 \quad 0,30 \quad 0,17 \text{ PS}$$

zu setzen ist, und als Durchschnittswerth

$$N_0 = 0,31 \text{ PS}.$$

Der mittlere Verbrauch an Nutzarbeit ergiebt sich pro 1^k Eschenholz stündlich zu

$$\varepsilon' = 0,10 \text{ PS}$$

oder, die Dichte des Eschenholzes zu 0,70 gerechnet, für stündlich 1 Kb^m

$$\varepsilon = 70 \text{ PS}.$$

Hiernach ist die totale Betriebsarbeit der Maschine nach einer der Formeln

$$N = N_0 + 0,10 \cdot G \tag{130}$$
$$N = N_0 + 70 \cdot V \tag{131}$$

zu berechnen.

58. Schraubenschneidmaschine KI

von Joh. Zimmermann.

Diese Schraubenschneidmaschine, von welcher Fig. 9 und 10 auf Taf. XV die äussere Anordnung zeigt, ist eine Erfindung von William Sellers und Coleman

Nr. des Versuches	Dauer des Versuches	Umdrehungen pro Min.				Fortrückung des Schneidkopfes	Mittlere Federspannung in Kil.	Widerstand am Halbm. 1m der Vorgelegswelle	Arbeitsaufwand bei $u_1 = 190$ Umdrehungen der Vorgelegswelle	
		am Dynamometer	der Vorgelegswelle	des Schneidkopfes	des Arbeitsstückes				in Met.-Kilogr. pro Sec.	in Pferdest.
	Min.	u	$u_1 = 0,853\,u$	$u_2 = 12\,u_1$		m/m p. Sec.	S	$\Phi = 0,0224\,S$	$A = 19,9\,\Phi$	$N = \frac{A}{75}$
1	½	228	194	Die Vorgelegswelle allein			(A,b) 19,5	0,437	8,70	0,117
2	1	215	183	2196	5	0,5	61,5	1,38	27,5	0,37
3	1	220	188	2256	5	0,5	79,5	1,78	35,4	0,47
4	1	220	188	2256	20	1,0	87	1,95	38,8	0,52
5	1	217	185	2220	18	1,0	84,5	1,89	37,6	0,50
6	1	221	189	2268	5,5	0,5	77,5	1,74	34,6	0,46
7	1	220	188	2256	4,5	0,5	74	1,66	33.03	0,44
8	1	220	188	2256	27	1,6	91	2,04	40,6	0,54
9	1	218	186	2232	28	—	75	1,68	33,4	0,45
10	1	220	188	2256	29	—	60,25	1,35	26,	0,36

Sellers in Philadelphia*), hervorgegangen aus der älteren bekannten Schraubenschneidmaschine derselben Fabrik, welche seit der Londoner Ausstellung von 1862**) sich in zahlreiche Werkstätten eingeführt hat. Dieselbe gestattet die Vollendung scharfgängiger Gewinde bei einmaliger Passirung des Werkzeugs, sowie die Oeffnung der Kluppe während des Ganges und ohne Aenderung der Drehungsrichtung der Antriebwelle. Die drei Schneidbacken (für Muttergewinde die drei Festhaltungsklauen des Gewindebohrers) sind in eine im Innern des Schneidkopfs S Fig. 9 befindliche Scheibe (die box) radial verschiebbar eingesetzt und erhalten mit dieser durch das Räderpaar $\frac{20}{115}$ die rotirende Bewegung; ihre radiale Schiebung wird durch drei spiralig gestaltete Rippen (scroll cams) vermittelt, welche an dem Deckel des Schneidkopfs (cam box) S sitzen; derselbe hat mit den Schneidbacken identische Drehbewegung, so lange eine mit steilem Schraubengewinde versehene Hülse (sleeve) H, die mit Nut und Feder auf die hohle Welle des Rads 115 aufgeschoben ist und ihr Gegengewinde im Schneidkopf findet, eine feste Stellung hat; sobald man durch Bewegung des Handgriffs G aber die Stellung von H ändert, so tritt eine radiale Verschiebung der Schneidbacken ein, weil alsdann die Rotation der Cam box gegen die der Die box beschleunigt oder verzögert wird. Die Aufgabe, die Schneidbacken ohne Unterbrechung des Ganges der Maschine zum Angriff zu bringen oder zurückzuziehen, ist hierdurch in constructiv elegantester Weise gelöst.

Nach den auf der Zeichnung der Maschine eingeschriebenen Dimensionen und Zähnezahlen ergeben sich für $n_1 = 170$ die folgenden minutlichen Tourenzahlen des Schneidkopfs

$$170 \cdot \frac{365}{211} \cdot \frac{20}{115} = 51{,}2$$
$$170 \cdot \frac{289}{289} \cdot \frac{20}{115} = 29{,}6$$
$$170 \cdot \frac{211}{365} \cdot \frac{20}{115} = 17{,}1.$$

Die Benutzung dieser Werthe geschieht in der Art, dass die Schnittgeschwindigkeit nicht grösser als 28^{mm} ausfällt.

Die Ergebnisse der zur Ausführung gebrachten 22 Versuche sind in folgender Uebersicht enthalten (s. nachstehende Tabelle).

Es wird hiernach die Leergangsarbeit darzustellen sein durch die Formel

$$N_0 = 0{,}08 + 0{,}0022 \,.\, n_2 \text{ PS}, \tag{132}$$

wonach für

$$n_2 = 51{,}2 \quad 29{,}6 \quad 17{,}1 \text{ Umdr.}$$
$$N_0 = 0{,}193 \quad 0{,}145 \quad 0{,}118 \text{ PS}$$

und im Durchschnitt

$$N_0 = 0{,}152 \text{ PS}$$

zu setzen ist.

Nimmt man an, dass der Verbrauch an Nutzarbeit der stündlich fertig geschnittenen Schrauben- oder Mutterlänge L^m und der dritten Potenz des

*) Engl. Patentspecification Nr. 1919 A. D. 1865. — Oesterr. officieller Ausstellungsbericht 1867, 2. Band, S. 225.

**) Amtlicher Bericht, IX. Heft, 7. Cl. S. 275; Mittheilungen des Gewerbvereins für das Königreich Hannover 1862, S. 227. Dingler, polytechnisches Journal Bd. 167, S. 9.

Nr. des Versuches	Dauer d. Versuches Min.	Umdrehungen pro Min. am Dynamometer	der Vorgelegewelle	des Schneidkopfes	Bezeichnung der ausgeführten Arbeit	Federspannung S Kilogr.	Widerstand Φ am Halbm. 1 m der Vorgelegewelle Kilogramm $\Phi = \begin{cases} 0{,}0175\,S \\ 0{,}0182\,S \end{cases}$	Arbeitsaufwand bei normaler Geschwindigkeit ($n_1 = 170$) Kilogr.-Met. $A = 17{,}8\,\Phi$	Pferdest $N = \frac{A}{75}$
1	0,75	122(?)	—	—	Schmiedeeiserne Mutter mit scharfg. $^3/_8$" Whitw.-Gewinde von 14,8 $^m/_m$ Länge fertig geschnitten	(B,b) 50	0,875	15,58	0,208
2	0,95	117,4	153,8	45,1	do. do.	50	0,875	15,58	0,208
3	0,97	115,4	151,2	47,4	do. do.	50	0,875	15,58	0,208
4	1	122	159,8	50,7	Leergang der Maschine	45	0,788	14,03	0,187
5	1	115	150,7	16,3	do. do.	25	0,438	7,80	0,104
6	2,75	110,2	144,4	15,6	Schmiedeeiserne Mutter mit scharfg. Gewinde von $^3/_8$" Whitw. bei 14,8 $^m/_m$ Länge geschnitten	25	0,438	7,80	0,104
7	1,13	103,1	135,1	40,7	Schmiedeeiserne Mutter von 34 $^m/_m$ Höhe mit $1^1/_4$" Whitw.-Gewinde versehen	(C,b) 260	4,732	84,23	1,123
8	0,90	127,8	167,4	50	do. do.	290	5,278	93,95	1,253
9	0,80	143,8	188,4	53,8	do. do.	310	5,642	100,43	1,339
10	2,57	128,0	167,7	17,9	do. do.	120	2,184	38,88	0,518
11	2,92	108,2	141,7	15,1	do. do.	125	2,275	40,50	0,540
12	2,88	114,2	149,6	16,2	do. do.	125	2,275	40,50	0,540
13	1,32	143,2	187,6	34,3	do. do.	160	2,912	51,83	0,691
14	1,33	156,4	204,9	36,6	do. do.	190	3,458	61,55	0,821
15	1,30	148,8	194,9	35,2	do. do.	200	3,640	64,79	0,864
16	1	153,5	201,1	36,3	Leergang der Maschine	40	0,728	12,96	0,173
17	1,27	148,8	194,9	35,2	Schmiedeeiserner Bolzen von 19 $^m/_m$ auf 110 $^m/_m$ Länge mit $^3/_4$" scharfg. Gewinde versehen	90	1,638	29,16	0,389
18	1,25	152,8	199,2	36,8	do. do.	90	1,638	29,16	0,389
19	0,75	146,7	192,2	58,7	do. do.	130	2,366	42,11	0,562
20	0,70	144,3	189,0	56,7	do. do.	130	2,366	42,11	0,562
21	2,18	127,1	166,5	17,9	do. do.	60	1,092	19,44	0,259
22	2,45	122,9	161,0	17,2	do. do.	70	1,274	22,68	0,302

(äussern) Gewindedurchmessers d^{mm} proportional gesetzt werden kann, legt man also die Formel

$$N - N_0 = \alpha \,.\, d^3 \,.\, L \text{ PS}$$

zu Grunde, so ergeben sich für α die folgenden aus den einzelnen Versuchsgruppen hergeleiteten Werthe, giltig für Schmiedeeisen:

Nr. des Vers.	Gewindedurchmesser d^{mm}	Stündlich geschnittene Länge (für $n_1 = 170$) L^m	Verbrauch an Nutzarbeit $(N-N_0)$ PS	Coefficient $\alpha = \frac{N-N_0}{d^3\, L}$
1—3	9,52	1,18	0,021	0,00002056
7—9	31,8	2,16	1,05	1513
10—12	31,8	0,731	0,329	1400
13—15	31,8	1,55	0,619	1242
17—18	19,0	5,24	0,216	0601
19—20	19,0	9,10	0,375	0601
21—22	19,0	2,85	0,177	0906

Die ersten 4 Werthe beziehen sich auf Gewinde an Schraubenspindeln (Mittelwerth $\alpha = 0{,}0000155$), die letzten 3 auf Muttergewinde (Mittelwerth $\alpha = 0{,}0000073$), daher bis auf Weiteres die totale Betriebsarbeit dieser Maschine zu berechnen sein wird

für schmiedeeiserne Schrauben**spindeln** nach

$$N = N_0 + \frac{15{,}5 \,.\, L \,.\, d^3}{10^6} \text{ PS}, \tag{133}$$

für schmiedeeiserne Schrauben**muttern** nach

$$N = N_0 + \frac{7{,}3 \,.\, L \,.\, d^3}{10^6} \text{ PS}. \tag{134}$$

Will man den zwischen erhabenen und vertieften Gewinden hiernach sich ergebenden Unterschied (der in dem verschieden leichten Abfliessen der Spähne seinen Grund haben wird) ausser Acht lassen, so hat man die Betriebsarbeit nach der Formel

$$N = N_0 + \frac{12 \,.\, L \,.\, d^3}{10^6} \text{ PS} \tag{135}$$

zu berechnen.

Beispiel. $N_0 = 0{,}193$ PS, $d = 32^{mm}$, $L = 2^m$ ergiebt

$$N = 0{,}193 + \frac{12 \,.\, 2 \,.\, 32^3}{10^6} = 0{,}193 + 0{,}786 = 0{,}979 \text{ PS}.$$

Schlussbemerkungen, die Betriebsarbeit der Drehbänke betreffend.

Die **Leergangsarbeit** der Drehbänke ist in ihrem Betrage abhängig von

der Umlaufsgeschwindigkeit der Spindel,

den Dimensionen der beweglichen Stücke (besonders der Spindelzapfen),

der Zahl der zwischen Antriebwelle und Spindel enthaltenen Zahnradübersetzungen.

Aus den hier vorliegenden Versuchen lassen sich die folgenden für den praktischen Gebrauch berechneten Formeln ableiten, in denen die vorstehenden Momente nach Möglichkeit berücksichtigt sind.

	Zahl der Radübersetzungen zwischen Antriebwelle und Spindel	Leergangsarbeit in Pferdestärken für leichte Ausführung	mittlere Ausführung	schwere Ausführung
(136)	0	$0{,}05 + 0{,}0005 \cdot u_2$	$0{,}10 + 0{,}0023 \cdot u_2$	$0{,}25 + 0{,}0041 \cdot u_2$
	2	$0{,}05 + 0{,}0012 \cdot u_2$	$0{,}10 + 0{,}015 \cdot u_2$	$0{,}25 + 0{,}053 \cdot u_2$
	3 oder 4	$0{,}05 + 0{,}05 \cdot u_2$	$0{,}13 + 0{,}11 \cdot u_2$	$0{,}25 + 0{,}18 \cdot u_2$

Hierbei ist die meist geringe Betriebsarbeit für die Supportbewegung eingerechnet.

Die auf Zerspahnung des Materials verwendete Arbeit N_1 (Nutzarbeit) lässt sich auch bei den Drehbänken durch die Formeln

(137) $$N_1 = \varepsilon \cdot G \text{ PS für Metalle,}$$

(138) $$N_1 = \varepsilon \cdot V \text{ PS für Holz}$$

in praktisch empfehlenswerther Art darstellen, worin G das stündlich zerspahnte Gewicht in Kilogr., V das stündlich zerspahnte Volumen in Kb^{m} bezeichnet. Der Coefficient ε ergiebt sich für alle Materialien kleiner als bei den Hobelmaschinen, was zumeist dem Umstand zuzuschreiben sein wird, dass beim Abdrehen die Spähne leichter vom Stahl wegzuführen sind, als beim Abhobeln. Die für das graue Gusseisen bei den Hobelmaschinen erkannte Beziehung zwischen Spahnquerschnitt f und Arbeitswerth ε tritt bei den hier gewonnenen Resultaten nicht deutlich zu Tage, wie folgendes Verzeichniss der Mittelwerthe ergiebt:

$f =$	0,73	1,15	1,60	1,63	3,02	4,95	6,44 □^{mm}
$\varepsilon =$	0,0629	0,0893	0,055	0,0660	0,0606	0,0735	0,0637 PS.

Es kann daher für die bei den Drehbänken eingehaltenen (engeren) Grenzen des Spahnquerschnitts der Mittelwerth für Gusseisen

$\varepsilon = 0{,}069$ PS (entsprechend einem mittleren Spahnquerschnitt $f = 2{,}80$ □^{mm}) in Gebrauch genommen werden.

Die bei den Hobelmaschinen hergeleitete Formel (53)

$$\varepsilon = 0{,}034 + \frac{0{,}13}{f}$$

ergiebt für

$$f = 2{,}80 \qquad \varepsilon = 0{,}080 \text{ PS},$$

also 16 % mehr.

Hiernächst ergeben sich als Mittelwerthe für

Schmiedeeisen	($f = 1$ □^{mm})	$\varepsilon = 0{,}072$ PS	pro 1^{k} stündl.
Stahl	($f = 1{,}72$ □^{mm})	$\varepsilon = 0{,}104$ „	pro 1^{k} stündl.
Holz	($f = 0{,}88$ □^{mm})	$\varepsilon = 10$ PS pro 1 Kb^{m} stündl.	

Wie schon bei den Hobelmaschinen wurde auch bei den Drehbänken gefunden, dass die Werthe der Schneidwinkel und Anstellungswinkel des Werkzeugs, deren Wahl ganz den betreffenden Arbeitern überlassen wurde, sich merklich von denjenigen durch Jössel*) ermittelten entfernen, bei welchen die Zerspahnungsarbeit ein Minimum wird; diese sind z. B. für Gusseisen 51° und 4°, während hier gefunden wurde bei

*) Polyt. Centralbl. 1868, S. 383.

Vers.-Reihe Nr.	Schneidwinkel	Anstellungswinkel
49	51,5	17,5
	75,5	12,0
	58,0	19,0
50	58,5	14,0
51	58,0	15,0
	64,5	15,0
	61,0	15,0
52	69,0	8,5
53	66,0	12,5
54	62,0	11,5

Durchschnittlich war also beim Abdrehen des Gusseisens angewendet worden ein

Schneidwinkel von 62,4°
Anstellungswinkel von 14,0°.

Es ist ersichtlich, dass der Dreher sich weniger von dem Streben nach geringem Verbrauch von Betriebsarbeit als von dem nach möglichster Haltbarkeit der Werkzeugsschneide bei Vorrichtung des Stahls leiten lässt.

Die Geschwindigkeit am Arbeitspunkt (Schnittgeschwindigkeit) hatte im Durchschnitt aus denjenigen Versuchen, welche dem Maximum der Leistung entsprachen, folgende Werthe:

Gusseisen $V = 103$ (67,3 bis 160)
Schmiedeeisen $V = 106$ (79,4 bis 123)
Stahl $V = 38,4$ (24,8 bis 45,5)
Holz $V = 12300$ (1430 bis 12500).

Beim Schneiden schmiedeeiserner Schrauben mittels der Kluppe war die mittlere Schnittgeschwindigkeit

$$V = 28.$$

Der Wirkungsgrad der Drehbänke für Metalle bewegt sich für Maximalleistung in den Grenzen 0,563 und 0,843 und beträgt durchschnittlich

$$\mu = 0,674.$$

Daher würde der bei Hart's Näherungsrechnung*) eingeführte Coefficient

$$m = \frac{1}{\mu} - 1 = 0,48$$

sich ergeben und das a. a. O. gegebene Beispiel in folgender modificirten Art zu rechnen sein:

Schmiedeeisernes Arbeitsstück; $\beta = 10$, $\delta = 0,5$, $V = 80$, daher stündliches Spahngewicht $G = \frac{10 \cdot 0,5 \cdot 80}{1000} \cdot 7,5 \cdot 3,6 = 10,8^k$, ergiebt
Zerspahnungsarbeit $N_1 = \varepsilon \cdot G = 0,072 \cdot 10,8 = 0,78$ PS und
Totale Betriebsarbeit $N = (1 + m) N_1 = 1,48 \cdot 0,78 = 1,15$ PS (statt 0,72).

*) Hart, Werkzeugmaschinen, 2. Aufl., S. 60.

II. Spezial-Werkzeugmaschinen.

59. Muttermaschine WD

von Joh. Zimmermann.

Diese Maschine*) verwandelt Sechskanteisen in gebohrte und gehörig façonnirte Muttern; die Figuren 1 und 2 Taf. XVI zeigen die Anordnung derselben; das Sechskanteisen wird durch die hohle Spindel S eingeführt und in dem Kopf K derselben centrisch befestigt und so von der Antriebwelle A aus in Rotation versetzt; auf dem Bett B der Maschine sind zwei Supports S_1 und S_2 angeordnet, beide automatisch sich verschiebend, der eine in der Richtung der Drehaxe, der andre normal zu derselben; jener enthält den Bohrer B (Fig. 3 und 4), dieser den Drehstahl D, welcher die Endflächen der Mutter (vergl. Fig. 5) vollendet und das Abstechen derselben von dem Sechskanteisen besorgt. Fig. 6 zeigt den Antrieb der Maschine. Nach den hier eingeschriebenen Maassen und Zähnezahlen ergeben sich für $u_1 = 130$ die minutlichen Tourenzahlen der Spindel und des Arbeitsstücks wie folgt:

$$130 \cdot \frac{353}{188} \cdot \frac{23}{70} = 80{,}2$$

$$130 \cdot \frac{298}{242} \cdot \frac{23}{70} = 52{,}6$$

$$130 \cdot \frac{242}{298} \cdot \frac{23}{70} = 34{,}7$$

$$130 \cdot \frac{188}{353} \cdot \frac{23}{70} = 22{,}7$$

Die einer Umdrehung des Arbeitsstücks entsprechende Zuschiebung beträgt

beim Bohren $z_1 = \frac{145}{250} \cdot \frac{14}{90} \cdot \frac{15}{70} \cdot \frac{35}{70} \cdot 5{,}10 = 0{,}0492^{mm}$

beim Abstechen $z_2 = \frac{145}{250} \cdot \frac{14}{90} \cdot \frac{15}{70} \cdot \frac{13}{31} \cdot 4{,}23 = 0{,}0344^{mm}$

Die hergestellten Schraubenmuttern sind von tadelloser Beschaffenheit, die bearbeiteten Flächen erfordern keinerlei Nacharbeit.

Von den zur Ausführung gelangten Versuchen bezogen sich Nr. 3 und 4 auf den Arbeitsgang und zwar wurde bei jedem derselben eine Mutter von der in Fig. 5 Taf. XVI in voller Grösse dargestellten Form (47 Schlüsselweite, 22 Lochweite) vollendet. Der erste Leergangversuch Nr. 1 ist unsicher, da die Maschine vorher lange Zeit in Stillstand gewesen war. Die Diagramme waren von grosser Regelmässigkeit.

Folgt die Uebersicht der Beobachtungsdaten:

---

*) Ausführliche Beschreibung mit Abbildungen bei Kronauer, Zeichnungen von Maschinen, Werkzeugen und Apparaten, IV. Band, S. 17, Taf. 11.

Nr. des Versuches	Dauer des Versuches Min.	Umdrehungen pro Min. am Dynamometer n	der Vorgelegewelle $n_1 = 1,41\, n$	des Arbeitsstückes (beob.)	Arbeit der Maschine	Federspannung in Kilogr. S	Widerstand am Halbm. 1m der Vorgelegswelle $\Phi = 0,016\, S$	Arbeitsaufwand für $n_2 = 130$ Umdrehungen: Met. Kilogr. pro Sec. $A = 13,6\, \Phi$	Pferdest. $N = \frac{A}{75}$
1	1	94	132,54	68	Leergang der Spindel	(C.a) 155	2,480	33,728	0,450
2	1	93	131,13	67	Desgl.	102	1,632	22.195	0,296
3	8	94	132,54	68	Arbeitsgang	195	3,120	42,432	0,566
4	7⅙	93,8	132,26	67	Desgl.	181	2,896	39,386	0,525
5	1	94	132,54	69	Leerg. d. ganzen Maschine	98	1,568	21.325	0,284

Es ist hiernach die Betriebsarbeit zu setzen für

den Leergang $N_0 = 0,29$ PS

den Arbeitsgang $N = 0,55$ „

Aus den Dimensionen des Arbeitsstücks und der Werkzeuge ergiebt sich das pro Mutter

	Volumen	Gewicht	
abzubohrende	9106 Kb^{mm}	68,3^g	Summa 160,7^g
abzudrehende	12323 „	92,4^g	

In einer Stunde werden 8 Stück der bezeichneten Muttern fertig, daher

stündlich zerspahntes Gewicht $G = 1,286^k$,

woraus der auf 1^k stündlich zerspahntes Schmiedeeisen entfallende Arbeitswerth

$$\varepsilon = \frac{N - N_0}{G} = \frac{0,26}{1,286} = 0,202 \text{ PS}$$

sich berechnet. Man wird daher aus dem beobachteten Spahngewicht G pro Stunde die für diese Maschine erforderliche Betriebsarbeit nach der Formel

(139) $$N = N_0 + 0,202 \cdot G \text{ PS}$$

zu berechnen haben. Für die Leergangsarbeit kann der Ausdruck

(140 $$N_0 = 0,09 + 0,0025 \cdot n_2 \text{ PS}$$

benutzt werden.

60. Stationäre hydraulische Presse TJ

von Joh. Zimmermann.

Dieselbe dient zum Auf- und Abziehen der Lokomotiv- und Wagenräder, ist daher ein unentbehrliches Hülfsmittel in allen Reparaturwerkstätten der Eisenbahnen. Die Figuren 7 und 8 Taf. XVI zeigen diese Maschine in der für Handbetrieb bestimmten Anordnung. Bei dem zu den Versuchen benutzten Exemplar fehlte der Handhebel H und es erfolgte die Bewegung der Pumpe mittels Excenter und Stange von einer Antriebwelle A aus, die in der Skizze punktirt angegeben ist. Die Fig. 7 zeigt ebenfalls punktirt das Arrangement beim Aufziehen eines Rads auf die Axe; dieselbe wird hierbei von einer fahrbaren Schraubenwinde W unterstützt; das aufzuziehende Rad wird durch eines der schmiedeeisernen Querstücken Q an jeder Verschiebung verhindert; diese Querstücken hängen an einer Kette in Rollen, so dass sie leicht gehoben oder gesenkt werden können und sich gegenseitig ausbalanciren.

Das zu den Versuchen benutzte Exemplar war völlig neu und noch nicht in recht gangfähigem Zustand; es passirte nach einigen Experimenten, dass das Pumpenexcenter in seinem Ring sich festfrass und erwiesen sich die Ventile der Pumpe so undicht, dass anfangs gar keine Drucksteigerung hinter dem Presskolben eintreten wollte; dieselben wurden daher im Lauf der Untersuchung neu eingeschmirgelt; gleichwohl ergab sich die Verschiebung des unbelasteten Presskolbens nur zu 42% der aus den Dimensionen der Pumpe und des Presskolbens zu berechnenden und bei Benutzung des stärkeren Pumpenkolbens wollte eine Erhöhung des Wasserdrucks nicht gelingen.

Nach Verwerfung mehrer misslungenen Versuche blieben die im Folgenden verzeichneten zur Beurtheilung des Arbeitsverbrauches übrig.

Nr. 1 und 7 Leergang des kleinen Pumpenkolbens (der Presskolben wird unbelastet vorwärts geschoben).

Nr. 4 Leergang des grossen Pumpenkolbens (der Presskolben wird mit $v = 1{,}2^{mm}$ Geschwindigkeit hinaus geschoben, ohne merkliche Druckerhöhung).

Nr. 2 und 3 Rückgang des Presskolbens, durch das Spiel des stärkeren Pumpenkolbens hervorgebracht, welcher das Druckwasser vor den Presskolben (auf dessen ringförmige Vorderfläche) drückt.

Nr. 5 und 6 Arbeitsgang des kleinen Pumpenkolbens; die Verschiebung des Presskolbens wird durch einen vorgelegten Eisensteg verhindert, so dass eine allmälige Drucksteigerung zu Stande kommt, die an einem Manometer von Schäfer und Budenberg beobachtet wird; die Notirung des Wasserdrucks geschah in Intervallen von 15 Secunden und führte zu folgenden Reihen:

Nr. 5 : P = 0 0 5 40 70 100 129 156 189 211 231 240 245 250 250 Atm.

Nr. 6 : P = 0 0 5 33 60 92 125 160 190 220 230 230 240 Atm.

Die übrigen Beobachtungsergebnisse sind in folgender Uebersicht enthalten.

Nr. des Versuchs	1	2	3	4	5	6	7
Dauer desselben in Minuten	1	0,5	0,75	1	3,5	3	1
Umdrehung pro Min. am Dyn. u =	128	134	136	134	135	133	132
Pumpenstösse pro Minute u_1 =	95	100	98,7	97	98,6	99,3	95
Federspannung in Kil. S = (D,a)	45	110	(C,a) 97	74	48	46	34
Widerstand am Halbm. 1ᵐ der Antriebwelle $\Phi = \begin{cases} 0{,}024 \,.\, S \text{ für } D,a \\ 0{,}0313 \,.\, S \text{ für } C,a \end{cases}$	1,08	2,64	3,04	2,32	1,50	1,44	1,06
Arbeitsverbrauch für $u_1 = 100$: in Sec.-Met.-Kil. $A = 10{,}5 \,.\, \Phi$	11,34	27,72	31,88	24,32	15,77	15,12	11,17
Arbeitsverbrauch für $u_1 = 100$: in Pferdestärken $N = \frac{A}{75}$	0,151	0,37	0,425	0,324	0,21	0,20	0,15

Hiernach kann die Betriebsarbeit angenommen werden zu

N_0 = 0,15 PS beim Leergang des schwachen Kolbens,

N_0 = 0,32 PS „ „ „ starken „

N' = 0,40 PS beim Rückgang des Presskolbens unter Benutzung des stärkeren Pumpenkolbens.

N = 0,21 PS beim Arbeitsgang des kleineren Pumpenkolbens unter Erzeugung eines Drucks von P = 250 Atm. hinter dem Presskolben.

Wäre die Maschine in besserem Stande gewesen und hätte man den Presskolben unter bekanntem Widerstande eine grössere Weglänge vorschieben können, so würde sich Gelegenheit geboten haben, die Richtigkeit der von Bornemann*) aus den Hick'schen Versuchen**) hergeleiteten Formel über den Reibungswiderstand der als Kolbendichtung verwendeten Ledermanschette zu prüfen, welche lautet:

$$R = d\,(1{,}99 + 0{,}03236 \,.\, P) \text{ Kilogr.} \tag{141}$$

Hierin bedeutet d den Kolbendurchmesser in Zentimetern, P den Wasserdruck in Atmosphären, R den Reibungswiderstand in Kilogr. Da im vorliegenden Fall $d = 25{,}8^{cm}$, so ist für unsre Presse

$$R = 51{,}3 + 0{,}836 \,.\, P. \tag{142}$$

Der constante Theil dieses Ausdrucks ist in den durch die Versuche ermittelten Werthen N_0 enthalten; der zweite Theil macht nur 0,16 % des Netto-Widerstandes aus. Wird daher beobachtet, dass der Presskolben sich bei einem Wasserdruck von P Atm. mit der Geschwindigkeit v^{mm} vorwärts schiebt, so kann der totale Arbeitsverbrauch dieser Presse nach der Formel

$$N = N_0 + 0{,}007 \,.\, P \,.\, v \text{ PS} \tag{143}$$

berechnet werden.

Beispiel. N_0 = 0,32 PS, P = 250 Atm., $v = 2{,}86^{mm}$

ergiebt als Maximalwerth für die Betriebsarbeit dieser Presse

$$N = 0{,}32 + 0{,}007 \,.\, 250 \,.\, 2{,}86 = 0{,}32 + 5{,}01 = 5{,}33 \text{ PS.***)}$$

---

*) Protokolle des Sächs. Ingenieur- und Architekten-Vereins, 76. Hauptvers., S. 66.

**) The Engineer, Vol. XXI, Nr. 554 (1866).

***) Herr Ingenieur Eugen Bielitz, der den Verf. bei den vorliegenden Versuchsreihen unterstützte, hat später in seiner amtlichen Stellung bei der österreichischen Südbahn mit einer ähnlichen Presse specielle Versuche über das Aufziehen von Rädern mit gusseisernen Naben auf schmiedeeiserne Achsen angestellt, insbesondere um zu ermitteln, welchen Widerstand das Aufpressen verursachen muss, wenn die Räder in einem für den Fahrdienst der Eisenbahnen genügenden Maasse festsitzen sollen. Die Radnaben waren bei 185 Länge und 130 Durchmesser genau cylindrisch ausgedreht, und es ergab sich aus 6 verschiedenen Versuchsreihen, dass der beim Aufziehen zu überwindende Widerstand ziemlich gut durch die Formel

$$y = 25000 + 32000 \left(\frac{x}{l}\right)^3 \text{ Kil.}$$

61. Grosse Blechbiegmaschine Nr. 1

von Rich. Hartmann.

Die Anordnung dieser zum Biegen der grössten Dampfkesselbleche bestimmten Maschine ergiebt sich aus Fig. 9 und 10 Tafel XVI; in Fig. 11 ist der Antriebsmechanismus besonders skizzirt; Fig. 12 und 13 zeigt die Stellung der drei Biegwalzen am Ende des 13. und 14. Versuchs. Die obere Walze, die zur Einbringung des Arbeitsstückes abgehoben werden kann, ist vertical verstellbar vermittels des Handrads H; die Drehungsrichtung der Unterwalzen kann gewechselt werden mittels des in Fig. 9 und 11 ersichtlichen Fünfscheibenapparates mit offnem und gekreuztem Riemen, und es geschieht die Biegung der Blechtafeln schrittweise durch 3 bis 17 mal wiederholten Wechsel der Drehungsrichtung und gleichzeitige Zustellung der Oberwalze, ohne dass hierbei das Arbeitsstück die Walzen ganz verlässt.

Mit Beziehung auf Fig. 11 ist für $n_1 = 60$ Umdrehungen der Vorgelegswelle pro Min. die minutliche Tourenzahl der Biegwalzen

$$n_2 = 65 \cdot \frac{620}{620} \cdot \frac{17}{60} \cdot \frac{16}{66} \cdot \frac{13}{16} = 0{,}826$$

entsprechend einer Umfangsgeschwindigkeit von

$$v = \frac{0{,}826}{60} \cdot 330 \cdot \pi = 14{,}3^{mm}.$$

Die zur Ausführung gebrachten Versuche beziehen sich ausschliesslich auf das Biegen von Schmiedeeisen in kaltem und in rothglühendem Zustand. Folgende Uebersicht der Resultate wird ohne weitere Erklärung verständlich sein (siehe nebenstehende Tabelle).

Die Diagramme zeigten starke und unregelmässige Schwankungen, was insbesondere durch die Unregelmässigkeit der Zustellungen zu erklären ist; die Senkung der Oberwalze erfolgte nach der 1., 2., 3. Passage um die in folgender Uebersicht verzeichneten Werthe (Millimeter):

dargestellt werden kann, worin l die totale Länge des Nabensitzes und x den Betrag der bereits zurückgelegten Radschiebung bedeutet; der fragliche Widerstand steigt also von 25000[k] anfangs langsam, zuletzt sehr rasch auf 57000[k] an. Das zum Aufpressen eines solchen Rades aufzuwendende Arbeitsquantum berechnet sich sonach zu

$$A = 0{,}185 \left(25000 + \frac{32000}{4}\right) = 6105^{mk}.$$

Wenn daher pro Stunde 6 Radsterne aufgeschoben werden, so ergiebt sich der Verbrauch an Nutzarbeit zu

$$N_1 = \frac{6 \cdot 6105}{3600 \cdot 75} = 0{,}136 \text{ PS},$$

wonach der totale Arbeitsverbrauch einer solchen Presse beim Aufziehen von Rädern höchstens auf

$$N = 0{,}32 + 0{,}14 = 0{,}46 \text{ PS}$$

steigt.

Nr. des Versuches	Dauer d. Versuches Min.	Umdrehungen pro Min. am Dynamometer n	der Vorgelegswelle $n_1=0,59\,n$	der Biegwalzen $n_2=0,0127\,n_1$	Bezeichnung der Arbeitsweise der Maschine	Zahl der Passagen	Mittlere Federspannung in Kilogr. S	Widerstand am Halbmesser 1m der Vorgelegswelle $\Phi=0,0395\,S$	Arbeitsaufwand für $n_1=65$ Umdrehungen der Vorgelegswelle: Met.-Kilogr. pro Sec. $A=6,80\,\Phi$	Pferdest. $N=\frac{A}{75}$
1	1	109	64,31	0,817	Leergang	—	(D,b) 160	6,320	42,976	0,573
2	4	107	63,13	0,802	Eisenblech von 2m Länge, 1,37m Breite, 9mm Dicke zu einem Kesselsturz von 600 und 620mm lichter Weite zusammengebogen (kalt)	$9\frac{1}{3}$	550	21,725	147,730	1,969
3	2	120	70,80	0,900	Eisenblech von 1,64m Länge, 1,125m Breite, 4mm Dicke wird zu einem Rohr von 515 und 530mm Weite zusammengebogen (kalt)	9	227	8,967	60,976	0,813
4	4	118,8	70,09	0,890	Wie bei Nr. 2	11	575	22,713	154,449	2,059
5	3	122	71,98	0,914	Desgl.	12	526	20,777	141,284	1,884
6	7	125,3	73,93	0,939	Desgl. (ganz fertig gebogen)	17	480	18,960	128,928	1,719
7	1	120	70,80	0,900	Leergang	—	145	5,727	38,944	0,519
8	5	117,6	69,38	0,881	Wie bei Nr. 2	11	515	20,342	138,326	1,844
9	1	110	64,90	0,824	Leergang mit 6 Umsteurungen	—	240	9,480	64,464	0,859
10	2,5	107,2	63,25	0,803	Wie bei Nr. 3	6	297	11,732	79,778	1,063
11	1,5	106,7	62,95	0,800	Desgl.	4	215	8,493	57,752	0,770
12	3	108,3	63,90	0,812	Desgl. (ganz fertig gebogen)	5	233	9,203	62,580	0,834
13	8	99,6	58,76	0,746	Eisenblech von 2,685m Länge, 1,38m Breite, $13\frac{1}{2}$mm Dicke zu einem Halbcylinder zusammengeb. (rothwarm)	10	771	30,454	207,087	2,761
14	2,5	100,8	59,47	0,755	Ein Quadrateisenstab von 1,9m Länge, 32,7mm Dicke zu einem Ring v. 575mm lichtem Durchmesser kalt gebogen	3	390	15,405	104,754	1,393

Nr. des Vers.	4	5	6	8	10	11	12	13	14
	5,0	5,0	9,3	5,7	16,2	13,0	9,5	17,0	7,0
	3,0	3,0	3,4	13,0	6,0	7,0	8,5	1,5	3,0
	4,0	1,3	3,3	3,0	5,0	6,0	7,0	0,8	3,0
	2,5	5,2	3,1	3,0	2,0	0	3,0	2,5	
	3,5	3,5	2,4	3,0	5,0		0	2,0	
	3,5	3,0	3,4	3,3	0			1,0	
	3,0	1,0	2,8	2,9	0			1,4	
	0,5	2,5	4,0	3,6				2,3	
	4	0	0	0				0,4	
	0	2,0	2,0	0				0	
	0	1,0	0	0					
		0	1,5						
			0						
			1,0						
			0						
			0,7						
			0,6						

Mit Rücksicht auf die Zeitdauer der einzelnen Versuche lässt sich für jede der entsprechenden Biegoperationen der totale Verbrauch von Nutzarbeit A^{mk} leicht berechnen. Wäre die Biegung eine völlig elastische, so würde die Arbeitsgrösse A durch die Formel

(144) $$A = \frac{E}{72} \cdot \frac{h^2}{\varrho^2} \cdot V$$

darzustellen sein, worin

E den Elasticitätsmodul des Schmiedeeisens
h die Blechdicke
ϱ den Krümmungshalbmesser des fertig gebogenen Stücks
V das Volumen desselben

bedeutet*).

Die Einführung der Beobachtungsresultate ergiebt aber, dass jene Formel für die hier erzeugten bleibenden und sehr starken Biegungen nicht anwendbar ist, denn es ergeben sich für den Coefficienten $\frac{E}{72}$ $\left(\text{statt } \frac{2000}{72} = 27{,}8^{k}\right)$ bei kaltem Schmiedeeisen

bei $h =$ 4 9 $32{,}7^{mm}$

die Werthe $\frac{E}{72} =$ 79,4 51,8 $16{,}3^{k}$.

Weit besseren Anschluss an die gefundenen Resultate lässt die empirische Formel

$$A = \alpha \cdot \frac{h}{\varrho} \cdot V$$

---

*) Es ist nämlich, wenn S die Spannung der äussersten Faser bezeichnet, für den in der Mitte belasteten, an den Enden frei aufliegenden, im Querschnitt rechteckigen Stab

$$A = \frac{1}{18} \cdot \frac{S^2}{E} \cdot V$$

und, wegen $\varrho = \frac{E \cdot h}{2 \cdot S}$, $S = \frac{E \cdot h}{2\,\varrho}$, daher $A = \frac{E}{72} \cdot \frac{h^2}{\varrho^2} \cdot V$.

erreichen, wie die folgende Uebersicht der betreffenden Mittelwerthe zeigt:

Nr. d. Versuche	Breite	Dicke	Länge	Volumen	Krümmungs-Halbmesser	Arbeitsgrösse	Coefficient	Bemerkung
	des gebognen Stücks in Millim.			V Kb mm	ϱ mm	A mk	$\alpha = \frac{A \cdot \varrho}{V \cdot h}$	
2,4—6,8	1370	9	2000	24'660000	614,5	27424	0,759	Kaltes Schmiedeeisen.
3,10—12	1125	4	1640	7'380000	524,5	3407	0,605	
14	32,7	32,7	1900	2'031651	607,7	9569	0,875	
13	1380	13,5	2685	60'021550	855	79742	0,101	Rothwarmes Schmiedeeisen.

Man kann hiernach bis auf Weiteres annehmen

$$\alpha = 0{,}75 \text{ für kaltes Schmiedeeisen}$$

$$\alpha = 0{,}10 \text{ für rothwarmes Schmiedeeisen}$$

und allgemein für Tafeln und Stäbe von Schmiedeeisen, die aus der ebenen (oder geraden) Form in die Krümmung ϱ versetzt werden, die Formel

(146) $$A = \alpha \cdot \frac{h}{\varrho} \cdot V \text{ Met.-Kil.}$$

gebrauchen, worin h (Blechdicke) und ϱ (Krümmungshalbmesser) in Mm., V das Volumen in Kb^{mm} einzuführen sind.

Werden stündlich n Tafeln oder Stäbe von gleicher Art fertig gebogen, so wird daher die totale Betriebsarbeit der Maschine zu berechnen sein nach

(147) $$N' = 0{,}55 + \frac{n\,A}{270000} \text{ Pferdest.}$$

Beispiel. Die Maschine biege stündlich 4 Blechtafeln von $b = 1380$ Breite, $h = 13{,}5$ Dicke, $l = 2685$ Länge kalt zu Halbcylindern ($\varrho = 855$), so ist

$$A = 0{,}75 \cdot \frac{13{,}5}{855} \cdot 50'021550 = 592300^{mk}, \text{ daher}$$

$$N = 0{,}55 + \frac{4 \cdot 59230}{270000} = 0{,}55 + 8{,}78 = 9{,}33 \text{ PS.}$$

Anhang.

Krahne und Ventilatoren.

Zwar nicht zu den Werkzeugmaschinen gehörig, aber dem Fabrikanten und Besitzer von Werkzeugmaschinen gleich beachtenswerth dürften noch die in den folgenden Versuchsreihen, zu deren Ausführung sich Gelegenheit bot, geprüften Krahne und Windräder sein, daher die Mittheilung derselben anhangsweise erfolgen soll.

62. Säulenlaufkrahn mit Seilbetrieb

von Rich. Hartmann.

Repräsentant der seit 1861 in den Lokomotivbauwerkstätten der London and Nord Western Railway in Crewe durch Ramsbottom zur Ausführung gebrachten Traversing Jib Cranes: Ein Säulenkrahn mit Ausleger, dessen Betrieb durch ein dünnes mit sehr grosser Geschwindigkeit bewegtes Seil erfolgt*). Derselbe ist in den Figuren 1 und 2 Taf. XVII skizzirt; Fig. 3 zeigt die drei Vorgelegswellen A, B, C und die Anordnung des Triebseils, welches über die beiden Spurscheiben D und E gelegt ist, durch erstere seine schnelle Bewegung, durch letztere seine gleichmässige Ausspannung erhaltend; diese Scheiben stehen um 55^{m} von einander entfernt und zwischen ihnen beweglich ist die auf der Krahnsäule befindliche getriebene Scheibe F; die normale Tourenzahl derselben pro Min. ergiebt sich zu

$$200 \cdot \frac{900}{450} \cdot \frac{625}{250} \cdot \frac{450}{450} = 1000.$$

Von der vertikalen Welle G aus, welche in der Axe der Krahnsäule liegt und auf welcher die Seilscheibe F festsitzt, kann nun durch doppelte Frictionsscheiben-Uebertragungen sowohl die Horizontalschiebung des ganzen Krahns, wie auch die Hebung und Senkung einer aufgenommenen Last erfolgen; im ersten Fall hat der Maschinist den Handhebel H_1 aus seiner Mittelstellung nach rechts oder links, im letzten Falle den Handhebel H_2 nach oben oder unten zu verrücken. Für den Fall, dass weder das Treibseil auf den Scheiben D und F, noch die Frictionskegel an einander gleiten, ergiebt sich die Fahrgeschwindigkeit des Krahns zu

$$\frac{1000}{60} \cdot \frac{1}{33} \cdot \frac{16}{58} \cdot 500 \cdot \pi = 219^{mm}$$

und die Geschwindigkeit der Hebung oder Senkung einer Last zu

$$\frac{1000}{60} \cdot \frac{1}{60} \cdot \frac{12}{115} \cdot 325 \cdot \pi = 29{,}6^{mm}.$$

Von diesen Werthen ergab die Beobachtung jedoch im Durchschnitt nur 58 %; der grosse Geschwindigkeitsverlust durch Gleitung ist hauptsächlich zwischen den Frictionskegeln zu suchen, von denen im Laufe der Versuche auch der eine (aus Erlenholz bestehende) in Brand gerieth.

Die mit diesem Krahn ausgeführten Versuche boten mancherlei Schwierigkeiten; die Riemenscheiben des Dynamometers waren für die grosse Betriebskraft desselben zu schmal und klein, so dass die Treibriemen wiederholt nachgespannt werden mussten; aus der so erzeugten beträchtlichen Riemenspannung resultirte dann weiter eine bedenkliche Erhitzung der Zapfen und Lager des Instruments, welche zu baldiger Beendigung der Versuchsreihe nöthigte.

*) S. den Vortrag Ramsbottoms in der Institution of Mechanical Engineers (Proceedings 1864, S. 44). Auch Lentz über Laufkrahne mit Seilbetrieb, Zeitschr. d. Ver. Deutscher Ingenieure 1868, S. 289.

Zu der nun folgenden Uebersicht der Versuchsresultate ist nur anzumerken, dass bei Vers. Nr. 1 (Leergang) die sämmtlichen Vorgelegswellen A, B, C (Fig. 3) in Gang waren, demnach auch die Seilscheiben D, E, F und das Treibseil nebst der Welle G, der Krahn selbst aber und die Kettentrommel desselben sich in Stillstand befanden; sowie dass bei Versuch Nr. 10 der belastete Ausleger rechtwinklig zur Bewegungsrichtung stand, bei Nr. 9 und 11 aber mit derselben zusammenfiel (siehe umstehende Tabelle).

Hieraus ist soviel mit Sicherheit zu ersehen, dass der Leerlauf des Treibseils und der verticalen Welle G (Fig. 2) unter allen Umständen den Löwenantheil der gesammten Betriebsarbeit in Anspruch nimmt, was als eine dieser Krahnconstruction anhaftende Unvollkommenheit auch von andrer Seite schon ausgesprochen wurde*).

Die Versuche ergeben nämlich im Durchschnitt die erforderliche Betriebsarbeit

beim Leerlauf des Seils	4,18 PS
bei Horizontalschiebung des unbelasteten Krahns	4,55 „
bei Horizontalschiebung des mit 17 Ctr. belasteten Krahns (Ausleger rechtwinklig zur Bahn)	4,62 „
bei Hebung einer Last von 17 Ctr.	4,38 „
bei Senkung derselben Last	4,13 „

Hiernach würde für eine aufgenommene Last von G Centner die totale Betriebsarbeit dieses Krahns zu berechnen sein nach einer der folgenden Formeln

1) für die Horizontalschiebung allein

$$N = 4{,}55 + 0{,}004 \,.\, G \tag{148}$$

2) für die blose Hebung der Last

$$N = 4{,}18 + 0{,}012 \,.\, G \tag{149}$$

3) für gleichzeitige Horizontalschiebung und Lasthebung

$$N = 4{,}55 + 0{,}016 \,.\, G \tag{150}$$

Als Maximalwerth für die Betriebsarbeit dieses Krahns würde sich daher wegen $G = 30$ Ctr.

$$N = 4{,}55 + 0{,}016 \,.\, 30 = 5{,}03 \text{ PS}$$

ergeben.

63. Combinirter Lauf- und Drehkrahn mit Seilbetrieb

von Joh. Zimmermann.

Dieser Krahn ist der erste, der im Zimmermann'schen Etablissement nach Ramsbottom's System mit Seilbetrieb ausgerüstet wurde; er setzt sich aus einem Laufkrahn (s. Fig. 2—5 Taf. XVIII) und einem drehbaren Säulenkrahn zusammen, welche beide durch ein gemeinsames Treibseil (Geschwindigk. 17^{m}) in Betrieb gesetzt werden; der Säulenkrahn steht an dem der Antriebwelle entgegengesetzten Ende des Laufkrahns. Letzterer ist von ähnlicher Einrichtung

*) Proceedings, Institution of Mechanical Engineers 1868, p. 164. Vortrag von Fernie.

Nr. des Versuches	Dauer d. Versuches Min.	Umdrehungen pro Min. am Dynamometer u	der Vorgelegswelle $u_1 = 0,889\,u$	der Seilscheibe $u_2 = 4,44\,u$	Geschwindigkeit des Seils pro Sec. in Meter $v = 0,0235\,u_2$	Art der Bewegung des Krahns	Beobachtete Geschwindigkeit des Krahns (resp. der Last) Millim. pro Sec.	Federspannung in Kilogr. S	Widerstand am Halbm. 1m der Vorgelegswelle $\Phi = 0,0195\,S$ Kilogramm	Arbeitsaufwand für $u_1 = 200$ Umdrehungen der Vorgelegsw. p. M. Met.-Kil. pro Sec. $A = 20,9\,\Phi$	Pferdest. $N = \frac{A}{75}$
1	1	201	178,7	892	20,96	Leergang	0	770	15.015	313.814	4.184
2	1	192	170,7	852	20,02		118	835	16,283	340.315	4,537
3	1	197	175,1	874	20,54		136	830	16,185	838.267	4,510
4	1	225,5	200,5	1001	23,52	Der unbelastete Krahn vollführt die Horizontalschiebung	159	840	16,380	342.342	4,565
5	1	210	186,7	932	21,90		139	840	16,380	342.342	4,565
6	1	215	191,1	954	22,42		119	846	16,497	344.787	4,597
7	1/2	210	186,7	932	21,90	Hebung einer Last von 17 Ctr.	17	806	15,717	328.130	4,380
8	1/2	225	200,0	999	23,48	Senkung derselben Last	30	760	14,820	309.738	4,129
9	1/2	184	163,6	817	19,20		106	800	15,600	326.040	4,347
10	1/2	186	165,4	826	19,41	Horizontalschiebung des belasteten Krahns ($G = 17$ Ctr.)	77	830	16,575	346.418	4,618
11	1	?	?	?	?		?	845	16,478	344.390	4,592

wie der von Jeep im Civilingenieur (Jg. 1871, S. 238) beschriebene der neuen Montirungswerkstatt des Zimmermann'schen Etablissements. Das Treibseil empfängt seine Bewegung von einer grossen auf der Vorgelegswelle sitzenden Spurscheibe von 1,24^m Durchmesser, deren normale Umdrehungszahl pro Min. 262 beträgt; nach der Grösse der getriebenen Seilscheiben ist die minutliche Tourenzahl der letzteren

beim Laufkrahn

für Hebung und Senkung der Last

$$262 \cdot \frac{1240}{130} = 2500 \text{ und}$$

$$262 \cdot \frac{1240}{240} = 1360,$$

für Querschiebung der Winde

$$262 \cdot \frac{1240}{175} = 1850,$$

für Langschiebung des ganzen Krahns

$$262 \cdot \frac{1240}{430} = 755,$$

beim Drehkrahn

für Hebung und Senkung der Last

$$262 \cdot \frac{1240}{600} = 541$$

Nach Maassgabe der Zähnezahlen und Scheibendurchmesser berechnet sich hieraus weiter

beim Laufkrahn

die Geschwindigkeit der Lasthebung und Senkung zu

$$\frac{2500}{60} \cdot \frac{1}{36} \cdot \frac{12}{60} \cdot \frac{10}{50} \cdot \frac{1}{2} \cdot 360 \cdot \pi = 26{,}2 \text{ und}$$

$$\frac{1360}{60} \cdot \frac{1}{36} \cdot \frac{12}{60} \cdot \frac{10}{50} \cdot \frac{1}{2} \cdot 360 \cdot \pi = 14{,}2,$$

die Geschwindigkeit der Querschiebung zu

$$\frac{1850}{60} \cdot \frac{1}{42} \cdot \frac{16}{48} \cdot 320 \cdot \pi = 246,$$

die Geschwindigkeit der Langschiebung zu

$$\frac{755}{60} \cdot \frac{330}{150} \cdot \frac{1}{36} \cdot \frac{28}{40} \cdot \frac{26}{51} \cdot 500 \cdot \pi = 407,$$

beim Drehkrahn

die Geschwindigkeit der Lasthebung zu

$$\frac{541}{60} \cdot \frac{450}{625} \cdot \frac{325}{160} \cdot \frac{1}{36} \cdot \frac{11}{50} \cdot \frac{11}{50} \cdot \frac{1}{2} \cdot 240 \cdot \pi = 6{,}68.$$

Von den zur Ausführung gelangten 15 Versuchen bezogen sich die ersten 12 auf den Laufkrahn allein, die letzten 3 auf den Drehkrahn allein. Im Uebrigen werden die folgenden Aufzeichnungen keiner weitern Erklärung bedürfen.

Nr. des Versuches	Dauer d. Versuches Min.	Umdrehungen p. M. am Dynamometer n	Umdrehungen p. M. an der Vorgelegswelle n_1	Benutzungsweise des Krahns	Mittlere Federspannung in Kilogr. S	Widerstand bei 1m Halbm. der Vorgelegswelle $\Phi = 0{,}0238\,S$	Arbeitsverbrauch für $n_1 = 262$ in Sec.-Met.-Kilogr. $A = 27{,}4\,\Phi$	Arbeitsverbrauch für $n_1 = 262$ Pferdest. $N = \frac{A}{75}$
1	1	341	248	Der unbelastete Kettenhaken wird mit 26,2mm Geschwindigkeit gehoben	(D,n) 340	8,09	222	2,96
2	1	363	264	(wie 1)	360	8,57	235	3,13
3	1	363	264	Desgleichen gesenkt	350	8,33	228	3,04
4	1	?	?	Querschiebung ohne Last mit 246mm	350	8,33	228	3,04
5	1	367,5	267	Langschiebung ohne Last mit 407mm	425	10,1	277	3,70
6	1	387,5	282	Last von 27 Ctr. mit 14,2mm G. gehoben	425	10,1	277	3,70
7	3/4	373	271	Querschiebung mit 27 Ctr. Last	375	8,93	245	3,26
8	1	353,5	257	Langschiebung mit 27 Ctr. Last	450	10,7	293	3,91
9	1	404,5	294	Leerlauf des Treibseils	350	8,33	228	3,04
10	1	?	?	Hebung einer Last von 172 Ctr. mit 14,2mm	650	15,5	424	5,65
11	1	352	256	Senkung derselben Last	275	6,55	194	2,39
12	1	345	251	Leerlauf des Treibseils	325	7,74	212	2,83
13	1/2	336	244	Leergang der Kettentrommel des Drehkrahns	350	8,33	228	3,04
14	?	?	?	Der Drehkrahn hebt 29,4 Ctr. mit 6,7mm	740	17,6	483	6,43
15	1	341	248	Leerlauf des Treibseils	340	8,09	222	2,96

Als mittlere Betriebsarbeit dieses Krahns ist daher anzusetzen

für den Leerlauf des Treibseils	2,94 PS
für die Querschiebung des unbelasteten Laufkrahns	3,04 „
für die Langschiebung des unbelasteten Laufkrahns	3,70 „
für die Hebung einer Last von 172 Ctr. am Laufkrahn mit 14,2ᵐᵐ Geschwindigkeit	5,65 „
für den Leergang des Drehkrahns	3,04 „
für die Hebung einer Last von 29,4 Ctr. am Drehkrahn mit 6,7ᵐᵐ Geschwindigkeit	6,43 „

Der letztere Werth erscheint unverhältnissmässig hoch und erweckt die Vermuthung, dass die Ausführung des Drehkrahns in irgend einem Punkte fehlerhaft sei. Die Wiederholung der den Drehkrahn betreffenden Versuche wurde durch den Umstand verhindert, dass die gesammte Krahnanlage nicht länger der Benutzung entzogen werden konnte.

Die für den Laufkrahn bei Hebung einer Last von G Ctr. mit 14,2^{mm} Geschwindigkeit erforderliche Betriebsarbeit wird hiernach mittels der Formel

$$(151) \qquad N = 3 + 0{,}015 \, . \, G \text{ PS}$$

zu berechnen sein, so dass als Maximalwerth für $G = 300$ Ctr. sich

$$N = 3 + 0{,}015 \, . \, 300 = 7{,}50 \text{ PS}$$

ergiebt; in diesem Falle würde der Wirkungsgrad sich zu

$$\mu = \frac{4{,}50}{7{,}50} = 0{,}60$$

berechnen.

64. Geräuschloser Ventilator ND

von Joh. Zimmermann.

Die Anordnung dieses Ventilators ergiebt sich aus den Figuren 4—7 Taf. XVII; die Flügel sind durch seitliche convergente Seitenflächen unter sich verbunden und nach der Bewegungsrichtung convex gestaltet; das Gehäuse (von Gusseisen) ist concentrisch zum Flügelrad (Abstand 22,5), der Blasehals hat kreisförmigen Querschnitt. Kleinstes Modell der von Zimmermann gebauten Ventilatoren.

Das zur Untersuchung benutzte Exemplar war noch nicht in Gebrauch gewesen und wurde direct vom Dynamometer aus getrieben, daher zu den Arbeitswerthen eventuell noch ein Betrag für die Vorgelegswelle zuzuschlagen ist. Die Umdrehungszahl der Wellen am Dynamometer erreichte hierbei den höchsten Werth von 860 pro Min.; die hieraus entstehenden Vibrationen beeinflussten einigermassen das Spiel der Federn.

Bei Vers. Nr. 1 und 2 war auf den Blasehals eine aus Kupferblech gelöthete Düse von 554 Länge, 90 unterer und 30 oberer Weite aufgesetzt worden (Convergenzwinkel der Seiten zur Axe 3° 10'), an dessen Basis die Luftspannung mittels eines Wassermanometers beobachtet wurde.

Bei Nr. 3 und 4 war der Blasehals durch ein Bret verschlossen, so dass des Ventilator zwar eine (seiner Umfangsgeschwindigkeit entsprechende) Compression der Luft im Blasehals bewirkte, aber keine Luft zum Ausfluss gelangte; der Arbeitsverbrauch reducirt sich in diesem Fall nahezu auf den Betrag der Zapfenreibung.

Die Versuche Nr. 5 und 6 beziehen sich auf den Fall des völlig unbedeckten Blasehalses; zur Ermittlung der effectiven Manometerhöhe*) wurde hier ein am Ende rechtwinklig umgebogenes Gasrohr dem Windstrom entgegengehalten, das durch einen Gummischlauch mit dem Wassermanometer in Verbindung stand.

Die folgende Uebersicht zeigt die Ergebnisse der ausgeführten Versuche:

Nr. des Versuches	Dauer d. Versuches Min.	Umdrehungen p. M. am Dynamometer n	Umdrehungen p. M. des Flügelrads $n_1 = 3{,}59\, n$	Spannung der Luft im Blasehals. Millim. Wassersäule	Federspannung in Kilogr. S	Widerstand am Halbm. 1m der Flügelradwelle in Kil. $\Phi = 0{,}00661\, S$	Arbeitsaufwand für $n_1 = 3000$ Flügelumdrehungen pro Min. in Met.-Kil. pro Sec. $A = 314\, \Phi$	Arbeitsaufwand in Pferdest. $N = \frac{A}{75}$
1	$\frac{1}{2}$	800	2872	95	8	0,0529	16,6	0,22
2	$\frac{1}{4}$	860	3087	95	6	0,0397	12,5	0,17
3	$\frac{1}{4}$	820	2944	103	6	0,0397	12,5	0,17
4	$\frac{1}{4}$	840	3016	104	6	0,0397	12,5	0,17
5	$\frac{1}{4}$	820	2944	40	18	0,1190	37,4	0,50
6	$\frac{1}{4}$	860	3087	41	12	0,0793	24,9	0,33

Zur Berechnung der vom Ventilator angesaugten und ausgeblasenen Windmenge (bei Atmosphärendruck gemessen) in den Versuchen Nr. 1, 2, 5 und 6 kann man sich mit Weissbach**) der Formel

(152) $$Q = 369 \cdot F \sqrt{\frac{h}{b}} \text{ Kbm}$$

bedienen, worin

F den Oeffnungsquerschnitt,
h die hinter der Austrittsöffnung beobachtete Luftpressung,
b den Atmosphärendruck bezeichnet.

Aus Q und h ergiebt sich dann der Nutzeffect des Ventilators näherungsweise***) zu

(153) $$E = 1000 \cdot Q \cdot h \text{ Met.-Kil.,}$$

woraus alsdann durch Vergleichung mit dem beobachteten Arbeitswerth A der Wirkungsgrad

(154) $$\mu = \frac{E}{A}$$

*) S. Rittinger, Centrifugal-Ventilatoren und Centrifugalpumpen. Wien 1858. S. 46.
**) Der Ingenieur. Vierte Aufl. S. 454.
***) Rittinger, S. 152.

sich berechnet. Man erhält so für

Vers. Nr. 1 und 2: $h = 0{,}095$, $F = 0{,}03^2 \cdot \frac{\pi}{4}$, $b = 10{,}333$,

Luftvolumen

$$Q = 369 \cdot 0{,}03^2 \cdot \frac{\pi}{4} \cdot \sqrt{\frac{0{,}095}{10{,}333}} = 0{,}025 \text{ Kb}^m,$$

Nutzeffect

$$E = 1000 \,.\, 0{,}025 \,.\, 0{,}095 = 2{,}38^{mk}, \text{ daher}$$

Wirkungsgrad

$$\mu = \frac{2{,}38}{14{,}6} = 0{,}163.$$

Für Vers. Nr. 5 und 6: $h = 0{,}040^m$, $F = 0{,}109^2 \cdot \frac{\pi}{4} = 0{,}00933 \square^m$; Luftvolumen pro Sec.

$$Q = 369 \cdot 0{,}00933 \cdot \sqrt{\frac{0{,}040}{10{,}333}} = 0{,}214 \text{ Kb}^m,$$

Nutzeffect

$$E = 1000 \,.\, 0{,}214 \,.\, 0{,}040 = 8{,}56^{mk},$$

Wirkungsgrad

$$\mu = \frac{8{,}56}{31{,}2} = 0{,}274.$$

Bezeichnet man mit U die Umdrehungszahl pro Sec., mit α und β zwei auf den vorliegenden Ventilator bezügliche Coefficienten, so kann man die totale Betriebsarbeit desselben bei offenem Blasehals durch die Formel

$$N = \alpha \,.\, U + \beta \,.\, Q \,.\, U^2$$

darstellen, und es ergiebt sich hier aus

$$0{,}17 = \alpha \,.\, 50$$

$$\alpha = \frac{0{,}17}{50} = 0{,}0034$$

und aus

$$0{,}415 - 0{,}17 = 0{,}245 = \beta \,.\, 0{,}214 \,.\, 50^2$$

$$\beta = \frac{0{,}245}{0{,}214 \,.\, 2500} = 0{,}000458, \text{ daher}$$

(156) $$N = 0{,}0034 \,.\, U + 0{,}000458 \,.\, Q \,.\, U^2 \text{ PS}.$$

Das in der Secunde beförderte Luftvolumen Q ist in jedem Fall (aus h und F) besonders zu ermitteln.

Beispiel. $U = 60$, $Q = 0{,}28$ Kb^m ergiebt

$$N = 0{,}0034 \,.\, 60 + 0{,}000458 \,.\, 0{,}28 \,.\, 60^2 = 0{,}204 + 0{,}462 = 0{,}666 \text{ PS}$$

Da nach den Versuchen für $U = 50$ bei unbedecktem Blasehals

die totale Betriebsarbeit $N = 0{,}415$ PS,

die Nutzarbeit $N_1 = \frac{8{,}56}{75} = 0{,}114$ PS,

die Arbeit der Zapfenreibung $N_0 = 0{,}170$ PS

beträgt, so ergiebt sich noch, dass auf Arbeitsverlust durch Reibung der Luft in den Kanälen, durch Schallerzeugung etc. der Betrag

$$N_1' = 0{,}415 - 0{,}170 - 0{,}114 = 0{,}131 \text{ PS}$$

zu rechnen ist, welcher Betrag das

$$\frac{0,131}{0,114} = 1,15 \text{fache}$$

des Nutzeffectes ausmacht.

65. Geräuschloser Ventilator AC

von Joh. Zimmermann.

Unterscheidet sich von dem vorigen nur durch die Grösse; vergl. Fig. 12 und 13 Taf. XVII.

Zur Ausführung gelangten 9 Versuche.

Bei Nr. 1 und 2 wurde die unter Nr. 64 erwähnte Düse von 30^{mm} Mündungsweite benutzt, bei Nr. 3 und 4 ein cylindrischer Blasebals von 134 Weite und 277 Länge, bei Nr. 5—7 blies der Ventilator frei aus, bei Nr. 8 und 9 war der Blasebals verschlossen.

Die Beobachtung der Luftverdichtung war bei Nr. 3 und 4 durch ein Versehen unterblieben.

Folgen die übersichtlich geordneten Versuchsergebnisse:

Nr. des Versuches	Dauer d. Versuches Min.	Umdrehungen p. M. am Dynamometer n	Umdrehungen p. M. des Flügelrades $n_1 = 3,33\,n$	Spannung der Luft im Blasebals Millim. Wassersäule	Federspannung in Kilogr. S	Widerstand am Halbm. 1^m der Flügelradwelle $\Phi = 0,0071\,S$	Arbeitsaufwand für $n_1 = 2000$ Flügelumdrehungen pro Min. in Met.-Kil. pro Sec. $A = 209,3\,\Phi$	Arbeitsaufwand in Pferdest. $N = \frac{A}{75}$
1	1/2	620	2067	210	(B,a) 50	0,355	74,3	0,99
2	1/2	620	2067	215	42	0,298	62,4	0,83
3	1/2	608	2027	?	120	0,852	178,3	2,38
4	1/2	606	2020	?	110	0,781	163,5	2,18
5	1/2	608	2027	80	130	0,923	193,2	2,58
6	1/2	618	2060	80	135	0,959	200,7	2,68
7	1/2	628	2093	80	138	0,980	205,1	2,73
8	1/2	618	2060	210	35	0,249	52,1	0,69
9	1/2	634	2113	210	40	0,284	59,4	0,79

Nach den bei Nr. 64 bereits angewendeten Formeln ergeben sich für den Wirkungsgrad folgende Werthe:

Nr. der Versuche	Manometerstand im Blasehals h^m	Ausgeblasenes Windvolumen $Q = 360\ F \sqrt{\frac{h}{b}}$ Kub.-Met. pro Sec.	Nutzeffect $E = 1000\ .\ Q h$ Sec.-Met.-Kil.	Beobachteter Totaleffect A	Wirkungsgrad $\mu = \frac{E}{A}$
1 u. 2	0,2125	0,0374	7,95	68,4	0,116
5—7	0,080	0,755	60,4	200	0,302

Für das Ausblasen aus dem unbedeckten Blasehals (Maximum der Leistung) bei $u_1 = 2000$ Umdr. pro Min. ergiebt sich daher

der gesammte Arbeitsverbrauch $N = 2{,}66$ PS,

die Nutzarbeit $N_1 = \frac{60{,}4}{75} = 0{,}806$ PS,

die Arbeit der Zapfenreibung $N_0 = 0{,}740$ PS,

wonach auf Luftreibung, Erzeugung von Schall und Wirbel der Betrag

$$N_1' = 2{,}66 - 0{,}806 - 0{,}740 = 1{,}114 \text{ PS}$$

entfällt, d. h. das

$$\frac{1{,}114}{0{,}806} = 1{,}38\text{fache}$$

der Nutzleistung.

Versteht man unter U die Tourenzahl des Ventilators pro Sec. und unter Q das ausgeblasene Windquantum in Kub.-Met. pro Sec., bei Atmosphärendruck und mittlerer Temperatur gemessen, so kann man in gleicher Art wie bei Nr. 64 die folgende Formel zur Berechnung der totalen Betriebsarbeit für offenen Blasehals aus den Versuchsergebnissen ableiten:

$$(157)\qquad N = 0{,}0222\ .\ U + 0{,}00229\ .\ Q\ .\ U^2 \text{ PS}$$

Beispiel. $U = 40$, $Q = 1$ Kb^m ergiebt

$$N = 0{,}0222\ .\ 40 + 0{,}00229\ .\ 1\ .\ 40^2 = 0{,}888 + 3{,}616 = 4{,}50 \text{ PS}.$$

66. Geräuschloser Ventilator BC

von Joh. Zimmermann.

Von gleicher Anordnung wie *ND* und *AC*, aber von grösseren Dimensionen; dient als Reserve für einen andern gleich grossen zu 21 Schmiedefeuern gehörigen Ventilator. Die Vorgelegswelle wird bei den Versuchen mit betrieben. Zur Beobachtung der Luftverdichtung waren keine Veranstaltungen zu treffen, wegen räumlicher und anderer Behinderungen.

Bei Vers. Nr. 1 und 5 war der im Blasehals vorhandene Schieber geschlossen, bei Nr. 7 waren sämmtliche Düsen geschlossen (schwacher Windstrom durch die Fugen der gemauerten Windleitung). bei Nr. 2 und 5 speiste der Ventilator 21 in Gang befindliche Schmiedefeuer in Gemeinschaft mit seinem gleichgrossen Nachbar, bei Nr. 3 und 4 allein, bei Nr. 8 waren sämmtliche 21 Düsen (von

34 lichter Weite) vollständig offen, nach denen ein gemauerter Kanal von 0,33 + 0,472 = 0,156 □ᵐ Querschnitt führte.

Folgen die gewonnenen Resultate:

Nr. des Versuches	Dauer d. Versuches Min.	Umdrehungen pro Min. am Dynamometer u	der Vorgelegswelle $u_1 = 1{,}075\ u$	des Flügelrades $u_2 = 7{,}30\ u_1$	Federspannung in Kilogr. S	Widerstand bei 1ᵐ Halbm. der Vorgelegswelle $\Phi = 0{,}0217\ S$	Arbeitsaufwand bei $u_1 = 250$ Met.-Kilogr. pro Sec. $A = 26{,}2\ \Phi$	Pferdest. $N = \frac{A}{75}$
1	1	246	264	1927	280	6,08	159,3	2,12
2	1	241	259	1891	280	6,08	159,3	2,12
3	1	233	250	1825	620	13,45	352,4	4,70
4	1	234,5	252	1840	640	13,89	363,9	4,85
5	1	237,5	255	1862	323	7,01	183,7	2,45
6	1	247	266	1942	278	6,03	158,0	2,11
7	1	229,5	247	1803	493	10,70	280,3	3,74
8	1	217	233	1701	735	15,95	417,9	5,57

Hiernach beträgt der Arbeitsverbrauch bei ganz offenen Düsen

$$N = 5{,}57 \text{ PS},$$

wovon

$$N_0 = 2{,}12 \text{ PS}$$

auf Reibungsarbeit an Vorgelegswelle und Ventilatoraxe entfallen; die Differenz

$$N - N_0 = 3{,}45 \text{ PS}$$

wird durch Nutzarbeit N_1 und den der Luftreibung etc. entsprechenden Arbeitswerth N_1' ausgemacht; nehmen wir (unter Berücksichtigung der anderweiten Ventilator-Versuche) an, dass

$$N_1' = 1{,}50 \,.\, N_1$$

so ergiebt sich aus

$$N_1 + N_1' = 3{,}45 \text{ oder}$$

$$2{,}5 \,.\, N_1 = 3{,}45$$

$$N_1 = \frac{3{,}45}{2{,}5} = 1{,}38 \text{ PS oder}$$

Nutzeffect

$$E = 1{,}38 \,.\, 75 = 103{,}5^{\text{mk}}.$$

Setzen wir weiter voraus, dass die effective Manometerhöhe bei ganz geöffneten Düsen $h = 0{,}08^{\text{m}}$ betragen habe, so ergiebt sich aus

$103{,}5 = 1000 \,.\, Q \,.\, 0{,}08$ das pro Sec. ausgeblasene Luftquantum $Q = 1{,}294$ Kbᵐ.

Auch lässt sich nach der unter Nr. 64 gezeigten Art die Abhängigkeit des totalen Arbeitsverbrauchs N von der Umdrehungszahl U pro Sec. und der in der Secunde beförderten Luftmenge Q darstellen wie folgt:

(158) $$N = 0{,}07 \,.\, U + 0{,}00289 \,.\, Q \,.\, U^2 \text{ PS}.$$

Beispiel. $U = 35$, $Q = 1{,}6$ Kb^m, folgt

$$N = 0{,}07 \,.\, 35 + 0{,}00289 \,.\, 1{,}6 \,.\, 35^2$$
$$= 2{,}45 + 5{,}66 = 7{,}11 \text{ PS.}$$

Bei der Benutzung als Schmiedefeuer-Gebläse bleibt der Arbeitsverbrauch beträchtlich **unter** dem so gefundenen Maximalwerth, weil alsdann durch den von Brennmaterialstücken etc. gehemmten Austritt des Windes die Luftmenge, an welche lebendige Kraft mitgetheilt wird, sich ansehnlich vermindert; so ergaben Vers. Nr. 3 und 4, bei denen der Ventilator 21 im Gang befindliche Schmiedefeuer allein mit Wind versorgte,

$$N = 4{,}78 \text{ PS},$$

was als Mittelwerth zu betrachten ist.

67. Geräuschloser Ventilator JN

von Joh. Zimmermann.

Grösstes Modell der in diesem Etablissement gebauten Ventilatoren, zureichend für 50—60 Schmiedefeuer; in seiner Anordnung mit den vorher besprochenen übereinstimmend.

Von den zur Ausführung gelangten 8 Versuchen bezogen sich

Nr. 1 und 2 auf den offenen und unbedeckten Blasehals,

Nr. 3 und 4 auf die Benutzung der schon erwähnten Düse von 30 Mündungsweite.

Nr. 5 und 6 auf die Anwendung eines cylindrischen Ausflussrohres von 134 Weite und 277 Länge,

Nr. 7 und 8 auf den gänzlich verschlossenen Blasehals. Die Versuche ergaben folgende Resultate:

Nr. des Versuches	Dauer d. Versuches Min.	Umdrehungen p. M. am Dynamometer u	Umdrehungen p. M. des Flügelrades $u_1 = 1{,}71\,u$	Spannung der Luft im Blasehals Millim. Wassersäule	Federspannung in Kil. S	Widerstand am Hallim. 1^m der Flügelradwelle in Kil. $\Phi = 0{,}0132\,S$	Arbeitsaufwand für $u_1 = 1000$ Flügelumdrehungen pro Min. in Met.-Kil. pro Sec. $A = 104{,}7$	Arbeitsaufwand in Pferdest. $N = \frac{A}{75}$
1	1/2	556	951	60	(C,a) 268	3,54	370,6	4,94
2	1/2	564	964	60	270	3,56	372,7	4,97
3	1/2	636	1088	185	60	0,792	82,9	1,11
4	1/2	614	1050	185	70	0,924	96,7	1,29
5	1/2	600	1026	140	138	1,822	190,8	2,54
6	1/2	602	1029	140	135	1,78	186,4	2,48
7	1/2	624	1067	180	65	0,858	89,8	1,20
8	1/2	618	1057	180	85	1,12	117,3	1,56

Hieraus ergiebt sich der Wirkungsgrad dieses Ventilators wie folgt:

Nr. der Versuche	Manometerstand im Blasehals (für $u_1 = 1000$ Umdreh.) h^m	Ausgeblasenes Windvolumen $Q = 90,2 . d^2 \sqrt{h}$ für die conische Düse $Q = 72,6 . d^2 \sqrt{h}$ für das cyl. Ansatzrohr Kub.-Met.	Nutzeffect $E = 1000 . Qh$ Sec.-Met.-Kil.	Beobachteter Totaleffect A Sec.-Met.-Kil.	Wirkungsgrad $\mu = \frac{E}{A}$
1 u. 2	0,0654	2,008	136	372	0,366
3 u. 4	0,162	0,0327	5,29	89,8	0,059
5 u. 6	0,140	0,488	68,3	189	0,361

Man hat sonach für das Ausblasen aus dem unbedeckten Blasehals bei $n_1 = 1000$ Umdr. pro Min.

den totalen Arbeitsverbrauch 4,96 PS.
die Nutzarbeit 1,81 „
die Arbeit der Zapfenreibung 1,38 „

woraus auf Luftreibung, Schallerzeugung etc. der Betrag

$$N_1' = 4,96 - 1,81 - 1,38 = 1,77 \text{ PS}$$

entfällt, d. i. das

$$\frac{1,77}{1,81} = 0,98 \text{fache}$$

der Nutzleistung.

Für die totale Betriebsarbeit dieses Ventilators bei veränderlich gedachtem U (Umdr. pro Sec.) und bei unverengtem Blasehals kann man auf Grund der Versuche die Formel construiren:

$$N = 0,083 . U + 0,00644 \; Q . U^2 \text{ PS} \tag{159}$$

Beispiel. Es sei bei $U = 20$ pro Sec. beobachtet $Q = 2,6$ Kb^m, so ist die entsprechende Betriebsarbeit

$$N = 0,083 . 20 + 0,00644 . 2,6 . 20^2 =$$
$$1,66 + 6,70 = 8,36 \text{ PS.}$$

68. Ventilator

von Chr. Schiele in Frankfurt.

Dieser Ventilator unterscheidet sich von den Zimmermann'schen in verschiedenen Punkten, vergl. Fig. 8 und 9 Taf. XVII. Das Flügelrad ist äusserst leicht (gleich dem Gehäuse) aus dünnem Eisenblech construirt; die ebenen Flügel stehen radial und haben keine seitliche Bedeckung; sie sind (in einem Abstand von 54^{mm}) von einem cylindrischen und concentrisch gestellten Mantel m_1 umgeben, aus welchem der Wind durch die ringförmige Oeffnung n nach einem in der Richtung nach dem Blaschals sich erweiternden Canal übertritt, der durch m_1, den excentrischen Mantel m_2 und die ebenen Seitenwände $o\ p$ begrenzt wird; der Blasehals ist von rechteckigem Querschnitt, die Saugöffnung kreisförmig, die Flügelradaxe einseitig gelagert. Die Befestigung auf einem Fundament geschieht mittels einer einzigen Schraube S (Fig. 9).

Bei Vers. Nr. 1 und 2 war die schon oben erwähnte conische Düse von 30 Mündungsweite auf dem Blasehals befestigt, bei Nr. 3 und 4 ebenso ein cylindrisches Ansatzrohr von 134 Länge und 277 Länge (Auströmungscoefficient 0,74), bei Nr. 5 und 6 war der Blasehals ganz verschlossen, bei Nr. 7 und 8 völlig offen und unverengt.

Die Versuche führten zu folgenden Resultaten:

Nr. des Versuches	Dauer d. Versuches Min.	Umdrehungen p. M. am Dynamometer n	Umdrehungen p. M. des Flügelrades n_1	Spannung der Luft im Blasehals Millim. Wassersäule	Federspannung in Kilogr. S	Widerstand am Halbm. 1m der Flügelradwelle in Kil. $\Phi = 0{,}00565\ S$	Arbeitsaufwand für $n_1 = 2500$ Flügelumdrehungen pro Min. in Met.-Kil. pro Sec. $A = 262\ \Phi$	Arbeitsaufwand in Pferdest. $N = \frac{A}{75}$
1	½	608	2432	200	(C_a) 92	0,520	136	1,82
2	½	618	2472	200	76	0,429	112	1,50
3	½	604	2416	.	181	1,023	268	3,57
4	½	616	2464	155	189	1,068	280	3,73
5	½	634	2536	200	77	0,435	114	1,52
6	½	638	2552	200	81	0,458	120	1,60
7	½	572	2288		299	1,689	443	5,91
8	½	582	2328	20	288	1,627	426	5,68

Hieraus ergeben sich für den Wirkungsgrad des Ventilators die folgenden Werthe:

Nr. der Versuche.	Manometerstand im Blasehals (bei 2500 Umdrehungen) h^m	Ausgeblasenes Windvolumen in Kub.-M. pro Sec. Q	Nutzeffect $E = 1000 \cdot Q\ h$ Sec.-Met.-Kil.	Beobachteter Totaleffect A Sec.-Met.-Kil.	Wirkungsgrad $\mu = \frac{E}{A}$
1 u. 2	0,208	0,037	7,70	124	0,062
3 u. 4	0,159	0,520	82,7	274	0,302
8	0,023	0,982	22,6	426	0,053

Die Vertheilung des Arbeitsverbrauches bei unbedecktem Blasehals ergiebt sich daher wie folgt:

Nutzarbeit	0,30	PS
Arbeit der Zapfenreibung	1,56	„
Arbeitsverlust durch Luftreibung etc.	3,82	„
Sa.	5,68	„

Der Arbeitsverlust durch Schallerzeugung, Luftreibung und unregelmässige Bewegungen der Lufttheilchen hat demnach hier den 12,7 fachen Betrag der Nutzarbeit, was — im Vergleich mit den vorher untersuchten Ventilatoren — — die entschiedene Zweckmässigkeit der seitlichen Bedeckungen der Flügel ersichtlich macht.

Der totale Arbeitsverbrauch dieses Ventilators für unverengten Blasehals wird sich sonach mittels der Formel

(160) $$N = 0{,}037 \,.\, U + 0{,}00248 \,.\, Q \,.\, U^2 \text{ PS}$$

berechnen lassen.

Beispiel. $U = 50$ Umdr. pro Sec., $Q = 1{,}2$ Kb^m Wind pro Sec., ergiebt die totale Betriebsarbeit

$$N = 0{,}037 \,.\, 50 + 0{,}00248 \,.\, 1{,}2 \,.\, 50^2 = 9{,}29 \text{ PS.}$$

69. Ventilator ML nach Roots

von Joh. Zimmermann.

Variante der sogenannten Kapselräder*), erfunden i. J. 1866 von F. M. Roots und P. H. Roots in Cornersville, Indiana, U. S**), vergl. Fig. 10 und 11 Taf. XVII; in Fig. 10 ist die Querschnittsform der beiden Flügel einpunktirt. Die Fortschiebung der Luft geschieht durch periodische Absperrung zwischen Gehäuse und Flügel unter verhältnissmässig langsamer Drehung der Flügel. Das Gehäuse ist von Gusseisen, 15^{mm} dick in der Wandung; die Flügel bestehen aus einem mit Holz überkleideten gusseisernen Gerippe, das auf die schmiedeeiserne Welle aufgeschoben ist; die Dichtung zwischen Gehäuse und Flügel, sowie zwischen beiden Flügeln erfolgt durch eine aus Graphit und Talg bestehende Schmiere, welche auf die Flügeloberfläche aufgetragen wird. Die beiden Flügelwellen sind an jedem Ende durch zwei gleich grosse Stirnräder von 53 Zähnen 18^{mm} Theilung verbunden; der Antrieb erfolgt von der Vorgelegswelle aus mittels zweier Treibriemen, für die eine Flügelwelle rechts, für die andere links vom Gehäuse. Jeder Flügel hat zwei Lagerzapfen von 51 Durchmesser und 120 Länge und ausserdem (ausserhalb der Antriebscheibe) einen dritten von 45 Dicke und 120 Länge.

Bei $n_1 = 200$ Umdr. d. Vorgelegswelle ergiebt sich die minutliche Tourenzahl der Flügel zu

$$n_2 = 200 \cdot \frac{494}{373} = 266.$$

Die Maschine geht bei unverengter Austrittsöffnung sehr leicht; der Arbeitsverbrauch wächst aber in sehr starkem Maasse bei Erschwerung des Luftaustritts, indem ein beträchtliches Gleiten der Treibriemen eintritt; ein Versuch bei ganz verschlossener Austrittsöffnung ist daher nicht ausführbar.

*) Vergl. die Abhandlung von Reuleaux über Kapselräder im Jahrg. 1868 der Zeitschr. d. Ver. zur Beförderung d. Gewerbfleisses in Preussen (S. 42, Taf. II).

**) Engl. Patentspecifikation Nr. 1333 A. D. 1866; anderweite Varianten von Roots in Nr. 1181 A. D. 1867. — Polytechn. Centralblatt 1869, S. 1006; Dingler polyt. Journal Bd. 187, S. 301. — Armengaud, Publ. ind., 19. Band, S. 481, Taf. 36, Fig. 3—5.

Die Versuche zerfallen in 4 Gruppen:

a) bei unverengter Blaseöffnung Nr. 6—8 und 19;
b) cylindrisches Ausflussrohr von 125 Durchmesser, 277 Länge bei Nr. 3—5, 14, 18;
c) bei Benutzung eines mit 2,45ᵏ belasteten Kegelventils von 125 innerem Durchmesser, 29 Hubhöhe Nr. 15—17;
d) Ausfluss durch eine kegelförmige Düse von 554 Länge, 90 untere und 30 obere Weite.

Die effective Manometerhöhe der austretenden Luft war nur bei einigen Versuchen beobachtet worden, nämlich bei

Nr. 12 $h = 0{,}82^m$
„ 18 $h = 0{,}25^m$
„ 19 $h = 0{,}038^m$

Die hierbei beobachteten Umdrehungszahlen der Flügel ergaben sich zu 192, 292 und 275.

Alle übrigen Resultate der Messung sind in folgender Uebersicht enthalten:

Nr. des Versuches	Dauer d. Versuches Min.	Umdrehungen pro Min. am Dynamometer n	der Vorgelegswelle $n_1 = 0{,}813\,n$	der Flügelräder n_2 (beob.)	Mittlere Federspannung in Kilogr. S	Widerstand am Halbm. 1ᵐ der Vorgelegswelle $\Phi = 0{,}0214\,S$	Arbeitsaufwand bei normaler Geschwindigkeit der Vorgelegsw. ($n_1 = 200$) Met.-Kilogr. pro Sec. $A = 20{,}9\,\Phi$	Pferdest. $N = \frac{A}{75}$
1	½	248	201,6	190	1325	28,4	593,6	7,91
2	½	252	204,9	188	1330	28,5	595,7	7,94
3	½	268	217,9	278	480	10,3	215,3	2,87
4	½	276	224,4	296	500	10,7	223,6	2,98
5	½	266	216,3	296	450	9,63	201,3	2,68
6	½	284	230,9	304	150	3,21	67,1	0,89
7	½	253	205,7	256	110	2,35	49,1	0,65
8	½	256	208,1	254	110	2,25	47,0	0,63
9	½	246	200	188	1275	27,3	570,6	7,61
10	½	250	203,3	180	1280	27,4	572,7	7,61
11	½	254	206,5	196	1320	28,2	589,4	7,86
12	½	244	198,4	192	1310	28,0	585,2	7,80
13	1	224	182,1	186	1240	26,5	553,9	7,38
14	1	245	199,2	263	430	9,20	192,3	2,56
15	1	253	205,7	277	650	13,9	290,5	3,87
16	1	253	205,7	286	640	13,7	286,3	3,82
17	1	255	207,3	268	650	13,9	290,5	3,87
18	1	259	210,6	292	475	10,2	213,2	2,84
19	1	252	204,9	275	140	3,00	62,7	0,84

Hiernach würde im Durchschnitt anzusetzen sein für die Betriebsarbeit des Roots'schen Gebläses bei $n_2 = 266$ Umdr. pro Min.

bei unverengtem Blasehals $N = 0,75$ PS.
beim Ausblasen durch ein cylindrisches Ansatzrohr
von 125 Durchmesser und 277 Länge $N = 2,84$ PS,
beim Ausblasen durch eine schlank kegelförmige
Düse von 30^{mm} Mündungsweite $N = 7,72$ PS.

Der Wirkungsgrad des Gebläses für die vorstehend bezeichneten drei Fälle lässt sich aus denjenigen 3 Versuchen leicht ermitteln, für welche die effective Manometerhöhe im Blasehals ermittelt wurde; hierbei ist es jedoch rathsam (in Rücksicht auf das beträchtliche Gleiten der Treibriemen, das bis zu 30,6 % bei der höchsten Luftspannung anstieg), die Rechnung nicht für die normale Tourenzahl der Flügel (266 pro Min.) durchzuführen, sondern für die bei den Versuchen wirklich beobachtete; es unterbleiben alsdann die einigermaassen unsichern Reductionen der Grössen h und N.

Unter Benutzung der oben mehrfach benutzten Formeln ergeben sich die folgenden Werthe:

Nr. des Vers.	Luft-spannung h^m	Umdr. d. Flügel pro Min. n_2	Berechnete Windmenge pro Sec. Q Kb^m	Nutzeffect $E = 1000 . Q h$ Sec.-Met.-Kil.	Beobachteter Totaleffect A Sec.-Met.-Kil.	Wirkungsgrad $\mu = \frac{E}{A}$	Bemerkungen
12	0,82	192	0,0735	60,3	422	0,143	Conische Düse
18	0,25	292	0,0566	14,2	184	0,077	Cylindrisches Ansatzrohr
19	0,038	275	0,695	26,4	65,2	0,405	Offener Blasehals

Sieht man von dem Versuch Nr. 18 ab, bei welchem ein beträchtlicher Arbeitsverlust durch plötzliche Querschnittsänderung unzweifelhaft stattgefunden, so kann man hiernach sagen, dass das Roots'sche Gebläse bei Lieferung von schwach gepresstem Wind ($h = 0,038^m$ Wassersäule) den höchsten Wirkungsgrad ($\mu = 0,405$) zeigt, der in der That merklich grösser ist, als der bei den Centrifugalgebläsen erreichbare ($\mu = 0,053$ bis $0,366$, durchschnittlich $0,25$ bei unverengtem Blasehals), dass derselbe jedoch bei Erzeugung von stark gepresstem Wind ($h = 0,82^m$) sich beträchtlich vermindert (bis $\mu = 0,143$); in diesem Punkte zeigt also das Gebläse denselben Uebelstand wie die gewöhnlichen Ventilatoren, und es bestätigt sich, dass dasselbe zur Erzeugung stark gepressten Windes besonders vortheilhaft wäre, keineswegs. Allerdings muss als bemerkenswerther Unterschied der beiden Gebläsearten angeführt werden, dass die Abnahme des Wirkungsgrads bei zunehmender Windspannung beim Centrifugalgebläse erfolgt ausschliesslich wegen unverhältnissmässiger Verminderung der Windmenge, bei dem von Roots aber ausserdem wegen unverhältnissmässiger Zunahme der totalen Betriebsarbeit, hervorgebracht durch das immer stärker auftretende Riemenrutschen.

Die Verminderung der Windmenge bei wachsender Spannung lässt sich am besten beurtheilen, wenn man die factische Windmenge mit der theoretischen vergleicht, d. h. mit derjenigen, welche sich aus Form und Dimensionen der Flügel und aus deren Tourenzahl berechnen lässt. Durch genaue Ausmessung des im Augenblick der Absperrung zwischen Gehäuse und Flügel verbleibenden Zwischenraums, der pro Umdrehung 4 mal gefüllt und geleert wird, ergiebt sich das theoretische Windvolumen

pro Flügelumdrehung $Q' = 0{,}192$ Kb^m^,

bei normaler Geschwindigkeit ($n_2 = 266$)

pro Sec. $Q = 0{,}851$ Kb^m^,

pro Min. $60\,Q = 51{,}1$ Kb^m^.

Demnach berechnen sich für die drei hervorgehobenen Versuche die folgenden Werthe:

Nr. des Versuches	Umdrehungszahl der Flügel pro Min. n_2	Factische Windmenge pro Sec. Q	Theoretische Windmenge pro Sec. q	Verhältniss $\frac{Q}{q}$	Windpressung h^m
12	192	0,0735	0,614	0,120	0,82
18	292	0,0566	0,934	0,061	0,25
19	275	0,695	0,880	0,790	0,038

Man ersieht hieraus, dass die factische Windmenge beträchtlich hinter der theoretischen zurückbleibt und bei hohen Pressungen recht klein wird, dass also die Liderung — wie bei allen Kapselrädern — viel zu wünschen übrig lässt.

Für den Fall des Ausblasens durch den unverengten Blasehals kann man die Betriebsarbeit für U Umdr. pro Sec. berechnen nach

(161) $$N = 0{,}169\,.\,U \text{ PS}$$

und die Windmenge pro Sec. aus

(162) $$Q = 0{,}152\,.\,U \text{ Kb}^m.$$

Beispiel. Für $U = 6$ Umdr. pro Sec. ergiebt sich

$$N = 1{,}014 \text{ PS und } Q = 0{,}912 \text{ Kb}^m.$$

Anmerkung. Bei einem anderen Roots'schen Gebläse (ZQ) von $1{,}25^m$ Flügellänge und $420{,}3^{mm}$ Axenabstand*) ergab sich bei 180 Flügelumdrehungen pro Min. der Arbeitsverbrauch bei unverengtem Blasehals zu 1,32 PS, daher für diesen die Formeln

(163) $$N = 0{,}44\,.\,U \text{ PS und } Q = 0{,}408\,.\,U \text{ Kb}^m$$

sich darbieten.

*) Vergl. Fig. 6 auf Taf. XXIII.

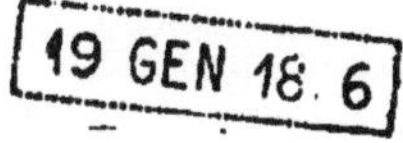

Inhalts-Verzeichniss.

*) S. M.-F. = Abkürzung für Sächsische Maschinenfabrik, früher R. Hartmann.
**) Ch. W.-F. = Abkürzung für Chemnitzer Werkzeugmaschinen-Fabrik, früher Joh. Zimmermann.